오종범음집
五種梵音集

| 동국대학교 불교기록문화유산아카이브사업단(ABC)
본서는 문화체육관광부 지원으로 동국대학교 불교학술원에서 간행하였습니다.

한글본 한국불교전서 조선 73
오종범음집

2022년 2월 14일 초판 1쇄 인쇄
2022년 2월 28일 초판 1쇄 발행

지은이 지선
옮긴이 김두재
발행인 박기련
발행처 학교법인 동국대학교 출판문화원

출판등록 제2020-000110호(2020.7.9)
주소 04626 서울시 중구 퇴계로36길2 신관1층 105호
전화 02-2264-4714
팩스 02-2268-7851
Homepage http://dgpress.dongguk.edu
E-mail abook@jeongjincorp.com

편집디자인 다름
인쇄처 네오프린텍(주)

© 2022, 동국대학교(불교학술원)

ISBN 979-11-91670-21-9 93220

값 22,000원

이 책의 무단 전재나 복제 행위는 저작권법 제98조에 따라 처벌받게 됩니다.

한글본 한국불교전서 조선 73

오종범음집
五種梵音集

지선智禪
김두재 옮김

동국대학교 불교학술원

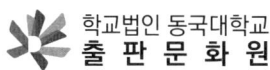
학교법인 동국대학교
출 판 문 화 원

오종범음집五種梵音集 해제

김 두 재
동국역경원 역경위원

1. 개요

『오종범음집五種梵音集』은 조선 중기 벽암 각성碧巖覺性(1575~1660)의 문인門人인 지선智禪이 집대성한 의례서이다. 『범음집梵音集』을 영산靈山·중례中禮·결수結手·예수預修·지반志磐 등 5종으로 분류하여 편찬하였다.

2. 저자

편자인 지선智禪의 생애에 대해서는 별다른 자료가 전하지 않는다. 다만 이 책의 권말에서 편자가 자술한 글을 통해 대략을 짐작할 뿐이다.

나(智禪)란 사람은 본래 고갈孤渴한 사람이다. 마음속에 부처님 법의 바다를 찾을 생각으로 처음에는 화엄종의 대사인 임성당任性堂 대사의 처소를 찾아가 그곳에서 거의 6~7년을 지내면서 가르침의 밥 한 수저를 먹었으나 아직도 기곤飢困한 정情을 없애지 못했다. 그래서 그 뒤에 임제종 대사이신 벽암당碧岩堂의 처소로 찾아가 전후 10여 년을 지내다 보니 겨우 선다禪茶 반 잔만을 마시게 되었다. 그런데도 오히려 목말라 애타는 마음을 그치게 할 수가 없어서 머리를 숙이고 도굴로 들이기 이 몸이 마치기를 기한하고 상유桒楡(만년)를 보냈으나 아무것도 성취한 게 없이 일생을 공허하게 보냈다.

이와 같은 내용과 더불어 간기에 "순치順治 18년 신축辛丑(1661) 벽암 문인 지선智禪"이라 하였다. 저자는 처음에는 임성당任性堂 충언忠彦(1567~1638) 대사에게 출가하였고, 뒤에 벽암당碧巖堂 각성覺性(1575~1660)에게 건당建幢하여 법을 이은 제자가 된 것을 알 수 있다.

그러나 근기에는 3등분이 있는데 분수를 따라 담론하는지라, 나와 같은 품성은 곧 위로는 활구活句를 참상參詳하는 데에 미치지 못하고 부처님의 법을 유통하는 일에도 참예參預하지 못하며, 아래로는 승려들의 무리에 외람되게 섞일 수도 없으니, 내가 할 수 있는 일은 어산魚山의 글귀나 따오는 재주에 불과하다. 과거에 임성당에게 갔을 적에 범음梵音의 규범에 대해 질문하여 올바르고 진실한 법을 알고자 하였으며, 여러 지방의 명성이 드러난 범패梵唄를 하는 분들이 하는 바를 추문推問하였더니, 그들이 하는 바는 대부분 형상을 흉내내는 데 가까운 종류들이었다. 순수하게 아는 이를 만나지 못해서 부질없이 탄성만 자아낸 지가 여러 해 되었다. 그러다가 홀연히 산수山水를 떠돌아다니는 객승을 만났는데 그 객승은 바로 정관당靜觀堂의 문인으로서 옥천玉泉의 여향餘響을 제대로 익힌 사람이었다. 나도 역시 정관당의 법손法孫인지라, 그런 까닭으로 여러 날 동안 그 스님과 토론을 했는데 서로 의기가 투합하였다. 너무도 기뻐하던 끝에 우리는 또, 청량산靑凉山 행行 대사가 『자기仔

蘷』 본문과 산보문 33단壇을 7주야로 나누어 진행하도록 만든 의식문을 얻게 되었다.

이로 미루어 볼 때 지선 스님은 선학이나 교학에는 취미가 없었고 범패에 뜻을 두어 범음梵音과 불교의식에 대하여 일생 동안 전념했던 스님으로 보인다.

한편 지선 스님의 또 다른 활약상은 원종元宗의 원당願堂으로 경영되었던 속리산 중사자암中獅子庵의 창건 배경 및 역사에 대한 글 속에 등장한다.

> 사찰의 창건은 신라 성덕왕 19년(720년) 의신 조사에 의해서 이루어졌다고 전하고 있다. 그러나 사찰의 초창과 고려조에 대한 역사는 전해지지 않고 있다. 사찰의 역사에 대한 기록은 조선 중기에 나타나기 시작한다. 『여지도서』에 의하면 "중사자암은 현 동쪽 35리 속리산 아래에 있다. 원종 대왕의 원당이다."라고 기록하고 있다. 원종은 선조의 아들로서 조선 16대 왕인 인조의 아버지이다. 원래 정원대원군이었으나 인조 즉위 후 왕으로 추존된 분이다. 따라서 중사자암은 인조의 지원에 의해 만들어졌을 가능성이 매우 크다. 중사자암은 인조 19년(1641)에 창건되었는데, 이때 인조의 형인 능원대군과 능창대군의 청에 따라 지선智禪 스님이 일을 감독하고 낙성일에 능원대군이 용화에 있는 전답을 절에 희사했다고 한다.(한국관광공사의 '대한민국 구석구석' 사이트 korean.visitkorea.or.kr)

이처럼 대사는 왕실과의 관계도 돈독하였던 것으로 추정된다. 스님이 주로 주석한 곳은 전라도 무주 백련사이다. 무주군의 읍지인 『적성지赤城誌』「사찰조」에는 "구천동사九千洞寺는 백련암白蓮庵이라고도 하는데, 횡천의 덕유산 자락에 있으며 무주부로부터 동쪽 70리 떨어진 곳에 있다. 옛날에는 대찰이었으나 지금은 작은 암자이다."라고 하였다. 구천동사 즉 백련암의 창건 및 연혁에 대한 기록 중에 "이곳 덕유산 구천동사에 출가하여 여러 납자들을 이끈 고승으로는 청허 유정清虛休靜의 스승 부용 영관芙蓉靈觀을 비롯하여 부휴 선수浮休善修‧정관 일선靜觀一禪‧벽암 각성碧巖覺性‧임성 충언任性忠彦 등이 있으며, 그 가운데 정관 일선과 임성 충언은 백련사에서 입적하여 그를 추모하는 부도가 세워지기도 하였다."라고 되어 있다. 이 책을 간행한 장소도 무주인 점으로 보아, 지선 스님은 스승이 기거하였던 무주 일대에 주로 기거하면서 활약했던 스님으로 추정된다. 그러나 그의 생몰 연대나 자세한 행적에 대해서는 상고해 볼 만한 기록이 없어서 더 이상 언급하기는 불가능하다.

3. 서지 사항

『오종범음집』은 지선이 1661년 전라도 무주 적상산赤裳山에서 개판開板하였다. 판목은 후에 진안의 중대사中臺寺로 옮겨 보관하였다.

본 번역서의 저본은 『한국불교전서』 12책에 수록된 '순치 18년(1661) 신축 전라도 무주 적상산 개판본'(김영태 소장)이다. 이는 『한국불교의례자료총서』 권2에 영인 수록되어 있다. 이밖에 『김민영 소장 고서목록』을 참고로 하여 서지사항을 작성하면 다음과 같다.

- 서명 : 오종범음집五種梵音集
- 저자 : 지선智禪 편
- 판형 : 목판본
- 형태 : 2권 1책, 사주단변四周單邊, 반곽半郭 24.5×20.2cm, 유계有界, 반엽半葉 8행 17자(자수가 일정하지 않음), 주쌍행註雙行, 내향이엽화문어

미內向二葉花紋魚尾 ; 33.1× 23.4cm
- 서序 : 시 임진 추9월 초하루 부종수교홍리보제국일팔자법호도대선사 벽암당각성 서겸교時壬辰秋九月初吉扶宗樹敎弘利普濟國一八字法號都大禪師碧岩堂覺性序兼校
- 발跋 : 시청 정유(1717) 가을 7월 성회일 문인 향해연종 발時淸丁酉秋七月星會日門人香海蓮宗跋
- 간기刊記 : 시유 순치 18년(1661) 신축 벽암문인 지선 재전라도 무주지 적상산 개판 이재진안지 중대사時維順治十八年辛丑碧岩門人智禪在全羅道茂朱地赤裳山開板移在鎭安地中臺寺
- 지질紙質 : 저지楮紙
- 소장所藏 : 김영태

김영태 소장본 외에 『오종범음집』의 이본으로 월저月渚 대사(1638~1715) 서문이 있는 판본(숙종 39, 1713년)도 있다.

4. 내용과 성격

『오종범음집』은 권두卷頭에 임진壬辰(1652년) 가을 9월 초하루(初吉)에 '부종수교홍리보제국일팔자법호도대선사 벽암당 각성扶宗樹敎弘利普濟國一八字法號都大禪師碧岩堂覺性'이 쓴 서문이 있고, 청계淸溪가 냉천冷泉의 글방에서 서문을 쓰고 시를 지어 지선 장로에게 준 시와 그 서문이 있으며, 권말에는 발문과 편자의 자술自述이 있다.
　권말에 수록된 자술에 의하면, 편자는 불교의식집이 제각각인데다 여러 곳에 문법이 올바르지 못하고 어긋나 있을 뿐만 아니라, 각 사찰의 불단佛壇에서 거행하는 의식 절차 등도 천태만상이기 때문에 이를 체계화하고 재차 정리하여 제반 의식 절차를 간소화하고 통일을 기하기 위한 목적으로 이 책을 편집하였다고 하였다.

벽암당 각성이 쓴 서문에는 이 책의 편집 동기가 더욱 소상하게 기록되어 있다.

범음은 인도에서 유래하여 중국(支那)에 널리 퍼졌다. 비록 넓은 지역(幅員)에 전파되기는 하였으나 인도(西竺)에서만 치우치게 유행하던 것이라, 범어梵語를 당나라 말로 바꾸다 보면 비록 바른 이치와 차이가 나지 않는다 하더라도, 내용을 파악하여 설법을 하려면 반드시 의궤(軌儀)에서 빌려 와야만 했다. 그러니 의궤의 내용이 올바르지 못하면 곧 설하여 보여 주는 뜻에도 차질이 생기게 마련이다. 설하여 보여 준 내용에 차질이 생기면 괴로움에서 건져 줄 길이 막히고 말 것이다. 그런 까닭에 기원祇園의 대사가 용궁에 간직되어 있는 비서秘書를 찾아내고 천축天竺의 신승神僧이 인간세계에서 그 의식집을 만들었거늘, 항차 마등摩謄과 축법란竺法蘭이 춤을 추며 와서 어산魚山을 재연再演한 것이겠는가?

다만 어산이 전해 내려온 지가 오랜 세월이 흘렀으므로 가려 뽑아 베껴 쓸 때에 때로 잘못된 것이 있어 왔다. 들어 아는 것이 적으면 옳고 그름을 가려낼 수가 없고, 고풍古風만 해박하게 알면 부질없이 한탄만 품게 된다. 많이 들어 알지도 못하면서 어떻게 편록編錄할 수 있겠는가? 이에 반운伴雲 대사 지선智禪 스님이 이 법이 널리 알려지지 못한 것을 개탄하고, 예전 의식이 연몰湮沒되어 가는 것을 한탄한 나머지, 고금古今에 지어진 여러 의식집에서 채집하여 편집하고는 그 책의 이름을 『범음집梵音集』이라고 하였다.

지선 스님은 권말에 있는 자술서에서 이 책을 편집할 때의 답답한 심정과 판각하기까지의 어려운 고초에 대하여 다음과 같이 말하였다.

우리는 또, 청량산靑凉山 행行 대사가 『자기仔夔』 본문과 산보문 33단壇을 7주야 동안 진행하도록 만든 의식문을 얻게 되었다. 붓을 들 즈음에 다시 지식이 풍부한 이들을 두루 찾아다니면서 질문을 하곤 하여 모든 사람들의 마음에 딱 맞을 만한 가사歌詞가 되도록 힘쓰고, 또 벽암당 앞에 나아가 재차 질문을 하여 의심된 부분을 결단한 뒤에 붓을 뽑아 책을 기록하고는 이 책의 명칭을 『오종범음五種梵音』이라고 하였다. 이 책 속에 문법이 여러 곳이 올바르지 못하고 어긋나 있었기 때문에 두 곳으로 옮겨 다니면서 편집하였다. 이 책을 편집할 때에 혼자서 사람들이 찾지 않는 깊숙한 곳에서 몸을 움츠리고 작업을 하였으므로 서로 담론하여 질정할 벗조차 없었고 게다가 판각을 잘 하는 사람도 만나지 못해서 글자체가 아름답지 못하다. 그렇게 이 책이 만들어진 것이다.

다음으로 이 책의 차례를 살펴보면 다음과 같다.

권상卷上
영산작법靈山作法
중례작법中禮作法
결수작법結手作法
예수문의 지전과 원장을 만드는 법(預修文造錢願狀法)
지반문의 12단을 3주야 동안 배치하는 차례와 법규(志磐十二壇三晝夜排
　　置次第規式)

권하卷下
승려의 재를 지낼 때(僧齋時)
시왕에 대례를 올리고 공양할 때(大禮王供時)
운수단 의식을 할 때(雲水壇時)

부록 1
사명일에 총림에서 혼령을 맞아 시식하는 법규(叢林大利四名日迎魂施食之規)
성도재를 올릴 때 작법하는 규범(成道齋作法規式)
선법을 설할 때의 작법 절차(說禪作法節次)
저녁 때 향을 사르고 수행하는 작법(昏時焚修作法)
점안 의식문(點眼儀文)
불상을 이운할 때의 작법 규범(佛像移運作法規式)
시주를 맞이하는 자리의 예법(施主逢筵之禮)
다비식의 송종 법규(茶毘送終規式)

부록 2
도량을 건립하는 규제(道場建立規制)
부처님을 안치하는 법칙(安佛法則)

「영산작법」은 영산재를 지낼 때의 절차와 내용을 담은 의식문이다. 여기에는 부처님을 찬미하는 게송(讚佛偈), 부처님의 개안을 찬미하는 게송(佛開眼讚), 인간 세계에 강생하는 게송(降生偈), 법상에 오르기를 청하는 게송(登床偈), 향의 공덕을 찬탄함(喝香讚), 등을 찬탄함(喝燈), 화게花偈, 삼보에 귀의하는 것을 찬탄함(三歸依讚), 법보를 찬탄함(法寶讚), 승보를 찬탄함(僧讚), 합장게合掌偈, 관음보살을 찬탄하는 게송(觀音讚偈), 향과 꽃으로 청함(香花請), 걸수찬게乞水讚偈, 자리를 드리는 진언(獻座眞言), 차를 올리는 게송(茶偈), 향화게香花偈, 향과 꽃으로 운심하게 하는 게송(香花運心偈), 정대게(頂戴), 경전을 펼칠 때 하는 게송(開經偈), 법을 청하는 게송(請法偈), 경전을 거두는 게송(收經偈), 절하고 감로차를 올림(拜獻甘露茶), 의복과 향과 등을 공양함(衣服香燈供養), 자성 마음의 향을 공양함(自性心香供養), 널리 공양을 올리는 진언(普供養眞言), 널리 회향하는 진언(普回向眞言), 영산회중백팔상당수靈山會中百八上堂數 등의 절차가 수록되어 있다. 각각의 절차마다 세부 조항을 나누어 기술하고 각각의 의식을 집행하는 법사라든가, 목탁과 요령을 사용하는 곳, 그리고 의식 진행의 설명 등을 각 조항 아래 협주로 상세하게 기록하여 이해하기 쉽게 설명해 주고 있다.

「중례작법」은 수륙재水陸齋에서 수없이 많은 수륙의 고혼들을 천도하는 의식이다. 진행 절차는 물론 진행할 때에 각각 주관하는 법사와 심지어는 종을 치거나 목탁을 치고 요령을 흔들 경우에 대해서도 각각 횟수에 대한 것까지 구체적으로 설명해 주고 있다. 「중례작법」의 처음에는 '중례작법시련위의규식中禮作法侍輦威儀規式'을 도판으로 알기 쉽게 그려 놓았으며, 그 아래에 '중례작법을 할 때 당사방 집사자가 모든 인연을 총찰하는 규식(中禮作法時堂司房執事者摠察諸緣規式)'에 대한 설명이 가해져 있고, 그 아래는 중례작법의 의식 절차와 집행하는 법사에 대한 설명, 사물四物을 사용하는 방법 등이 상세하게 설명되어 있다.

그다음 「결수작법結手作法」과 「예수작법預修作法」과 「지반문志磐文」에 대한 의식 절차는, 위에서 설명한 것처럼 자세한 설명을 협주로 붙여 알기 쉽게 해주고 있다.

5. 가치

『오종범음집』은 반운伴雲 대사 지선智禪이 당시 사찰의 각 불단에서 거행하는 불교의식에 대하여 그 절차를 분명하게 하고 통일성 있게 정리하려는 목적에서 편찬하였다. 불교의식집이 널리 유통되지 못하고 연몰되어 가는 것을 한탄한 나머지 고금에 지어진 여러 의식집의 내용을 편집하여 제작한 것이다.

이 책은 당시 선교禪敎 양가에서 각기 다르게 행하던 의식 절차를 하나로 통합하였다는 점에 있어서 큰 의의를 지닌다. 오늘날 사찰에서 의식을 행할 때 이 책을 기준으로 하고 있다는 점도 이 책의 자료적 가치를 증명한다.

한편 이 책의 가치는 보물 제1692호로 지정된 「통영안정사영산회괘불도統營安靜寺靈山會掛佛圖」의 설명에서도 드러난다. 즉, "화면의 구성은 중앙에 석가모니불과 문수·보현 두 보살의 삼존三尊 입상立像을 가득 차게 배치하고, 석가모니불의 두광頭光 좌우에 다보불多寶佛과 아미타불을 그리고, 불제자 아난과 가섭을 작게 그려 넣었다. 이러한 구성은 1661년 간행된 『오종범음집』의 영산작법에 봉청奉請되는 불보살을 표현한 것으로, 조선 후기 괘불도에 주로 표현된 형식 가운데 하나이다."라고 하였다. 이 책이 의례의 연구 대상을 넘어서 불교 회화, 불교문화 연구에도 중요한 부분을 차지하고 있음을 알 수 있다.

6. 참고 문헌

한국정신문화연구원 편, 『한국민족문화대백과사전』, 1991.
동국대학교 불교문화연구소 편, 『한국불교찬술문헌총록』, 동국대학교 출판부, 1976.
운허 용하耘虛龍夏 편, 『불교사전』, 동국역경원, 1989.
박세민 편, 『한국불교의례자료총서』, 보경문화사, 1993.
동국대학교 중앙도서관 고서목록편찬위원회 편, 『고서목록』, 2006.
동국대학교 중앙도서관 편, 『김민영 소장 고서목록』, 동국대학교출판부, 2007.

차례

오종범음집五種梵音集 해제 / 5
일러두기 / 17
오종범음집 서문(五種梵音集序) / 19
선 장로에게 주는 서문(贈禪長老序) / 22

오종범음집 상편

영산작법 31
중례작법 82
결수작법 116
예수문의 지전과 원장을 만드는 법 121
『지반문』의 12단을 3주야 동안 배치하는 차례와 법규 135

오종범음집 하편

승려의 재를 지낼 때 187
시왕에 대례를 올리고 공양할 때 191
운수단 의식을 할 때 205

부록附錄 1

사명일에 총림에서 혼령을 맞아 시식하는 법규 211
성도재를 올릴 때 작법하는 규범 225
선법을 설할 때의 작법 절차 231
저녁 때 향을 사르고 닦는 작법 243
점안 의식문 246

불상을 이운할 때 작법 규범 261
시주를 맞이하는 자리의 예법 264
다비식의 송종 법규 269
발문 308

부록附錄 2

찾아보기 / 316

일러두기

1 '한글본 한국불교전서'는 문화체육관광부의 지원을 받아 동국대학교 불교학술원에서 수행하고 있는 '불교기록문화유산아카이브(ABC)사업'의 결과물을 출간한 것이다.
2 이 책은 『한국불교전서』(동국대학교출판부) 제12책의 「오종범음집五種梵音集」을 번역하였다.
3 번역문에 이어 원문을 병기하였다. 원문은 『한국불교전서』를 대본으로 하였으며, 띄어쓰기를 표시하기 위해 고리점(。)을 사용하였다.
4 원문의 교감 사항은 번역문의 각주와 별도로 원문 아래 부분에 제시하였다.
　㊜은 『한국불교전서』 편찬자가 교감한 내용이다.
　㊖은 번역자가 교감한 내용이다.
5 약물은 다음과 같다.
　『　』: 서명
　「　」: 편명, 산문 작품
　〈　〉: 시 작품

오종범음집 서문(五種梵音集序)

무릇 천도天道가 나누어지기 이전에는 저승과 이승이 승침昇沈했다는 말을 듣지 못했으니, 인문人文이 드러난 뒤에야 곧 사람과 귀신이 서로 침노하여 더럽히는 일이 생겼다. 하늘을 맡아 관리하고 땅을 맡아 관리하는 명命은 유문儒門에서 비롯되었고, 고통을 쉬게 하고 쓰라림을 멈추게 하는 가르침은 석전釋典에서 일어났다. 사람과 귀신들로 하여금 혼잡하게 섞이게 하는 일이 없다면 사람과 귀신이 함께 기뻐할 것이다. 비록 하나의 근원이라 할지라도 근본은 고요해서 형상이 없으며, 근본이 온갖 형상에 인연하나 분연紛然하여 서로 다름이 있다.

범음은 인도에서 유래하여 중국(支那)에 널리 퍼졌다. 비록 넓은 지역(幅員)에 전파되기는 하였으나 서축西竺에서만 치우치게 유행하던 것이라, 범어梵語를 당나라 말로 바꾸다 보면 비록 바른 이치와 차이가 나지 않는다 하더라도, 내용을 파악하여 설법을 하려면 반드시 의궤(軌儀)에서 빌려 와야만 했다.

그러니 의궤의 내용이 올바르지 못하면 곧 설하여 보여 주는 뜻에도 차질이 생기게 마련이다. 설하여 보여 준 내용에 차질이 생기면 괴로움에서 건져줄 길이 막히고 말 것이다.

그런 까닭에 기원祇園의 대사가 용궁에 간직되어 있는 비서秘書를 찾아내고 천축天竺의 신승神僧이 인간 세계에서 그 의식집을 만들었거늘, 항차 마등摩謄[1]과 축법란竺法蘭[2]이 춤을 추며 와서 어산魚山을 재연再演한 것이 겠는가?

다만 어산이 전해 내려온 지가 오랜 세월이 흘렀으므로 가려 뽑아 베껴 쓸 때에 때로 잘못된 것이 있어 왔다. 들어 아는 것이 적으면 옳고 그름을 가려낼 수가 없고, 고풍古風만 해박하게 알면 부질없이 한탄만 품게 된다. 많이 들어 알지도 못하면서 어떻게 편록編錄할 수 있겠는가?

이에 반운伴雲 대사 지선智禪 스님이 이 법이 널리 알려지지 못한 것을 개탄하고, 예전 의식이 연몰湮沒되어 가는 것을 한탄한 나머지, 고금古今에 지어진 여러 의식집에서 채집하여 편집하고는 그 책의 이름을 『범음집梵音集』이라고 하였다. 아홉 길이나 되는 산을 쌓는 공功을 들이는 데 염량炎凉이 다섯 번이나 바뀌었다.

스님은 범음梵音의 절도節度를 빠짐없이 갖추어 분별하고 법회 대중들의 기거起居에 대해 자세히 분별한 분으로, 일찍이 우산을 메고(擔簦)[3] 찾아와 얽히고 막힌 것을 제거해 달라고 간청하였다. 그러나 나는 옥玉을 끊을 만큼 예리하지도 못하고 금을 자를 만한 분석력도 없는 사람이다.

---

1 마등摩謄 : 가섭마등迦葉摩謄을 말한다. 중천축국 사람. 67년 후한後漢 영평 10년에 축법란과 함께 중국에 와서 처음으로 불교를 전했다.
2 축법란竺法蘭 : 중국 후한後漢시대에 처음으로 불교를 전한 대월지국大月氏國의 승려이자 역경가譯經家이다. 후한의 명제明帝가 불교가 들어오기를 희망하였기 때문에, 67년 가섭마등迦葉摩謄과 함께 낙양洛陽으로 와서 백마사白馬寺에 머물며 포교에 힘쓰는 한편, 『四十二章經』과 『佛本行集經』 등 5부의 경전을 한역漢譯하였다.
3 우산을 메고(擔簦) : 우산(도롱이, 삿갓)을 메고 책 상자를 짊어진다는 뜻이다. 자루가 긴 삿갓 비슷한 우산으로 나그네의 행색을 가리키거나 덕이 있는 사람을 사모하여 찾아오는 것을 말한다. 『도덕경道德經』에 "덕의 유행이 우역郵驛을 두어 명령을 전달하는 것보다 더 빠르다고 하였으니, 크고 성한 덕에 감화를 받으면 산을 넘고 바다를 건너 부르지 않아도 찾아온다. 우산을 메고 책 상자를 짊어진 채 풍문을 듣고 찾아오니, 빈 마음으로 와서 실속을 채워 돌아간다.(德之流行。速於置郵而傳命。盛德所感。梯山航海。不召而至。擔簦負笈。聞風而來。虛心而至。實腹而還。)"라고 하였다.

그런데도 스님은 책이 다 완성되어 감에 서문을 써달라고 찾아왔다. 나는 사양하였으나, 어찌 쓰지 않을 수 있으리오. 잠시 생각하다 억지로 글을 짓는다.

내 나이가 팔순八旬이라 정신마저 혼란하나, 의식을 행하는 이들이 힘은 적게 들이고 공은 배가되어 이익을 드리움이 무궁하기만을 바란다.

때는 임진壬辰(1652)년 가을 9월 초하루(初吉) 부종수교홍리보제국일팔자법호도대선사扶宗樹敎弘利普濟國一八字法號都大禪師 벽암당碧岩堂 각성覺性은 서문을 쓰고 겸하여 교정을 하다.

五種梵音集序[1]
夫天道未分。不聞幽現之昇沈。人文旣著。乃有民神之侵瀆。司天司地之命。肇於儒門。息苦停酸之敎。興於釋典。使無雜糅。人神胥悅。盖雖一源。本寂而無形。素緣萬像。紛然而有異。演于印度。澤布支那。雖播於幅員。偏弘於西竺。轉梵從唐。則雖匪差於正理。披文說示。則而必借於軌儀。軌儀之文不正。則說示之義差。說示之義差。則濟苦之路阻矣。故祇園大師。搜秘於龍藏。竺土神僧。創儀於人寰。況于摩竺來儀。再演魚山。第以流傳歲久。抄寫時訛。寡聞則莫辨是非。博古則徒懷惋歎。不有多聞。孰能編綠[2]。爰有伴雲大師智禪。慨斯法之不徧。歎古儀之湮沒。博採古今所作諸文。揭名曰梵音集。九仞功績。五變炎涼。具辨梵音之節度。細分法衆之起居。詎假擔簦。立袪凝滯。而我利非切玉。分乘斷金。洎彼告成。就求序引。推讓而寧容閣筆。俛仰而強爲抽毫。星甲八旬。精神昏亂。庶力省而功倍。垂益於無窮者矣。時壬辰秋九月初吉。扶宗樹敎弘利普濟國一八字法號都大禪師。碧岩堂覺性序兼校。

1) ㉑ 底本은 순치順治 18년 신축辛丑 전라도 무주茂朱 적상산赤裳山 개판본開板本이다.(김영태 소장본) 이 제명은 편자가 보입하였다. 2) ㉮ '綠'은 '錄'의 오자인 듯하다.

선 장로에게 주는 서문(贈禪長老序)

여악산인廬岳山人 지선智禪 공이 우산을 메고⁴ 찾아와서 무릎을 꿇고 손을 들어 절하며 나에게 이렇게 말하였다.

"저는(禪) 승려(浮屠)입니다. 어려서부터 총림叢林에서 종사할 때, 계율 가운데 허다한 설화와, 저 세존께서 영산회상靈山會上에서 중생들을 가르치신 법과, 여러 현성賢聖하신 스님들이 쓴 논서를 널리 찾고 해박하게 살펴서 가만히 기억하고 마음에 융화하여 담아 두곤 했습니다.

그 지의旨意의 소재所在를 연구하여 그 경개梗槩를 거의 이해했으나 다만 생각건대, 상문桑門⁵에서 거행하는 법회의 규범과, 그 의장儀章의 도수度數와, 절제 있게 연주하는 음향에 대해서만은 덕 높으신 고승들의 저론著論이 너무 오래되어 잘못 전해지거나 천착舛錯되었습니다. 그런데도 스님들에게는 정견定見이 없어서 그냥 그대로 많은 승문僧門에 나돌아다니니, 이것이 우리 노스님께서 발분강개하는 일이지만 일찍이 마음속을 시원하게 풀지를 못했습니다. 그리하여 일찍이 윤색하고 수식해야겠다는 간절한 뜻이 있어서 스승과 벗들에게 질문한 것을 가지고 편집하여 한 질

---

4 우산을 메고 : 앞의 각주 3번 참조.
5 상문桑門 : 사문沙門과 같은 의미이다. 사찰을 의미하기도 한다.

의 책을 만들어 판각을 부탁한 지 오래되었습니다.

그리고는 다시 스스로 사념해 보니 그 의의意義가 혹 미진한 곳이 있으며, 판본도 또한 손상되어 결함된 곳이 많았습니다. 그런 까닭에 다시 이에 추가하고 보완해서 혹 나중에 지혜 있는 이를 기다리는 것이 이 중의 소원입니다.”

나는 그 말을 듣고 훌륭하게 생각하여 이렇게 대답하였다.

“내가 들으니 '의지가 있는 이는 무슨 일이든 마침내는 성사하지만 의지가 없는 이로서 그 일을 성취하는 사람은 없다'고 하더이다. 지금 장로長老께서는 구담씨瞿曇氏의 후예라고 했습니다. 저와는 길이 다르지만 내가 또한 훌륭하게 생각하는 것이 있으니, 그것이 어찌 장로의 연세가 지금 팔질八耋을 넘으셨기 때문에 그런 것이겠습니까? 그 근면함이 이와 같으시니 정말로 의지가 변함없이 항상하고 늙을수록 더욱 독실하신 분이라 말씀드릴 만합니다.

비록 구마라집鳩摩羅什이 불경을 번역하였고 달마達摩 대사가 선법을 전했다고는 하나 어찌 이보다 더 나을 수 있겠습니까? 아! 애석한 일입니다. 장로의 변함없는 그 의지가 늙어갈수록 쇠하지 않음을 우리 도에 옮겼으면 어떠했겠습니까. 나는 그런 까닭에 그대를 위하여 한마디 설하여 우리 유학을 배우는 학인들에게 보이고자 합니다.”

무술戊戌(1658)년 6월(林鍾) 보름에 청계淸溪는 냉천冷泉의 글방에서 이 서문을 쓰고 이어 시를 지어 붙여 둔다.

결정코 법랍을 계산해 보니 법랍이 높으신데도
일을 돌아보고 애써 열심히 범음집을 편집했습니다.
선각자께서 장차 후각자를 깨우쳐 주기 위해서라면
아무리 무심한 선백이라 한들 어찌 무심할 수 있으랴.

贈禪長老序

廬岳山人智禪公者。擔篸而至。膜拜而告余曰。禪浮屠者也。少從事於叢林。戒律中許多說話。其於世尊。靈山敎法。及諸賢聖僧所論。旁搜博觀。默識心融。究其旨意之所在。庶有領略其梗槩。而第念桑門法會之規。其儀章度數。節奏音響。著論於古德高僧者。久而訛舛。僧無定見。例出多門。此老僧之發一慨。而未嘗釋然乎中也。切嘗有志於潤色修餙。質諸師友。編爲一帙。付之剞劂氏久矣。復自思念。則意義或有未盡處。板本又多殘缺者。故更加增。或以俟後之知者。僧之上願也。余聞而善之曰。吾聞有志者事竟成。未有無其志而成其事者也。今長老。瞿曇氏流也。與我異趣。而吾且善之者。豈不以長老之年今逾八袠。而其勤若是。可謂其志之有恒而老而彌篤者也。雖羅什之翻經。達摩之傳法。何以加此。惜乎。以長老之恒其志。而老而不衰者。而移之於吾道則幾矣。余故因而爲之說。以示夫吾黨之學者。戊戌林鍾之望。淸溪于冷泉之釁齋。係之以詩云。

定知僧臘算來深。顧事辛勤集梵音。

先覺應爲覺後覺。無心禪伯豈無心。

오종범음집* 상편
| 五種梵音集 上篇** |

지선 지음
智禪 撰***

김두재 번역

---

* 역자는 『오종범음집』을 번역하기 전에 『한국불교전서』와 그 원본(저본)을 면밀하게 대조하며 살펴보았다. 그 결과 원본이 원래부터 본문과 협주가 제대로 구분되지 않고 혼재되어 있으므로, 『한국불교전서』 편찬자가 나름대로 원문과 협주를 원본과 관계없이 구분하여 수록해 놓은 것을 알 수 있었다. 그러나 그마저 완전하게 구분되어 있지 않은 한계가 있다. 역자는 『한국불교전서』의 구분에 구애 받지 않고 나름대로 체계를 세워서 다시 본문과 협주를 구분하여 번역하였다. 역자의 오류에 대해서는 후일 명철하신 분들이 바로잡아 주기를 바란다.
** ㉑ 이 저본은 편집이 정제되지 않아 판별하기 어렵다. 그러므로 편자가 다시 편집하여 정리하였다.
*** ㉑ 찬자의 이름은 편자가 보입하였다.

영산작법靈山作法과 중례문中禮文과 결수문結手文과 예수문預修文, 그리고 지반문志磐文을 포함한 모든 곳에서 작법의 규범을 나 개인의 의견으로 초초抄하였음을 말해 둔다.

협주 범음梵音에 대한 사실事實은 도성道誠이 편집한 책[1]에 "위魏나라의 진사왕陳思王 조자건曹子建이 어산魚山 아래에서 놀다가 공중에서 범천梵天의 음악소리를 들었는데 그 소리가 너무도 애절하고 아름다워서 믿음을 가지고 들었다(信聽). 그런 일이 있은 지 얼마쯤 지나서 그는 곧 그때 들었던 음절을 본떠서 범패梵唄의 규범을 만들었다."라고 하였다.
이 법이 중국에 퍼지고 오백 년 뒤에 우리나라 진감眞鑑[2] 대사가 중국에 유학할 때에 그 운韻과 곡조를 익혀서 돌아와 우리나라에 전했다. ⋯⋯운운云云⋯
수월水月의 도량道場에서 공화불사空花佛事를 할 때 어찌 일정하게 정해진 법의 일이 있겠냐만은, 지금 하는 의식이 예전 시대와 혹 다른 부분이 있기 때문에 들은 것을 대강 찬술하여 명철한 사람에게 알리려는 것이다.
작법作法하는 장소가 법당法堂 안이면 설주說主는 왼쪽에 있고 그 다음에 중수衆首가 있으며, 오른쪽에는 증명證明[3]이 서고 그 다음 병법秉法의 순서로 하는 것이 옳다. 왜냐하면 기립起立하여 요잡繞匝의식을 행할 때 안으로 돌기 때문이다. 가령 마당이나 누각에서 거행한다면 왼쪽에는 증명법사가, 오른쪽에는 병법이 서고, 그 다음에 중수가 서는 것이 옳다. 왜냐하면 요잡의식을 할 때 밖으로 돌기 때문이다.

---

1 도성道誠이 편집한 책 : 『釋氏要覽』을 이르는 말이다.
2 진감眞鑑 : 774~850. 신라 스님 혜소慧昭. 속성은 최崔씨이며, 전주全州 금마金馬 사람이다. 일찍 부모를 여의고, 불법佛法을 구하려는 뜻이 간절하였다. 마침내 804년 배를 타고 당나라 창주滄州에 가서 신감神鑑에게 중이 되니, 얼굴이 검다 하여 흑두타黑頭陀라 불렸다. 910년 숭산嵩山 소림사少林寺에서 구족계具足戒를 받고, 앞서 당나라에 가 있던 도의道義를 만나 함께 다니다가, 도의는 먼저 귀국하였고 스님은 종남산終南山에서 3년 동안 지관止觀을 닦은 뒤에 길거리에서 짚신을 삼아 3년 동안 오가는 사람들에게 보시하였다. 830년 귀국하여 상주尙州 노악산露嶽山의 장백사長栢寺에 있다가 지리산智異山으로 가서 화개華蓋 골짜기의 삼법 화상三法和尙 난야蘭若의 옛터에 절을 짓고 살았다. 838년 민애왕閔哀王이 즉위하여 만나기를 청하였으나, 응하지 않으므로 사신을 보내어 혜조라 호하고, 다시 서울로 오도록 하였으나 가지 않았다. 뒤에 남령南嶺에 절을 짓고 옥천사玉泉寺라 하고, 육조六祖의 영당影堂을 세웠다. 신라 문성왕文聖王 12년 세속 나이 77세, 법랍法臘 41년으로 입적하였다. 헌강왕憲康王이 시호를 진감선사眞鑑禪師라 하고 탑호塔號를 대공영탑大空靈塔이라 하였다. 정강왕定康王 때 옥천사를 쌍계사雙磎寺로 고치고, 최치원崔致遠으로 하여금 글을 지어 세운 진감국사비가 지금 경상남도 하동군河東郡 화개면 운수리 쌍계사에 있다. 국보 제228호.
3 증명證明 : 증명법사. 불사佛事나 법회法會·선방禪房·강원講院 등에서 행사를 증명해 주는 소임. 대개 큰스님들이 맡는다. 상징적 장치로서 큰스님을 모시는 명분을 제공한다.

그런데 지금은 작법하는 장소가 법당 안인지 밖인지를 살피지 않고 무조건 종수를 왼쪽에 두니 왜 그런가? 이 부분에 대하여 옛날 덕 높으신 스님의 말로서 작법하는 장소에 대하여 논하면, "동쪽은 온갖 사물이 생기生起하는 방소方所이기 때문에 증명법사는 아무 말을 하지 않고 동쪽에 좌정하는 것이니, 그것은 동動에 즉即하나 동함이 없음을 보이는 것이다. 서쪽은 온갖 사물이 쇠살衰殺되는 방소이기 때문에 설주가 설법을 하며 서쪽에 좌정하는 것이니, 그것은 정靜에 즉하나 고요하지 않음을 보이는 것이다."라고 한다. 선현先賢들의 말씀이 어찌 부질없이 하신 말씀이겠는가? 서쪽 바다에 조수潮水가 있으면 동쪽 바다에 조수가 있지 않은 것과 같은 맥락의 이치이다.

이와 같은 규법은 곧 삼한三韓 시대에 우리나라 석덕碩德스님이 중국에 들어갔을 때에 작법하는 규법과 법식法式을 질문하여 들었던 내용이라고 한다.

크게 불사를 할 때에 멀고 가까움을 따지지 않고 화주化主 등은 아무 도道 아무 산山 아무 절의 법사法事에 참여할 명식名識이 있는 분을 간청하여, 혹은 한 달 혹은 반달 동안 재를 올리는 곳에 좌정하기를 청하고, 특별히 방을 지정해 주고 모든 일에 대하여 재를 시행하기 전에 품수稟受토록 해야 한다.

또 친근하고 소원한 관계를 따지지 말고 모든 대중과 공론公論해야 하며, 유나維那 등 소임所任을 맡아 진행할 일들도 지식이 풍부한 사람을 선발하여 부촉付囑하고 터놓고 논의하는 것이 옳다.

절 안의 대중들은 미리 3~4일을 기약하고 깨끗한 강당에 모여서 재계齋戒를 서로 의논해야 한다. 그 절의 주지住持와 유나 등은 아무리 덕을 이룬 대사大師라 하더라도 일을 집행하는 주인이 되고, 설주說主는 아무리 나이 어린 배우는 사람(學者)이라 하더라도 이는 초청 받은 대중으로서 손님이 되나니, 손님과 주인 사이에는 반드시 예의禮儀를 갖추어야 하기 때문에 유나는 설주 앞에 가서 아침저녁으로 예를 올리는 것이 옳다.

대중들이 모이기 전날 정축시正丑時(오전 2시)에 마당 가운데에 의식문儀式文에 나와 있는 대로 풍백단風伯壇을 시설한다. …운운云云….

한쪽 변두리에서 '분수작법焚修作法'[4]을 예문禮文대로 진행하고, 잇따라 상주삼보常住三寶[5] 앞에 공양 올리는 의식(進供)을 평상시 하는 것과 같이 진행한다. …운운….

그 날 재를 마친 뒤에 해당 산의 성황단城隍壇에 의식문대로 재를 올리고, 다음에는 시식施食을 한다.

그다음에는 대중들이 모이는 날 인시寅時(오전 3~5시)에 정금靜金을 울리고 상주삼보 앞에 널리 대중들을 청하여(普請) 분수작법焚修作法 의식을 하고 공양을 진상하는 의식(進供)을 법대로 진행한다. …운운….

아침밥을 먹은 뒤에 평상시와 같이 널리 대중들을 청하여 조사예참祖師禮懺 의식을 진행한다. 법당 안에 조사祖師의 당화唐畵(영정)를 걸어 놓고 그 앞에 향로香爐와 등촉燈燭과 꽃과 과일을 차려 놓는다. 법주法主·증명證明·종수衆首·어산魚山 등의 앞에는 평상시 하는 것과 같이 각각 상床을 가져다 놓는다.

법회에 참가한 대중들을 널리 청하여(普請) 일제히 법당으로 들게 하고 법주는 시주施主들을

---

4 분수작법焚修作法 : '焚'은 업장을 소멸하는 의미이고, '修'는 선행을 닦는 정근 행법이다.
5 상주삼보常住三寶 : 항상 머물러 있어 사라지지 않는(常住不滅) 삼보三寶를 말한다.

거느리고 부처님 앞에 향을 받들어 사르고 세 번 절을 한다. 그리고는 독바로 앉아서 관법觀法을 짓되 허공이 다하도록 온 법계에 두루 퍼져 있는 한량없이 많은 부처님과 보살님과 조사님들께서 이 도량에 오셔서 앉아 계시면서 중생들을 위하여 미묘한 법을 설하신다고 상념想念한다.

큰 불사를 거행하는 저희 중생들은 공경하는 마음으로 예를 올리고 공양하오며, 지은 죄를 참회하고 서원을 발합니다. …운운….

예참문禮懺文은 두 가지 종류가 있다. 하나의 규범은 『산보문刪補文』에서 나온 것으로서 거기에 이렇게 말하고 있다.

"법주가 '일심一心으로 받들어 청하나이다. 영산회상의 …운운…'이라고 하고, 마지막까지 이와 같이 한다. …운운…. 그리고 어산魚山은 다만 가영歌詠만 한다."

또 다른 한 책에는 이렇게 말하고 있다.

"처음부터 끝까지 어산이 '지극한 마음으로 귀명歸命 …운운…' 한다."

두 책에 이와 같이 되어 있어 일정하지가 않다. 만약 우리 무리가 의식문을 만나면 그대로 하는 것이 옳고 옳을 것이다.

재齋를 지내고 난 뒤에 가람단伽藍壇에 하는 의식은 의식문대로 …운운… 하고, 시식施食 …운운… 하며 분수焚修 …운운… 한다.

당일 인시寅時(오전 3-5시)에 정금靜金을 평상시 하는 것과 같이 울리고, 널리 청하고(普請) 향을 사르는 의식(焚修)을 진행하고 잇따라 상주삼보님 앞에 평상시 하는 것과 같이 공양 올리는 의식(進供)을 …운운… 한다.

아침 식사를 한 뒤에 유나維那는 종두를 거느리고 주지住持 앞에 나아가 쇠종 치는 규범에 대하여 의론하면 그 일을 잘 아는 사찰주지事察住持는 낱낱이 가르쳐 주어야 하고, 비록 가르쳐 줄 수 없는 이라 하더라도 따져 물어서는 안 된다.

靈山作法。中禮。結手。預修。志磐問[1]兼作規。私意抄言哉。

【梵音事實。則道誠集云。魏國陳思王曹子建。遊魚山之下。聞空中梵天之音。其聲哀婉。信聽良久。乃模其節。爲梵唄之規。其法播於中國。五百年後。此國眞鑑大師。遊中國時。習其韻曲。來傳之此國云云。如水月之道場。作空花之佛事時。豈有定法之事。然今所爲。與古時或異故。粗陳所聞。以報哲者。作法處。法堂內。則說主左邊。安衆首。右證明。次秉法可也。何者。起立繞匝時。內回故。庭與樓。則左證明右秉法。次衆首可也。何者。繞匝外回故。今不察作法處內外。徒安衆首左邊何。今將古德言。以論作法處。東方爲萬物生起方故。證明不言。坐東者。示卽動無動。西方萬物衰殺處故。說主以有言。坐西者。卽靜而非靜。先賢之言。豈徒然哉。西海之有潮。與東海不潮。如是如此之規。乃是三韓時。我國碩德。入中國。問正實作法之規式。大作佛事時。不論遠近。而化主等。懇請某道某山寺有名識法事衆者。或一月。

或半月。請坐齋所。安頓別房。每事禀受其前。又不問親踈。而僉衆公論。維那等所任之事。付屬有識者。通論可也。寺內大衆。預期三四日。會淨廳。相議齋戒。其寺住持與維那等。雖是成德大師。爲執事之主人。而說主雖是年少學者。是請衆之賓。賓主之間。須具禮儀故。維那說主前。爲朝暮之禮可也。衆會前日正丑時。庭中設風伯壇。如文云云。一邊焚修。作法如禮。因常住三寶前。進供如常云云。其日齋後。當山隍城壇如文。次施食。次衆會日寅時。開靜金。普請焚修。常住前進供云云。朝飯後。普請如常。祖師禮懺儀式。法堂內掛祖師幀。前安爐燈燭花果。法主證明衆首魚山等前。各各安床如常。普請法衆。齊入法堂。主法領施主。奉香三拜。正坐作觀。盡虛空徧法界無量諸佛菩薩祖師。來坐道場。爲衆演說妙法。作大佛事。我等衆生。敬禮供養。懺罪發願云云。禮懺文有二種。一規則出刪補文云。法主云。一心奉請。靈山會上云云。至終皆。如是云云。魚山但歌咏耳。又一本自初至末。魚山云至心歸命云云。未可定。若吾之輩所遇儀文。爲之可可。齋後伽藍壇如文云云。施食云云。焚修云云。當日寅時。開靜金如常。普請焚修。因常住三寶前。進供如常云云。朝飯後。維那領鍾頭。進住持前。論擊金規。則能知事衆住持。一一敎授。而雖未能敎者。不可不問也。】

---

1) ㉠ '問'은 '文'의 오자인 듯하다. 번역은 '文'을 따른다.

영산작법

협주 이 영산작법은 동파東坡[6]가 지은 것이다. 혹자는 동파의 누이동생이 지은 것이라고 말하기도 한다. …운운…. 그것을 어떻게 알았는가 하면 책을 많이 본 사람이 "동파가 여러 장경藏經에서 널리 찾아서 수륙재水陸齋를 지내는 의식儀式을 찬술하였는데, 그 문장이 밤에 시설하는 규례規例와 낮에 『연경(妙法蓮華經)』을 강연하는 법회와 서로 들어맞기 때문에 그의 누이동생이 영산작법의 절차를 지었다고 …운운…" 한 것으로 알 수 있다.

종두鐘頭[7]는 향로전香爐殿 쇠종을 치고 설주說主 앞에 나아가 이렇게 말한다.

"지금 보랑(報廊: 布廊金)의 종을 칠 것입니다. 회주께서는 세수洗手와 양치를 하시고 옷매무새를 가지런히 하시옵소서."

당좌堂佐는 모든 요사채에 머물고 있는 대중들에게 옷매무새를 정제整齊하라고 고한다.

종두는 가사袈裟를 입고 다시 회주 앞에 나아가 이렇게 고한다.

"이미 법회 자리(鋪鎭)가 다 마련되었습니다."

법회 자리라는 말은 종두가 지두地頭를 시켜 속히 자리에 방석을 까는 것을 말한다. 여기에서 '보報' 자와 '랑廊' 자로 쓴 것은 잘못 쓴 것이다.

설주說主는 지위가 높고 존엄尊嚴하기 때문에 종두를 시켜서 법연法筵에 청해서는 안 된다. 유나維那가 몸소 설주 앞에 나아가 이렇게 말해야 한다.

"시간이 이미 늦었습니다."

사미沙彌 두 사람이 회주가 계신 곳으로 나아가 좌우左右에서 모시고 호위해야 하며, 종두는 어산 앞에 나아가서 이렇게 말해야 한다.

"시간이 이미 늦었습니다."

그리고는 설주가 계셔야 할 곳으로 모시고 나아가고, 기사記事는 여러 위의威儀를 거느리고

---

6 동파東坡 : 중국 북송北宋 때 정치가이며 문학자인 소식蘇軾을 말한다. 자는 자첨子瞻이고, 호는 동파 거사東坡居士라 하였으며, 사천성四川省 미산현眉山縣 출생이다. 소식은 송나라 때뿐만 아니라 중국의 근세를 대표하는 사대부이며, 당송팔대가의 한 사람으로 이지적 학자이면서 섬세한 감각의 시인이다. 소순蘇洵의 아들로 태어나 21세에 동생 철轍과 함께 문과에 급제했고, 26세 때 제과制科에 합격, 등용되어 봉상부鳳翔府 사무관이 되었다. 곧 중앙정부로 옮겼으나, 그때 신종神宗 황제가 왕안석王安石 등을 기용해 재정혁신법을 추진하는 데 반대해 지방관으로 좌천되었다. 호주 지사湖州知事로 있던 44세 때, 시문으로 조정을 비방하였다 하여 사형을 받을 위기에 놓였으나 황제의 은총으로 죽음을 면하고 황주黃州로 유배되었다. 그곳에서 작품 「적벽부赤壁賦」를 지어 동파 거사라는 호를 받았다. 철종哲宗 황제 때 구법舊法이 복고되면서 예부상서禮部尙書까지 이르렀으나 다시 신법이 부활되자 해남海南 섬으로 유배되었다. 이 유배에서 풀려나 귀향하던 길에 강소성江蘇省 상주常州에서 죽었다. 저서로는 『동파칠집東坡七集』 등이 있다.

7 종두鐘頭 : 의식과 법회 때 타종을 맡은 스님이다.

방장方丈의 처소에 이르러 법라(螺)를 분다. 법라가 없으면 징을 두드려도 된다. 혹 부처님의 탱화를 걸어 놓고 영산회 작법을 하려면, 우선 4보살菩薩과 8금강金剛에게 고유告諭하고 나서 괘불掛佛 탱화를 호위하여 모신 뒤에 작법을 시작하는 것이 옳다.

요새는 유벽처幽僻處를 고집하고 영산작법을 하는 곳에 미륵보살彌勒 탱화를 내 걸기도 하는데, 이 사람은 『법화경法華經』「서품序品」의 미륵보살과 문수보살이 문답問答한 이치를 살펴보지 못한 자들로서 지금의 속리산俗離山 법주사法住寺와 금산사金山寺 누 곧 설의 미륵전彌勒殿에서 영산작법을 시설한 것만 본 사람들이 아닌가 생각된다.

바라를 울리고 상번上番[8]이 다음 의식을 진행한다.

靈山作法[1)]

【此靈山作法。乃東坡之作。或云坡之妹氏之作云云。何以知之。博覽者云。東坡廣尋藏經。撰水陸齋式。其文當於夜設之規例。晝演蓮經法會。故其妹氏。乃作靈山作法節次云云。鍾頭擊香爐殿金。進說主前云。今將報廊會主。盥漱整衣。堂佐告諸寮法衆皆整衣。鍾頭着袈裟。再進會主前。已爲鋪銀鋪銀之言。鍾頭使地頭。速布鋪陳之辭。今報字廊字。誤書也。說主位高尊嚴故。不可使鍾頭泛然請之。維那躬進說主前云。時之已晩。沙彌二人。進會主。左右侍衛。鍾頭進魚山前云。時斯已晩。侍赴說主所。記事領諸威儀。至方丈前。則吹螺。無螺則擊錚。或掛佛幀。靈山會作法。則先告四菩薩八金剛。圍護掛佛幀後。作法爲始可也。今幽僻處固執者。靈山作法處。掛彌勒幀者。此人不察法華序品彌勒文殊問答之處。今俗離山法住寺與金山寺。兩大刹彌勒殿。設靈山作法否。鳴鈸。上番。】

1) ㉙ 이 소제명小題名은 편자가 보입하였다.

부처님을 찬탄하는 게송

진점겁 이전에 일찍이 부처를 이루시고도
중생 제도를 위해 친히 세간에 출현하셨네.
높고 높으신 덕의 모습 달처럼 원만하시고

---

8 상번上番 : 재齋를 올릴 때 범패의 홑소리를 부르는 승려.

삼계에서 중생을 인도하시는 스승 되셨네.

> **협주**
> 다음에는 '꽃을 뽑아 드는 비송(拈花偈) ····운운···'을 한다. 그러나 이 비송은 이때와는 아무 관련이 없는 것이다. 왜냐하면 이 비송의 내용은 부처님께서 멸도에 드시려 할 때에 가섭迦葉을 마주하여 마음 전하는 법을 보인 것이기 때문이다. 어느 시대 어떤 사람이 이 의식문보다 앞질러서 영산재와 중례中禮를 하는 곳에 망령되이 이 비송을 사용했는지 모르겠으나 지금까지도 그치지 않고 시행되고 있다.
> 어떤 사람이 내게 물었다.
> "여러 지방에서 모두 이 비송을 사용하고 있는데, 그대가 수긍하지 않는 이유는 무엇입니까?"
> 내가 대답하였다.
> "사용하는 시점이 맞지 않기 때문이다."
> 또 물었다.
> "그렇다면 어느 시점에서 이 비송을 사용해야 합니까?"
> 대답하였다.
> "설선說禪 작법을 할 때 화상和尙이 법을 설하여 마친 다음, 가섭迦葉을 불러 자리를 반으로 나누어 앉게 할 때 사용하는 것이 옳고 옳은 일이다(可可)."
> 또 물었다.
> "그럼 이 비송을 쓰지 않으면 어떤 법을 가지고 대신 사용해야 합니까?"
> 대답하였다.
> "영산작법을 하는 곳에서는 곧 '부처님은 넓고 큰 청련의 눈을 뜨시고(佛開廣大靑蓮眼) ····운운···' 하는 비송을 써야 하며, 중례中禮 의식을 할 때에는 '티끌처럼 많은 세계 한 생각에 헤아리고(利塵心念可數知) ····운운···' 하는 비송을 쓰는 것이 옳다.
> 꽃을 뽑아 드는 비송을 의례대로 거행하고 상번이 다음 비송을 진행한다.

讚佛偈

塵點劫前早成佛。爲度衆生現世間。

巍巍德相月輪滿。三界途中作導師。

【次拈花偈云云。然是偈。此時不關也。何者。佛臨滅時。對迦葉示傳心之法也。何代誰人。經先妄用於此靈山與中禮處。至今不息也。問曰。諸方皆用此偈。汝今不肯。何也。答曰。用時不合故。又問。然則何時用之此偈也。答。說禪作法時。和尙說法已畢。招迦葉分半座時。用之可可。又問。捨其偈。以何法代用乎。答。靈山處。則佛開廣大靑蓮眼云云。中禮時。利塵心念可數知云云可也。拈花偈例。上番。】

부처님의 개안을 찬탄하는 게송

부처님은 넓고 큰 청련의 눈을 뜨시고
미묘한 모습으로 공덕의 몸 장엄하셨네.
사람과 하늘이 함께 찬탄함 헤아릴 길 없으니
비유하면 만 갈래 냇물이 바다로 돌아감과 같네.

협주 화상이 문을 닫고 단정하게 앉아 양구良久하는 것은 원래 저 부처님마다 모두 사나 舍那(法身인 盧舍那)의 몸을 숨기고 모든 부처님의 가르침을 사유思惟하는 것인즉, 의륜방편 意輪方便을 운행한다는 생각을 하면서 상근기上根機가 나타나기를 기다렸다가 중생을 제도 하기 위하여 비로소 왕궁王宮에 하강하신 것을 의미한다.
중번中番[9]이 노래로 읊는(歌咏) 의식을 의례대로 거행한다.

佛開眼讚
佛開廣大靑蓮眼。妙相莊嚴功德身。
人天共讚不能量。比若萬流歸大海。
【和尙閉門端座良久者。原夫佛佛皆隱舍那身。而思惟諸佛法。則運意輪方便之想。
以對上根之表。而爲度衆生。始降王宮。中番以歌咏例。】

인간 세계에 강생하는 게송

왕궁에 탄강하자마자 본래 인연 보이시고
사방으로 일곱 걸음 걸으시며 또 거듭 선포했네.
하늘과 땅 가리켜도 아는 이 아무도 없고
유독 우레 같은 사자후만 대천세계 울리네.

---

9 중번中番 : 재齋를 올릴 때 범패의 짓소리를 부르는 승려.

협주 유나는 방장 앞에 나아가 절을 하고 문을 세 차례 두드린다. 그러면 좌우에 있는 판수判首는 각각 한쪽 문을 잡고 문을 연다. 설주는 그때 신륜방편身輪方便을 운행한다는 생각을 하면서 문밖으로 나와 사방으로 각각 일곱 걸음을 걸은 뒤에 방장실로 들어간다. 앞에 문을 닫고 있는 것은 부처님께서 설산雪山에 들어가 몸을 숨기시고 6년 동안 고행苦行을 한 뒤에 정각산正覺山 속에서 명성明星을 보시고 도를 깨달은 다음 화현의 몸을 나타내어 삼승법三乘法을 설하시어 중생들을 제도하신 것을 표현한 것이다.
삼번三番이 함께 가영歌咏 의례를 한다. 혹은 악기를 울리는 의례를 하기도 한다.

降生偈

纔降王宮示本緣。周行七步又重宣。

指天指地無人會。獨震雷音遍大千。

【維那進方丈前拜揖。打門三搥。則左右判首。各執一隻開門。說主運身輪方便之想。

出門外。四方各行七步後。還入方丈。如前閉門者。佛隱入雪山。六年苦行後。正覺

山中。見明星悟道後。現化身。說三乘法度衆生之表也。三番以歌咏例。或動樂例。】

세존께서 당시에 설산에 들어가시어
한번 앉아 육 년이 지난 줄도 몰랐네.
새벽에 샛별을 보시고 도를 깨달으시니
진리 말한 그 소식 삼천세계에 가득하네.

협주 상번은 악기를 울리는 의례를 하면서 다음 게송을 읊는다.

世尊當入雪山中。一坐不知經六年。

因見明星云悟道。言詮消息遍三千。

【上番動樂例。】

높고 높으며 낙락한 달빛은 가득한데
천지간을 홀로 걷는 이 길에 함께할 이 누구인고?

협주 중번은 다음 게송을 읊는다.

巍巍落落月輪滿。[1] 獨步乾坤誰伴我。
【中番。】

1) ㉠『천지명양수륙재의범음산보집天地冥陽水陸齋儀梵音刪補集』에는 '月輪滿'이 '淨裸裸'로 되어 있다.

만약 산중에서 종자기鍾子期[10]를 만났더라면

협주 삼번三番이 함께 다음 게송을 읊는다.

若也山中遇子期。
【三番。】

어찌 황엽을 가지고 산 아래로 내려오리.

협주 당좌는 점종點鍾 8망치를 치고, 찰중察衆[11]과 판수 등과 일체 위의는 음악을 연주하며, 좌우 길 옆으로 나열하여 서 있는 이들과 사미沙彌 등은 좌우에서 둘러싸고 호위한다. 설주가 문 밖으로 나오면 선덕禪德 등은 그 뒤를 따라 가지런히 선다.
중번은 꽃을 뽑아 드는 비송(拈花偈) 절반인 앞의 두 구절을 읊는 의례를 진행한다.

豈將黃葉下山下。
【堂佐點鍾八搥。察衆判首等一切威儀音樂。左右列立道者。沙彌等。左右衛護。說

---

10 종자기鍾子期 : 중국 춘추시대 초나라 사람(?~?). 당시 거문고의 명인이었던 백아伯牙의 친구로서, 그의 거문고 소리를 잘 알아들었다고 한다. 종자기가 죽자 백아는 자기의 음악을 이해하여 주는 이가 없음을 한탄하여 거문고 줄을 끊고 다시는 거문고를 타지 않았다고 한다.
11 찰중察衆 : 대중의 잘못을 살펴 시정하는 스님이다.

主出門外。禪德等。隨後齊立。中番。以牛拈花偈例。】

천 리에 가득 찬 허공을 떠나갈 때

협주 삼번三番이 합창하여 다음 게송을 읊는다.

移行千里滿虛空。
【三番。】

돌아가는 길에 정情만 잊으면 곧 정토에 이른다네.

협주 상번은 앞을 향해 똑바로 마주하고 서서 거영산擧靈山을 거성擧聲(높은 소리)으로 '영산회상 불보살靈山會上佛菩薩'을 읊되, 마음대로 장황張皇하게 하면서 천천히 걸음을 옮기면 종과 북, 법라와 바라, 징과 검쇠의 여섯 가지 음악을 일시에 작동한다.
이때의 의식은 재자齋者와 법회에 모인 대중이 다함께 육식六識을 완전하게 깨뜨리면 육해탈六解脫을 이룩할 수 있다는 것을 표현한 의식이다.
작법할 장소에 진입進入하여 격상擊象 의식을 하고 잠시 잠자코 있다가(良久) 세 바퀴 도는 의식을 하는데 그것은 지극한 정성을 세 번 전개하는 것을 표현한다.
음악을 그치고 회주會主는 법회에 모인 대중들과 함께 각각 자기 자리에 나아가고 곧 이어 중번은 다음 의식을 진행한다.

歸道情忘到淨邦。
【上番。正當。擧靈山。擧聲云。靈山會上佛菩薩。恣意張皇。徐徐動步。鍾鼓螺鈸錚磬。六種音樂。一時俱作。時齋者與法衆。六識頓破。而能成六解脫之表也。進入作法之處。擊象良久三匝者。表三展虔誠也。止樂而會主與法衆。各各就於座側。則中番。】

법상에 오르기를 청하는 게송

두루 사자좌에 오르시고
시방세계에 함께 임하시어
꿈틀대는 모든 중생들을
극락정토로 인도해 주옵소서.

협주 대중들은 자리 옆에 서고 유나는 화주 앞에 나아가 "정좌正座하십시오."라고 말한다. 종두는 법회에 모인 대중들 앞을 돌아다니면서 "제자리로 나가십시오."라고 말한다.
이 의식은 곧 대선大選과 대주大珠12 스님의 제도보다 훨씬 뛰어난 법이다. 그런데 지금은 아주 외떨어진 곳에서 설주로 하여금 유나 앞에 나아가 곡진한 예를 올리게 하니 어찌된 일인가? 사방의 집금執金 의식을 요즈음 여러 지방에서는 격금식擊金式으로 하고 있는데, 이는 보암普菴 화상이 만든 규범이다.
법당法堂과 승선당僧禪堂과 종각鐘閣의 쇠종을 각각 세 망치씩 치는데, 그것은 사식四識을 깨뜨리고 사지四智를 성취하라는 의미이다.
큰 종(大鍾)을 36망치 치는데 그 영험靈驗은 바로 하편에 나타나 있다.
"지전持殿13이 쇠종을 치며 예불할 때 수 양제隋煬帝가 절에 들어서다가 그 종소리를 들었다. 그는 왕성王城으로 돌아가 며칠 지나자 죽어서 지옥地獄에 들어가 고통을 겪고 있었는데, 지난번에 들었던 종소리를 추모하여 생각하였더니 고통 받는 일을 여의게 되었다. ……운운……"
어산魚山이 설주 앞에 나아가서 작법례作法禮에 대하여 여쭈면, 설주는 그 법에 대하여 하나하나 일일이 가르쳐 준다. 가르쳐 줄 수 없는 것은 전례를 따라 진행하라고 말해 주면 되는데, 그래도 어산은 "예, 예" 하고 물러나야 한다. 비록 가르쳐 줄 수 없어 하더라도 따지고 물어서는 안 되며, 반드시 유나 앞에 나아가지 않는 것이 옳고 옳을 일이다. 그 이유는 어산은 미타불彌陀佛이고 유나는 보살菩薩이기 때문이다.
어떤 이가 물었다.
"뒷날의 방편을 가만히 생각해 보면 점종 일곱 망치를 치고 법라를 울리면 판수判首가 순회巡

---

12 대주大珠 : 혜해慧海를 말한다. 생몰 연대는 미상이다. 복건福建 사람이며 속성은 주朱 씨이다. 마조 도일馬祖道一 선사에게 수업하였고, 이후『頓悟入道要門論』1권을 썼는데, 마조가 이것을 보고는 "월주에 큰 구슬이 있는데, 둥글고 밝아 빛이 투철하며, 자재하여 막힘이 없다.(越州有大珠。圓明光透。自在无遮障處也。)"라고 칭찬하였다. 그래서 흔히 대주 화상으로 불린다.
13 지전持殿 : 병법을 보좌해서 일을 처리하는 소임. 아울러 불전佛殿을 담당하는 소임을 이른다. 의식을 집행하고 향불을 켜거나 화재를 예방하는 등 불전의 전반을 관리 감독한다.

廻하면서 일제히 바라를 울립니다. 영산작법을 하는 곳에서는 건회소建會疏 등 세 가지 소疏를 쓰는데 왜 그것을 금지하는 것입니까?"
대답하였다.
"설주가 시주와 함께 향을 받들어 올릴 때에 증명證明은 영저靈杵를 잡고 자리에 안연安然히 부동不動의 자세로 앉아 삼만억 나유타那由他[14]의 많은 나라가 다 청정해지고, 삼십오 항하사恒河沙 세계가 다 유리琉璃 세계가 되며, 사륜四輪의 세계가 융합融合하여 하나가 된다는 관법을 운행하고, 재를 올리는 사람은 경건한 마음으로 향을 올린다. 그러면 그 향기가 공중 높이 사십구만 리의 여러 하늘 대중들에게까지 배어서 구름처럼 이르지 않는 곳이 없을 것이니 이것은 다 보저寶杵의 공덕이다."
상번은 다음 향을 찬탄하는 게송을 읊는다.

登床偈

偏登獅子座。共臨十方界。

蠢蠢諸衆生。引導蓮花界。

【衆立座側。維那進會主前云。正座。鍾頭巡法衆前云。就座。此式乃勝大選與大珠師之制。今僻處。使說主進維那前曲禮何也。四方執金。今諸方擊金式。是菩菴和尙之規。法堂僧禪堂鍾閣金。各三搥者。破四識成四智。大鍾卅六搥。靈驗現下篇。持殿擊金禮佛時。隋煬帝入寺聞鍾聲。歸城數日。死入地獄受苦。追思鍾聲。而離苦云云。魚山進說主前。問作法禮。說主一一敎授。未能敎者云。依前。魚山唯唯退。雖不能敎。不可不問。須上進維那前可。魚山彌陀佛。維那菩薩故。問者。思後日之權。點鍾七搥。鳴螺。判首巡回。一齊鳴鈸。靈山處。有建會等三疏用者。何以禁也。說主與施主。奉香時。證明執靈杵。安位不動。運觀三百萬億那由他國悉淸淨。卅五恒河沙界。皆爲琉璃界。四輪世界。融合爲一。齋者虔心上香。香氣上熏空中。四十九萬里之諸天衆。無不雲臨。皆是寶杵之功也。上番。】

---

[14] 나유타那由陀 : Ⓢ nayuta. 아주 많은 수. 1나유타는 1천억이라고 한다.

향의 공덕을 찬탄함[15]

옥도끼로 깎아 만든 향 산세처럼 우뚝한데
금향로에 사르니 상시로운 연기 진하구나.
하늘 사람 코에 닿아 멀리서도 다 맡나니
계향·정향·혜향이 온 법계에 배는구나.

협주 게송에 따라 징소리 3점點으로 호응한다. 아래도 이를 준하여 똑같이 진행한다.

喝香讚

玉斧削成山勢聳。金爐熱[1]處瑞烟濃。
撩天鼻孔悉遙聞。戒定惠解[2]熏法界。

【應錚三點。下皆倣此。】

1) ㉮『천지명양수륙재의범음산보집』과 『제반문諸般文』 등 다른 의식집에는 '熱'이 '爇'로 되어 있다. '熱'은 '爇'의 오자인 듯하다. 번역은 후자를 따른다. 2) ㉮『천지명양수륙재의범음산보집』에는 '解'가 '香'으로 되어 있다. 번역은 후자를 따른다.

(향게香偈)

계향 정향 혜향【징 2점 울림】해탈향【징 1점 울리고 대중들은 일어선다.】
해탈지견향이
시방 국토 두루 덮어 향기 항상 자욱하네.
이 향 연기도 그와 같아서【아 하 훔】

---

15 향의 공덕을 찬탄함(喝香讚) : 할향喝香에서 할喝은 '찬탄한다', '알린다'는 의미이고 모든 경을 독송할 때 시작하는 정구업진언과 같은 부분이며, 정성껏 올리는 한 조각 향의 덕을 찬탄함으로써 불보살과 대중에게 시작을 알리는 오언사구五言四句의 게송이다.

저희에게 배어 오분법신 나타내소서.

협주 중번은 다음의 등을 찬탄하는 게송을 읊는다.

戒定惠[1]【應錚二點】解【一點衆立】知見香。遍十方刹常氛馥。
願此香烟亦如是【呵[2]呵吽】。熏現自他五分身。
【中番。】

---
1) 옌『천지명양수륙재의범음산보집』과『제반문』등 다른 의식집에는 '惠'가 '慧'로 되어 있는데 통용된다. 2) 옌 '呵'는 목판본에는 '阿'로 되어 있다. 번역은 후자를 따랐다.

등을 찬탄함

달마께선 전등으로 활계를 삼으셨고
종사께선 등을 밝혀 가풍을 지으셨네.
등과 등불 이어져서 꺼지지 아니하니
대대로 유통하여 조사 종지 떨치리라.

(할등게喝燈偈)

큰 서원으로【징 2점 울림】 심지【징 1점 울림】 삼고 큰 슬픔으로 기름 삼고
큰 희생으로 불을 삼으니 3법이 모였네.
보리 마음의 등불로 법계를 비추리니
모든 중생 고루 비춰 부처 되게 하옵소서.【일제히 절을 한다.】

협주 삼번三番이 함께 다음의 꽃을 찬탄하는 게송을 읊는다.

喝燈

達摩傳燈爲計活。宗師秉燭作家風。

燈燈相續方不滅。代代流通振祖宗。

大願爲【應錚二點】炷【一點】大悲油。大拾爲火三法聚。

菩提心燈照法界。照諸群生願成佛齊背。

【三番。】

꽃을 찬탄함

꽃 중의 왕 목단은 묘한 향기 머금었고
작약의 금색 꽃술 그 본체가 향기롭네.
봉긋한 붉은 연꽃 더러움에 물들지 않고
다시 핀 노란 국화 서리 온 뒤 새로워라.

花讚

莇[1]持花王含妙香。芍藥金蘂體芬芳。

菡萏紅蓮同染淨。更生黃菊霜後新。

1) ㉔ 『천지명양수륙재의범음산보집』과 『제반문』 등 다른 의식집에는 '莇'이 '牧'으로 되어 있다. 자전에 의하면 '莇'은 '苜'과 같은 뜻이라고 되어 있으니, 음은 같으나 의미상으로는 맞지 않은 글자이다.

화게

제가 이제 믿고【호응하여 징을 침】 알게【징 1점을 치고 대중은 일어선다.】 된
선근의 힘과
법계의 연기하는 힘과 더불어

불법승 삼보께서 가지하시는 힘으로[…운운…]¹⁶

닦은 좋은 일들이 원만하길 바라나이다.

협주 징소리에 맞추어 대중은 절을 올린다. 향비香偈를 할 때에 증명證明은 이 향의 연기가 오분법신五分法身¹⁷으로 변성變成할 것이라는 상상을 하고, 향등비香燈偈를 할 때에는 이 등촉은 대비大悲와 대사大捨에서 나왔으므로 보리菩提의 마음을 이룰 수 있을 것이라고 관상觀想하며, 등화비燈花偈를 할 때에는 이 등화는 삼밀三密¹⁸의 미묘한 힘으로 한량없이 많이 지은 착한 일들이 여기에서 다 원만해질 것이라는 상상을 하며, 하나의 향과 하나의 등촉과 하나의 꽃이 다 시방에 두루 …운운… 하여 마침내는 이 일은 괴상한 그런 일이 아니라고 상상하는 데까지 이르려야 한다. 그 이치가 이와 같다.
여기에서 대직찬大直讚은 긴요한 일도 아니요 써야 할 의례도 아니기 때문에 여기에 다시 기록하지 않았다.
상부上副는 다음 불·법·승 삼보에 귀의하는 것을 찬탄하는 비송을 읊는다.

花偈

我今信【應錚】解【一點衆立】善根力。及與法界緣起力。

仗法僧寶加持力云云。所修善事願圓滿。

【應錚衆拜。香偈時。證明想此香烟。變成五分法身。香燈偈時。觀想此燈。悲捨所出。

能成菩提心。燈花偈時。想此三密妙力。無量善事。悉今圓滿。一香一燈一花。皆遍

十方云云。乃至此非怪事。其理如是。今大直讚。不要不用故。於此不復書之。上副

---

16 【…운운…】 : '아 하 훔'을 말하는 것 같다.
17 오분법신五分法身 : 최고 깨달음의 자리인 무학無學의 경지에 이른 사람이 갖추어야 할 다섯 가지 법신. 계신戒身·정신定身·혜신慧身·해탈신解脫身·해탈지견신解脫知見身이다.
18 삼밀三密 : 불교에서 가장 기본적으로 꼽는 세 가지 업, 즉 신身·구口·의意 등의 세 가지 통로로 짓게 되는 업을 기반으로 하여 수행을 쌓음으로써 성불成佛할 수 있다는 것. 특히 밀교密敎에서 중요시되는 수행 방법이다. 삼밀사상은 7세기경 인도에서 정립되어 점차 여러 나라로 퍼져 나갔다. 삼밀 중 구밀口密은 진언眞言을 암송하는 수행법이며, 신밀身密은 몸으로 닦는 수행법으로서 특히 손으로 상징적인 모양을 만드는 수인手印이 대표적이다. 의밀意密은 마음으로 관상觀想하는 것으로서, 불보살의 존상尊像 등을 그려 놓은 그림을 보면서 수행하는 것이다. 이와 같은 삼밀은 동시에 함께 수행하는 것이 좋다고 한다. 즉 입으로는 진언을 암송하고, 손으로는 다양한 수인을 짓고, 마음으로는 불보살의 도상圖像을 염상念想하는 수행법을 말한다.

三歸依讚。】

삼보에 귀의하는 것을 찬탄함

자재함과 치성함과 단엄함이며
명칭과 길상과 또한 존귀함이라.
이와 같이 여섯 덕이 모두 원만하기에
마땅히 총호를 박가범이라 하옵니다.

지극한 마음으로 믿음【맞추어 징 두 점을 친다.】내어 두 가지 구족하신 높으신 불타야佛陁耶님께 예를 올립니다.【징을 한 번 치면 대중들은 일어선다. 이 아래에서도 이와 같이 한다.】
세 가지 깨달음이 원만하고 만 가지 덕을 갖추신 하늘과 사람(天人)을【아】잘 다스려 인도하시는 스승이시며【아 하 훔】, 범부와 성인의 크게 자비하신 어버이시니 진리의 세계를 좇아서 오시어 평등하게 응지應持하시고 자비로 화신化身과 보신報身을 나타내시며, 종으로는【아】과거·현재·미래 3세를 다하시고, 횡으로는 시방세계 곳곳마다 두루하사, 법의 우레 소리 떨치시고 진리의 북을 울려 널리【아】권교權敎와 실교實敎의 가르침을 펼쳐【아 하 훔】크게 방편의 길을 여시니, 만약 이에 귀의하오면 지옥에서 받는 괴로움을 소멸할 수 있을 것입니다.

> **협주** 요잡繞匝 의식을 하고 기미를 살펴서 점종點鍾하면, 대중은 일제히 절을 올린다. 일이 바쁘고 시간이 촉박하면 삼고三告 의식을 일지一旨[19]로 통틀어 진행하여 삼고를 한꺼번에 깨뜨리고 잠시 요잡 의식을 하면 된다. 만약 조용하고 시간이 허락되면 삼지심三至心을 하여

---

19 일지一旨 : 원문의 '旨'는 혹 '志' 자의 오자誤字가 아닌지 의심스럽다. 곧 일지심一志心으로 삼지심을 통합해서 진행하라는 의미가 아닌가 생각된다.

각각 삼고의 의식을 따로 진행하여 차례로 고통을 깨뜨리고 나서 요잡 의식을 하고 장황張皇한 예를 마음대로 진행하는 것도 가능하다.
옛 현인賢人이 "'지극한 마음으로 믿음 내어…운운…예를 올립니다'에서부터 '지옥의 고통을…'에 이르기까지를 진행하는 동안 증명은 '부처님께 귀의하는 사람은 삿된 스승을 등지고 올바른 스승을 다시 섬길 것이니, 지옥의 고통이 소멸되어 곧 여래 반야般若의 덕을 입게 될 것이다'라고 상념想念해야 한다."라고 말했다.
중부中副는 법보를 찬탄하는 게송을 읊는다.

三歸依讚

自在熾盛與端嚴。名稱吉祥及尊貴。

如是六德皆圓滿。應當揔號薄伽梵。

至心信【應錚二點。】禮【一搥衆立。下皆倣此。】佛陀耶兩足尊。三覺圓萬德具。

天人【阿】調御師【阿呵吽】。凡聖大慈父。從眞界等應。持悲化報。堅穹【阿】三際時。橫徧十方處。震法雷鳴法鼓廣敷【阿】權實敎【阿呵吽】。大開方便路。若歸依。能消滅地獄苦。

【繞匝見機點鍾。大衆齊拜。忙迫則三苦一旨。都稱破之。暫繞匝爲可也。從容則三至心。各稱三苦列破繞匝。以張皇禮恣意爾得。古賢云。自至心信禮云云。至地獄苦時。證明想歸依佛者。反邪師而還事正師。則滅地獄苦。而卽蒙如來般若德也。中副法寶讚。】

법보를 찬탄함

계경과 응송과 수기와
풍송과 자설과 연기와
본사와 본생과 방광
미증유와 비유와 논의로세.

지극한 마음으로 믿음 내어 탐욕을 여읜 높으신 달마야達摩耶님께 예를 올립니다. 보장寶藏의 창고에 있는 옥함玉函의 경책은 서역 인도에서【아】 결집結集되었고【아 하 훔】, 번역되어 동토東土에 전해졌으니, 매우 어진 조사祖師님이 명철하게 판단하여 장章과 소疏를 이루셨습니다. 삼승三乘을【아】 돈頓과 점漸으로 나누시고 오교五敎의 종취宗趣를 바로잡으셨으니, 귀신들이 공경하고 용龍과 하늘이 보호합니다. 이 가르침은 길 잃은 사람(道迷)을 인도하는【아】 것으로서 달을 가리키는 손가락 같고【아 하 훔】 열을 식히는 감로수甘露水가 담긴 잔과 같으니, 만약 이에 귀의하오면 아귀餓鬼가 받는 괴로움을 소멸할 수 있을 것입니다.

협주 점종點鍾을 치면 대중은 일제히 절을 올린다. 법보에 대한 가영歌詠을 할 때에 증명은 '이 부처님의 가르침에 귀의하는 이들은 삿된 법을 돌이켜 다시 바른 법을 닦으리니, 아귀의 괴로움을 소멸하고 곧 여래如來 법신法身의 덕을 입게 될 것'이라고 상념을 해야 한다. 요잡의식을 할 때에는 형편을 살펴서 하는 것이 좋다.
삼부三副가 함께 승보를 찬탄하는 게송을 읊는다.

法寶讚

契經應誦與授[1]記。諷誦自說及緣起。

本死[2]本生亦放光。未曾比喩幷論議。

至心信禮達摩耶離欲尊。寶藏聚玉函軸。結集【아】於西域【아 하 훔】。飜譯傳東土。祖師弘賢哲。判成章疏。三乘【아】分頓漸。五敎正宗趣。鬼神欽龍天護。道味[3]【아】標月指【아 하 훔】。除熱斟甘露。若歸依。能消滅餓鬼苦。

【點鍾。大衆齊拜。咏法寶時。證明想歸依法者。反邪法還修正法。滅餓鬼苦。卽蒙如來法身德。繞匝見勢可也。三副僧讚。】

---

1) ㉠『천지명양수륙재의범음산보집』에는 '授'가 '受'로 되어 있는데 의미상으로는 '受'가 맞는 듯하다. 여기에서는 '授記'를 받는 의미는 아닌 듯하다. 2) ㉠『천지명양수륙재의범음산보집』에는 '死'가 '事'로 되어 있는데 '死'는 오자이다. 3) ㉠『천지명양수륙재의범음산보집』에는 '道味'가 '道迷'로 되어 있고, 『제반문』에는 '導迷'로 되어 있다. '道'는 '導'로 통해 쓰기도 하니 별 문제가 없으나 '味'는 오자인 듯하다.

승보를 찬탄함

삼현三賢[20]과 사과四果[21]를 함께 지닌
보살과 연각과 성문의 대중들이시여
색과 소리 없는 속에 색과 소리를 나타내시며
큰 슬픔으로 체를 삼아 중생들을 이롭게 하시네.

지극한 마음으로 믿음 내어 대중들 중에 높으신 승가야僧伽耶님께 예를 올립니다. 오덕五德[22]을 갖춘 스승님과 육화六和[23]를 갖춘 도반들이 중생을 이롭게 하는 것을[아] 사업으로 삼으시고 …운운[24]…, 법을 널리 전하는 것을 집안에서 힘쓸 일로 삼아 시끄러운 티끌 세계를 피해, 항상 고요하고 적정寂靜한 자리를 찾아 편안하게 앉아서 거친 털옷으로 몸을 가리고[아] 나물과 토란뿌리로 배를 채우시며, 발우로는 용을 항복받고 석장錫杖으로는 호랑이를 깨우치며, 법의 등불을 켜서[아] 항상 두루 밝히시고[아 하 훔] 조사의 법인法印을 서로 전하여 부촉하셨으니, 만약 이에 귀의

---

20 삼현三賢 : 소승·대승에 따라 구별이 있다. ① 대승은 보살 수행의 지위인 10주·10행·10회향 위위에 있는 보살을 말함. ② 소승은 5정심위停心位·별상념주위別相念住位·총상념주總相念住位를 말함. 이들은 성위聖位에 들어가기 위한 방편위方便位이다.
21 사과四果 : 성자가 도달하는 네 단계의 경지. 번뇌가 단절되어 가는 경지를 넷으로 구분한 성자의 단계적 지위. 소승 증과證果의 4계위階位. 과果는 무루지無漏智가 생기는 지위. 수다원과·사다함과·아나함과·아라한과.
22 오덕五德 : 비구의 다섯 가지 덕을 말하는 것으로서 포마怖魔·걸사乞士·정계淨戒·정명淨命·파악破惡을 말한다.
23 육화六和 : 육화경六和敬을 이르는 말로서 보살이 중생과 화경和敬하여 중생과 같이 하는 데 6종이 있다. ① 동계화경同戒和敬(같이 계품戒品을 가지고 화동애경和同愛敬하는 것). ② 동견화경同見和敬(같은 종종의 견해見解에 주住하여 화동애경하는 것). ③ 동행화경同行和敬(같이 갖가지의 행을 닦아 화동애경하는 것). ④ 신자화경身慈和敬. ⑤ 구자화경口慈和敬. ⑥ 의자화경意慈和敬. 뒤의 3화경은 신身·구口·의意의 3업業으로 대자의 행을 하여 화동애경하는 것이다.
24 이 '운운'은 '아阿 하呵 훔吽'을 이르는 말이다.

하오면 축생 세계에서 받는 괴로움을 소멸할 수 있을 것입니다.

협주 요잡 의식은 상황을 살펴서 진행한다. 징소리에 맞추어 일제히 절을 올린다. 승보僧寶 가영을 할 때에 증명은 '승보에 귀의하는 이들은 삿된 친구를 멀리하고 다시 바른 법우를 좇게 되므로 방생傍生(畜生)의 괴로움을 소멸하고 곧 여래 해탈解脫의 덕을 입게 될 것'이라고 상념을 해야 한다.
옛날 영산회상靈山會上의 일들이 완연宛然하게 늘 존재하고 있기 때문에 이 삼반三般의 공덕이 있는 것이다.
법라(螺)·바라(鈸)·징(錚)·경쇠(磬)·종鍾·북(鼓)의 여섯 가지 법의 악기는, 넓은 부처님 세계의 중생들에게 육식六識을 완전하게 깨뜨리고 직접 여섯 가지 상서로움을 보여 주어서, 일심을 홀로 드러내어 부처님을 향하여 마음을 기울이게 한다는 것을 표출한 것이다.
상부上副는 다음의 합장게를 읊는다.

僧讚

等持三賢幷四果。菩薩緣覺聲聞衆[1]。

無色聲中現色聲。大悲爲體利群生。

至心信禮僧伽耶衆中尊。五德師六和侶。利生【阿】爲事業云云。弘法是家。

務避擾塵。常宴坐寂靜處。遮身【阿】拂毳衣。充腸菜莘芋。鉢降龍錫解虎。

法燈【阿】常徧照【呵[2]呵吽】。祖印相傳敷。若歸依。能消滅傍生苦。

【繞匝見機。應錚齊拜。咏僧寶時。想歸依僧者。反邪侶還從正友。滅傍生苦。卽蒙如來解脫德。昔日靈山宛而常存故。此三般功德。螺鈸錚磬鍾鼓。六種法樂。普佛世界衆生。六識頓破。親見六祥瑞。一心獨露。向佛傾心之表也。上副合掌偈。】

---

1) ㉠『천지명양수륙재의범음산보집』에는 '菩薩緣覺聲聞衆'이 '菩薩聲聞緣覺僧'으로 되어 있는데 의미는 둘 다 같다. 2) ㉠ '呵'는 목판본에는 '阿'로 되어 있다. 번역은 후자를 따른다.

합장게

두 손 모아 꽃봉오리 만들고
온몸을 공양구로 삼네.

성실한 마음 진실한 모습으로
향 연기 가득한 큰 법회를 찬탄하네.

> **협주** 매우 명철하신 스님이 "진실향眞實香의 '향香' 자는 실상實相이라는 '상相' 자가 맞다."라고 하시기에 지환智還 스님이 편집한 의식문을 살펴보았더니, "여섯 가지 대상 경계(六塵)를 범하지 않고 신근身根을 청정淸淨하게 하여 진실한 법공양法供養을 올리면 실상實相을 증득할 수 있다."라고 하였다. 그 말이 적절하기 때문에 또한 '상相' 자로 썼다.

향 연기 삼천세계 두루 덮고
선정과 지혜로 팔만법문 여옵니다.
오직 삼보님이시여 대자비로
이 신향을 맡으시고 법회에 임하소서.

가만히 생각하오니, 법회의 자리를 널리 열고 정성스러운 뜻과 순수하고 경건한 마음으로 여러 성현을 맞이하여 오시게 하려면, 반드시 팔방을 청정하게 해야 할 것입니다. 이 물은 곤륜산崑崙山의 빼어난 정기를 품고 하한河漢의 꽃다운 향기가 흐르고 있습니다. 연꽃 향기 속에 푸른 파도가 서늘하고 버드나무 가지 끝으로 감로수甘露水를 뿌리니, 봉도蓬島의 삼산三山이 마주하여 읍揖하고 조계曹溪의 일파一派가 길게 흐릅니다. 상서로운 바람이 불면 천 강엔 옥玉 물결이 치고 소낙비의 물이 넘쳐흐르면 사방 도랑은 은銀 언덕이 됩니다. 우禹임금[25]의 문門에 봄날이 따사로우니 잉어는 3층 폭포를 뚫고 뛰어오르고, 장자莊子의 바다에 가을하늘 높으니 붕새가 한 번 나래를 쳐서 만 리를 납니다.[26]

---

25 우禹임금 : 하夏나라 우禹는 9년 홍수에 치수治水를 담당하였던 군왕으로 물에 관련이 있어서 여기에 거론한 것이다.
26 이는 『장자』「소요유逍遙遊」에 "북쪽 바다에 곤鯤이란 고기가 있는데 붕鵬으로 변해 한 번 하늘을 날면 물결이 삼천 리를 치고 일거에 구만 리를 간다."라고 한 말에서 나온 것이다.

칠보七寶 연못에 옥동자를 씻기고
아홉 마리 용의 입안에서 금선을 목욕시키네.
중생들은 이 물을 의지하여 메마름이 윤택해지고
천지는 이 물로 인하여 더러운 때를 없애네.

그런 까닭에 이 법수를 법회 자리에 골고루 뿌리면, 만 겁 동안 어두웠던 것을 씻어 버리고 영원히 일진一眞의 청정함을 얻을 것입니다.

협주 징소리에 맞추어 절을 올린다. 다음에는 중번中番 번주番主가 법당 문 앞에 나아가 절하고 읍揖한 뒤에 공손하게 선다.

合掌偈

合掌以爲花。身爲供養具。
誠心眞實相。讚嘆香烟覆。
【大哲師云。眞實香之香子。[1] 實相之相字稱。按還師集。不犯六塵。身根淸淨。眞實法供養。能得實相。其言適當故。且以相字書之。】

香烟徧覆三千界。定惠能開八萬門。
惟願三寶大慈悲。聞此信香臨法會。
切以法筵廣啓。誠意精虔。欲迎諸聖以來臨。須假八方之淸淨。是水也。崑崙孕秀。河漢流芳。蓮花香裏碧波寒。楊柳梢頭甘露洒。蓬島之三山對揖。曹溪之一派長流。鼓祥風而玉雛千江。飜驟雨而銀堆四瀆。禹門春暖。魚透三層。莊海秋高。鵬搏萬里。
七寶池中漂玉子。九龍口裡浴金仙。
群生藉此潤樵枯。天地仍玆消垢穢。
用憑法水。徧洒法筵。滌除萬刼之昏蒙。永獲一眞之淸淨。

【應錚拜揖。次中番番主。進法堂門前。拜揖而敬立。】

1) ㉠ '子'는 '字'의 오자이다.

관음보살을 찬탄하는 게송

소리의 성품 돌이켜 듣고 이근원통 뚜렷이 깨치니
관음 부처님께서 관음이란 명호를 내리셨네.
위로는 자비의 힘 함께하고 아래로는 슬픔을 같이하니
서른 두 가지 모습으로 티끌 같은 세계에 두루 응하시네.

일천 손과 일천 눈을 가지셨고 크게 자비慈悲하신 관세음자재 보살마하살님을 일심으로 받들어 청하오니, 오직 본래의 서원誓願을 어기지 마시고, 중생(有情)들을 불쌍하고 가엾게 여기시어 이 도량에 강림하사 가지법加持法으로 물에 주呪하여 주옵소서. 이 도량에 강림하사 …운운… 원합니다.

觀音讚偈

返聞聲¹⁾性悟圓通。觀音佛事²⁾觀音號。
上同慈力下同悲。三十二應遍塵刹。
一心奉請。千手千眼大慈大悲觀世音自在菩薩摩訶薩。惟願不違本誓。哀愍有情。降臨道場。加持呪水。願降道場云云。

1) ㉠『천지명양수륙재의범음산보집』과『제반문』등 다른 의식집에는 '聲'이 '聞'으로 되어 있는데, '聲'을 '듣는다', '香'을 '맡는다'로 종종 쓰고 있으므로 의미상으로는 그리 어긋나지 않을 듯하다. 2) ㉠『천지명양수륙재의범음산보집』과『제반문』등 다른 의식집에는 '事'가 '賜'로 되어 있는데, 의미로 볼 때 '事'는 오자인 듯하다.

향과 꽃으로 청하며 노래를 읊음

보타산 꼭대기의 유리 세계에 계신 보살님
세 갈래 세계로 들어와 중생들 이롭게 하소서.
밀적금강의 금병은 세지보살님께 전하셨고
법의 옷은 신광께 주라고 분부하셨네.[27]

협주 옛날 책에는 "한 잎사귀 붉은 연꽃 바다에 떠 있는데(一葉紅蓮在海中) ···운운···"으로 되어 있는데 그것도 옳다. 삼번三番의 번주番主는 법당으로 들어가 부처님께 절을 하고 향을 살라 올린다. 그리고 왼손으로 물 사발을 들고 버드나무 가지로 물을 꺾어서 향 위에 향기를 쐬어 세 차례 뿌리면서 아래 걸수찬게乞水讚偈를 읊는다.

香花請歌詠

寶陀山上琉璃界。願入三途利有情。
密跡金瓶傳勢至。法衣分付與神光。
【舊文。一葉紅蓮在海中云云。爲可。三番番主入法堂。拜揖焚香。左手執水盃。以楊枝蘸水。熏香三度而乞水讚偈。】

걸수찬게

금향로에 향기로운 기운 한 개비 향으로
먼저 관음보살님 도량에 강림을 청하오니
병 가운데 감로수를 내리시어
열뇌를 없애 주시고 청량함을 얻게 하소서.

---

27 『천지명양수륙재의범음산보집』과 『제반문』 등 다른 의식집에는 이 게송이 "한 잎사귀 붉은 연꽃 바다에 떠 있는데(一葉紅蓮在海中) ···운운···"으로 되어 있다.

관음보살은 아주 크신 의왕이시라
감로를 담은 병에 법수 향기 그윽하네.
마의 구름 씻기고 서기가 생겨나며
괴로운 번뇌 사라지고 청량함 얻네.

협주 '엎드려 청하오니 대중들은 ···운운···' 하는 의식을 진행할 적에 증명은 '관세음보살이 이 도량에 단정하게 앉으시어 미간眉間에서 광명을 방사放射하여 물속에 들여보내 성인의 작용을 드러내기 때문에, 이 법수法水가 이르는 곳마다 모두 청정하게 될 것'이라고 상념을 해야 한다.
물을 뿌리는 것을 꼭 3회로 한정한 것은 무슨 까닭인가? 도량을 3회 청정하게 한 뒤에 불사佛事를 할 수 있기 때문이다. 법당 안에서의 1회는 중생들의 더러운 인연을 소멸하게 함이고, 마당에서 하는 1회는 식심識心의 제한과 장애를 떨쳐 버리는 것이며, 행랑채 밖에서 하는 1회는 법계의 참다운 경계를 넓힌 뒤에 모든 부처님과 보살님께서 강림하지 않음이 없기 때문이다. ···운운···
사방을 찬탄하는 게송(四方讚偈)에 세 가지가 있으니, 혹은 '보살유두菩薩柳頭 ···운운···' 하는 것과 '깨끗한 물이라야 여섯 가지 대상 경계를 깨끗하게 할 수 있으니(淨水能令淨六塵) ···운운···' 하는 것이 있다. 그러나 도량을 깨끗하게 씻는데 대지大旨를 살펴보면 '동방에 물 뿌려서(一洒東方)···'로 시작하는 게송만 못하다. 밤낮으로 통용하는 것이 가장 적절하기 때문에 또 이 게송을 아래에 써 둔다.
상부上副는 다음 게송 1구절을 읊는다.

동방에 물 뿌려서 청정도량 이루었고

협주 3만 8천 유순由旬[28] 안이 변하여 푸른 유리瑠璃 세계가 되는데 그 가운데 모든 경계가 다 푸른색 진보珍寶로 변한다. ···운운···

남방에 물 뿌려서 청량함을 얻었으며

---

28 유순由旬 : 고대 인도에서 이수를 잰 단위로 대유순 80리·중유순 60리·소유순 40리 세 가지 설이 있다. 제왕이 하루에 행군하는 거리를 말하기도 하고, 혹은 소달구지로 하루에 갈 수 있는 거리를 1유순이라 하기도 하며, 약 11km~15km라는 설과 또 다른 설이 많이 있다.

[협주] 2만 7천 유순由旬의 땅이 변하여 붉은 유리 세계가 되는데 그 가운데 모든 경계가 다 붉은색 진보로 변한다. …운운…

서방에 물 뿌려서 정토세계 이루었고

[협주] 4만 9천 유순의 땅이 변하여 하얀 유리 세계가 되는데 그 가운데 모든 경계가 다 흰색 진보로 변한다. …운운…

북방에 물 뿌려서 영원안락 얻었다네.

[협주] 1만 6천 유순의 땅이 변하여 까만 유리 세계가 되는데 그 가운데 모든 경계가 모두 까만색 진보로 변한다. …운운…

온 도량이 깨끗하여 더러운 것 없사오니
삼보님과 천룡님 이 도량에 내리시네.
제가 이제 묘한 진언 받아 지녀 외우오니
큰 자비로 가호하여 주옵소서.

[협주] 매 위每位마다 '귀명합니다(南無)'를 붙인다.

영산회상의 교주이신 석가모니 부처님께 귀명합니다.
미묘한 법을 들으시고 증명하신 다보여래多寶如來님께 귀명합니다.
【앞에 '귀명합니다(南無)'를 붙인다.】
극락세계로 인도하시는 스승이신 아미타阿彌陁 부처님께 귀명합니다.
문수文殊 큰 보살님과 보현普賢 큰 보살님께 귀명합니다.
관음觀音 큰 보살님과 세지勢至 큰 보살님께 귀명합니다.
영산회상의 불보살님께 귀명합니다.

> [협주] 가경起經과 요잡繞匝 의식을 진행한다. 거동擧動은 때를 따라 상황을 보아서 한다. 날이 짧고 바빠서 시간이 촉박하면 부처님만 단청單請해도 좋다.

시방 삼세의 부처님과
바닷속 용궁에 간직된 온갖 가르침과
보살 연각 성문 대중들을 받들어 청하오니
자비를 버리지 마시고 부디 강림하소서.

> [협주] 불보佛寶를 청할 때에는 '시방의 모든 부처님께서 모두 보좌寶座를 타고 허공에서 아래로 내려와서 중생들의 정성에 부응한다'는 생각을 해야 하고, 법보法寶를 청할 때에는 '시방의 부처님께서 경전을 설하실 때 행行과 글자로 중생들의 마음에 도장을 찍는다'고 생각을 해야 하며, 승보僧寶를 청할 때에는 '큰 보살님과 성문聲聞들께서 혹은 허공에서 보좌를 타고 내려와서 시주들과 법회에 모인 중생들의 마음에 널리 호응해 준다는 생각을 해야 한다. …운운….'
> 회주會主는 요령을 흔들면서 자리를 드리는 진언을 한다.

◆ 乞水讚偈[1]

金爐芬氣一炷香。先請觀音降道場。
願賜瓶中甘露水。消除熱[2]惱獲淸涼。
觀音菩薩大醫王。甘露瓶中法水香。
洒濯魔雲生瑞氣。消除苦[3]惱得淸涼。
【伏請大衆云云。證明想觀音端處道場。放眉間光。入水中以彰聖用。法水所至。皆成淸淨。洒水必限三回者。何也。三淨道場後。能作佛事。殿中一回。滅衆生染緣。庭中一回。遣識心限碍。廓外一回。廓法界眞境後。諸佛菩薩。無不降臨云云。四方讚偈有三。或菩薩抑[4]頭云云。淨水能令淨六塵云云。然洒淨道場。大旨則不如一洒東方之偈。晝夜通用可可故。且以下偈書之。上副。】

一洒東方潔道場。

【三萬八千由旬之內。變爲靑瑠璃世界。其中諸境。盡作靑色珎寶云云。】

二洒南方得淸涼。

【二萬七千由旬之地。變爲赤琉璃世界。其中諸境。盡作赤色珎寶云云。】

三洒西方俱淨土。

【四萬九千由旬之地。變作白琉璃世界。其中諸境。盡爲白色珎寶云云。】

四洒北方永安康。

【一萬六千由旬之地。變爲黑琉璃世界。其中諸境。盡作黑色珎寶云云。】

道場淸淨無瑕穢。三寶龍天降此地。

我今持誦妙眞言。願賜慈悲密加護。

【每位。】

靈山敎主。釋迦牟尼佛。證聽妙法。多寶如來。

【上加。】

極樂導師。阿彌陀佛。文殊普賢大菩薩。

南無觀音至[5]至大菩薩。靈山會上佛菩薩。

【起經繞匝。擧動隨時見機。日促忙迫。則單請佛可也。】

奉請十方三世佛。龍宮海藏妙萬法。

菩薩緣覺聲聞衆。不捨慈悲願降臨。

【請佛寶時。想十方諸佛。皆乘寶座。下來虛空。俯應衆生之感。請法寶時。想十方佛說經典。行行字字。以印衆生心。請僧寶時。想諸大菩薩聲聞。或乘空寶座。而從空下來。普應施主與法會群情之心云云。會主振鈴云。】

---

1) ㉘ 이 소제목은 편자가 보입하였다. 이하 편자가 보입한 목자는 ◆로 표시한다.(편자) 2) ㉠『천지명양수륙재의범음산보집』과『제반문』등 다른 의식집에는 '熟'

이 '熱'로 되어 있는데, 의미로 볼 때 이 책의 '熱'은 오자인 듯하다. 3) ㉰ 『천지명양수륙재의범음산보집』과 『제반문』 등 다른 의식집에는 '苦'가 '熟'로 되어 있는데 의미는 큰 차이가 없다. 4) ㉱ '抑'은 '柳'의 오자이다. 5) ㉲ '至'는 '勢'인 듯하다.(편자)

자리를 드리는 진언【어산魚山이 진행한다.】

수승하게 장엄한 미묘한 보리의 자리에
부처님 앉으시자 어느새 정각을 이루시네.
내가 지금 드린 자리도 이와 같아서
나와 남이 모두 함께 불도를 이루네.

옴 바아라 미라야 사바하

협주 간당좌看堂佐가 다종茶鍾 1지를 치고, 판수判首는 사미를 거느리고 차를 받들어 올리며 차를 올리는 게송을 읊는다.

獻座眞言【魚山】
妙菩提座勝莊嚴。諸佛坐已成正覺。
我今獻座亦如是。自他一時成佛道。
唵。嚩羅。尾囉野。莎訶。
【看堂佐擊茶鍾一旨。判首領沙彌道者。奉茶茶偈。】

차를 올리는 게송【3부副가 함께 진행한다.】

제가 지금 이 한 잔 차를 가져다가
영산 큰 법회의 성중님께 올리오니
시주의 정성스런 마음 굽어 살피시어

…을(를) 드리우소서. …운운….

협주 조용하고 시간이 넉넉하면 아래의 대청불大請佛 의식을 앞에서부터 읊으켜 상부上 副가 진행한다.

깨달음의 비춤이 원만하고 밝아 타심통他心通으로 중생들을 살피시고, 자비하심이 넓고 크시어 피안彼岸으로 가는 길을 열어 사람들을 건지십니다. 근기에 맞추어 가며 티끌 같은 세계에 모두 임하시고, 억념하는 이에 호응하시고자 항하의 모래처럼 많은 중생들에게 두루 미치십니다. 오늘 상서로운 구름은 빽빽이 퍼지고 상서로운 기운은 허공에 가득하며, 한 줄기 참다운 향기가 법계法界에 두루 퍼지고 몇 번의 맑은 경쇠소리 현관玄關을 통해 들려옵니다. 거듭 간절히 아뢰고 더욱 정근精勤에 힘써 자비로운 모습을 우러르며 감로의 공양을 차려 놓고 삼가 정성을 다해 예를 올리고 청하오니, 광림光臨하시어 저의 원하는 마음도 채워 주시고 많은 중생들을 제도하여 이롭게 해 주옵소서.【징소리에 맞추어서 읍揖을 하고 절을 한다.】

귀명하옵고, 일심으로 받들어 허공이 다하도록 법계에 가득하시며 시방세계에 항상 계신 모든 불타야佛陀耶님을 청하오니,【대중들은 다음 내용을 합창한다.】 오직 자비를 베푸시어 이 법회에 광림하여 주시옵소서.【절 한 번을 한다.】

귀명하옵고, 일심으로 받들어 달마야達摩耶를 청하오니, …운운…【대중들은 다음 내용을 합창한다.】 …운운…

귀명하옵고, 일심으로 받들어 승가야僧伽耶를 청하오니, …운운…【대중들은 다음 내용을 합창한다.】 …운운…

협주 조용하고 한가하면 중단청中壇請을 하는데 중번中番이 진행한다.

중단청

삼계三界(욕계·색계·무색계)의 사부四府(봄·여름·가을·겨울)[29]와 음양陰陽을 주재主宰하시고 권형權衡으로 조화造化하시며, 이미 보리菩提의 마음을 일으키신 일체 성중들께···.

협주 대중들이 함께 합창으로 하는 의식은 위와 같으며, 징소리에 맞추어 일제히 절을 한다. 자리를 드리는 의식(獻座)을 첫머리에 하는 일은 아주 드물게 사용하기 때문에 다시 기록하지 않는다. 설주說主는 요령을 흔들면서 자리를 드리는 진언(獻座眞言)을 하고, 어산魚山은 자리를 드리는 비주(獻座偈呪)를 읊는다. 차를 받들어 올리고 그 다음에 향과 꽃을 올리고 정례頂禮 의식을 한다.

시방세계에 항상 머물러 계신 부처님께 일심으로 이마를 땅에 대어 절하옵니다.【모두 절을 한다.】
시방세계에 항상 머물러 계신 가르침에 일심으로 이마를 땅에 대어 절하옵니다.
시방세계에 항상 머물러 계신 승가께 일심으로 이마를 땅에 대어 절하옵니다.

협주 다음에는 향화香花偈를 읊는다.

◆ 茶偈【三副】
我今持此一椀茶。奉獻靈山大法會。
俯鑑檀那虔懇心。願垂云云。
【從容則大請佛起頭。上副。】

---

29 사부四府 : 원래 봄·여름·가을·겨울을 말하나, 여기에서는 천부天府·지부地府·수부水府·명부冥府를 거론한 것으로 보아야 옳을 듯하다.

覺照圓明。運他心而鑑物。慈悲廣大。開岸以度人。投機而塵利俱臨。應念而河沙徧集。是日祥雲密布。瑞氣盈空。一縷眞香周法界。數聲淸磬透玄關。重伸激切。益廣精勤。仰想慈雲之容。將陳甘露之味。虔誠禮請。望賜光臨。滿我願心。利濟群品。【應錚揖拜。】

一心奉請。南無盡虛空徧法界十方常住一切伕陀耶衆。【衆和。】惟願慈悲光臨法會。【一拜。】

一心奉請。南無云云達麼耶衆 衆和云云。

一心奉請。南無云云僧伽耶衆 衆和云云。

【從容則中壇請。中番。】

中壇請

三界四府。主執陰陽。權衡造化。已發菩提心。一切聖衆。

【衆和上同。應錚齊拜。獻座起頭稀用故。不復書之。說主振鈴云。獻座眞言。魚山。獻座偈呪。奉茶。次香花頂禮。】

一心頂禮十方常住伕。【齊拜。】

一心頂禮十方常住法。

一心頂禮十方常住僧。

【次香花偈。】

향화게

여기 모든 대중들 제각각 무릎을 꿇고
시방 법계의 삼보님께 공양을 올리되
향과 꽃을 지니고 법대로 공양하네.【혹은 '삼계 사부四府의 많은 진인眞人께 공양하네'를 하기도 한다.】

◆ 香花偈

是諸衆等。各各互[1]跪。

供養十方。法界三寶。

嚴持香花。如法供養。【或云供養三界四府群眞。】

1) ㉠『천지명양수륙재의범음산보집』에는 '互'가 '胡'로 되어 있고, 『제반문』에는 '踊'로 되어 있다. '胡'와 '踊'는 서로 통해서 사용하는데 아래 협주를 보면 '互'가 맞는 글자라고 말하고 있다.

향과 꽃으로 운심運心하게 하는 게송

이 향과 꽃이 법계에 두루하여
미묘한 광명대光明臺 되네.
모든 하늘나라 음악과 보배 향 되고
모든 하늘나라 음식과 보배 옷 되네.
헤아려 짐작하기 어려운 미묘한 법진
낱낱 법진마다 모든 부처님 출현하고
낱낱 법진마다 모든 법문 나오네.【일어선다.】
빙빙 돌아 걸림 없어 훌륭하게 장엄하여
일체의 부처님 국토에 두루두루 이르네.
시방세계 법계의 삼보님 계신 곳마다
그곳에서 내 몸 있어 공양 받드네.【문세文勢로 보아 몇 구절은 다른 곳에 사용해야 할 글을 인용한 것 같다.】
낱낱이 빠짐없이 법계에 두루하지만
저들 모두 섞임 없고 장애 없다네.
오는 세상 다하도록 불사를 지어
일체중생들에게 널리 배게 하리니

향기 맡은 중생들은 보리심 내어

생멸 없는 곳에 함께 들어 불지를 증득케 하소서.

공양을 마치고 삼보님께 귀명하여 예를 올립니다.

협주 혹은 '부디 자비를 드리우사(願垂慈悲) ⋯운운⋯'을 하기도 하고, 혹은 '차를 올리는 게송(茶偈)'을 끌어다 가영歌咏을 하기도 한다.
요잡繞匝 의식을 하고 난 뒤에 '공양을 올리는 진언(供養眞言) ⋯운운⋯'을 하고, '공양을 물리는 진언 ⋯운운⋯'을 한다.
5자비字偈는 요즘은 잘 쓰지 않기 때문에 여기에는 다시 기록하지 않는다. 내가(愚) 『요립요람要覽』을 살펴보았더니 거기에 이르기를 "호궤胡跪의 '호胡' 자는 잘못 전해진 것으로 '호互' 자가 옳다. 왜 그런가 하면 천축天竺의 예의禮儀에 '부처님 앞에서는 오른쪽 무릎을 땅에 대어 꿇는다. ⋯운운⋯' 하였는데 한쪽 무릎을 장궤長跪하는 것은 무릎에 병이 생겨 신체에 곤란한 일이 생기기 때문에 두 무릎을 교차하여 꿇는 것을 호궤互跪 ⋯운운⋯"이라 하였기 때문이니, 명철한 이들은 잘 살펴보는 것이 좋을 것이다.
회주會主는 향을 집어 평상시 하는 것과 같이 ⋯운운⋯하고 '법화삼매게法花三昧偈'와 '십념十念 ⋯운운⋯' 하는 데까지 의식을 진행한다.
중번中番은 다음 의식을 진행한다.

香花運心偈

願此香花徧法界。以爲微塵[1]光明臺。

諸天音樂天寶香。諸天餚饍天寶衣。

不可思議妙法塵。一一塵出一切佛。

一一塵出一切法。【起立。】

旋轉無碍好莊嚴。徧至一切佛土中。

十方法界三寶前。皆有我身修供養。【數句文勢。引他處文。】

一一皆悉徧法界。彼彼無雜無障碍。

盡未來際作佛事。普勳一切諸衆生。

蒙勳皆發菩提心。同入無生證佛智。

供養已。歸命禮三寶。

【或願垂慈悲云云。或引茶偈揮咏繞匝後。供養眞言云云。退供眞言云云。五字偈。】

如今稀用故。於此不復書之。愚按要覽云。胡跪之胡字訛也。互字是矣。何者。天竺禮儀云。佛前右膝着地云云。一膝長跪。則膝病體困故。以兩膝交跪。謂之互跪云云。明哲者。察之可也。會主拈香如常云云。至法花三昧偈。十念云云。中番。】

1) ㉠『천지명양수륙재의범음산보집』과 『제반문』 등 다른 의식집에는 '麈'이 '妙'로 되어 있다. 문맥으로 볼 때 '麈'은 오자인 듯하다.

정대게

경 제목을 말하기 전에 검수지옥 쓰러지고
한 구절 거양하기 전에 도산지옥 꺾어지네.
이와 같이 마음 쓰면 천 생의 업도 녹아지니
하물며 경을 집어 정대하는 사람이랴.

협주 '가령 중생들로 하여금 경전을 머리 꼭대기에 이고'로 시작하는 게송은 『치문緇門』 상권과 하권에 모두 전법게傳法偈로 되어 있다. 그런데 요즘은 경經을 설하기 전에 '정대게頂戴偈'로 쓰는 이유는 무엇인가? '경 제목을 말하기 전에'로 시작한 게송을 쓰라는 말은 선현先賢들의 견고하고 진실한 말씀이니 명철한 이들은 잘 살펴보기 바란다.

頂戴

題目未唱傾劍樹。非揚一句折刀山。
運心消盡千生業。何況拈來頂戴人。
【假使頂戴之言。緇門上下卷。皆是傳法偈。今以經頂戴偈用之。何也。題目未唱之言。先賢牢實之言。哲者察之。】

경전을 펼칠 때 하는 게송

가장 높고 매우 깊은 미묘한 법

백천만겁 지나도록 만나 뵙기 어려워라.
나는 이제 다행히도 듣고 보고 지니오니
부처님의 진실한 뜻 알게 하여 주옵소서.

옴 아라남 아라다【세 번 설한다.】

협주 '경의 제목 …운운…'을 하면, 설주는 '거양擧揚 …운운…'을 한다. 이때 대중들 앞에 차를 올린다.
다음에는 3부副가 함께 법을 청하는 게송을 읊는다.

開經偈
無上甚深微妙法。百千萬劫難遭遇。
我今聞見得受持。願解如來眞實意。
唵。阿囉㘕。阿囉陀。【三說。】
【經題云云。說主擧揚云云。時大衆前進茶。次三副請法偈。】

법을 청하는 게송

이 경의 한정할 수 없이 매우 심오한 뜻을
오늘 이 법회에서 목마른 마음으로 우러릅니다.
오직 영산의 큰 법왕이시여
중생 제도 위하여 설하여 주시옵소서.

협주 상번은 다음 게송을 읊는다.

한 줄기 빛 동쪽으로 8천 국토 비추니
대지와 산하에 해가 뜬 것 같구나.

이것이 바로 여래께서 설하신 미묘한 법이니
모쪼록 밖을 향해 부질없이 찾지 마라.

협주 이 게송은 천태天台 대사가 직접 설하신 것이다. 화주가 설법게를 '…운운…' 하고 나면, 대중들은 『법화경』 정설단正說段에 해당하는 「방편품方便品」을 독송하는데 시간이 촉박하면 정설단 독송을 다 마치기 전에 경전 독송을 거둔다.
어산魚山이 「서품 제일」만 하도록 한정한 것은 무슨 까닭인가? 나중에 '빠진 부분을 보충하는 주문(補闕呪)'을 하기 때문이다.
중부中副는 다음 게송을 읊는다.

請法偈
此經無限甚深意。今日會中心渴仰。
惟願靈山大法王。爲度衆生宣說解[1]。
【上番。】

一光東照八千土。大地山河如杲日。
即是如來微妙法。不須向外謾追尋[2]。
【是偈天台親說。會主說法云云。大衆誦正說方便品。日促故。未至正說輟經也。魚山限云。序品第一。何也。補闕呪云。中副。】

1) ㉠『천지명양수륙재의범음산보집』과 『제반문』 등 다른 의식집에는 이 게송이 '此經甚深意 今日心渴仰 惟願大法王 廣爲衆宣說'로 되어 있다. 2) ㉠『천지명양수륙재의범음산보집』과 『제반문』 등 다른 의식집에는 '追尋'이 '尋覓'으로 되어 있다. 의미는 비슷하다.

경전을 거두는 게송

경의 말씀 듣고 깨달으니 마음이 초연하고
말씀하신 도리가 분명하다 대중들 입을 모으네.
취하기도 버리기도 하였으나 근본은 움직이지 않나니

달이 져도 하늘을 떠나지 않았음을 비로소 알겠나이다.

협주 찰중察衆은 종두鐘頭를 시켜서 모든 처소를 두루 살펴보게 하고, 반드시 사시巳時(오전 9~11시)가 되어서야 향적전香積殿(사찰의 주방)에 가서 공양 올릴 준비가 되었는지를 살펴보고 기반금起飯金(마지 올릴 때 치는 종) 세 망치를 치면 어산은 형편을 살펴보아서 '사무량게四無量偈 …운운…'을 진행한다. 혹은 '귀명게歸命偈'를 하기도 하는데 그 또한 가능하다.

대자대비로 중생을 불쌍히 여기시고
대희대사로 함식(중생)을 건지시네.
상호의 광명으로 자신을 장엄하시니
대중들은 지극한 마음으로 귀명례하네.

저희 각각 재를 올리는 사람 등은 삼가 선왕先王과 선후先后 등 자리에 배열한 선가仙駕들을 위해【대중들은 합창한다.】서방의 안락한 세계에 가서 태어나기를 발원합니다.

각각 서원을 맺어 따라 기뻐하는 시주施主들과 연화緣化를 맡은 비구比丘 등은 삼가 먼저 돌아가신 부모와 자리에 배열된 이름을 열거한 영가를 위하여 …운운… 발원합니다.

지극한 마음으로 구원겁久遠劫[30] 중에 등정각等正覺을 이루시고 항상 영산에 머물러 계시면서 『법화경』을 설하신 우리 본사 석가모니 부처님께 귀명례歸命禮합니다.【대중들이 합창한다.】

협주 잠시 요잡 의식을 할 때에 관수判首와 영도領道는 공양을 올리고, 당좌堂佐는 종 3지름를 친다. 어산魚山은 산화락散花落 반구半句를 하고, 법계를 깨끗이 하는 주문을 할 때에 증명證明은 단 앞에 나아가 서서 무명지無名指로 개開(㘕), 건建(兇), 도道(兇), 량場(老)과 법계를 깨끗이 하는 주문인 옴남(唵㘕), 이상의 법자梵字 여섯 글자를 공중에 쓴다. 그리고

---

30 구원겁久遠劫 : 겁劫은 범어 겁파(劫波, Kalpa)의 준말, 장시長時란 뜻. 아득한 옛적을 구원겁전이라 한다.

또 영저靈杵를 바깥으로 휘두르면 300만억 나유타那由他의 많은 나라들이 구릉은 모두 평탄해져서 걸림이 없고 다 청정하게 될 것이며, 35항하의 모래 수처럼 많은 나라들과 사륜세계四輪世界가 융합하여 하나로 된다.
바라를 울리고 별문別文(別疏)을 읽어 아뢰되 청량월淸凉月[31]의 음성과는 전혀 상관이 없다. 그런데 요즈음에는 나이가 젊은 어산에게 억지로 시켜서 하고 있으니 무슨 방법으로 금지하겠는가?

향기로운 공양을 나열하여 차려 올린 것은 시주施主님이 지극한 정성을 다한 것입니다. 공양이 두루 원만히 이루어지려면 반드시 가지법加持法을 의지하여 변화시켜야 하옵니다. 삼보님이시여, 특별히 가지법을 내려 주옵소서.【대중들은 합창으로 다음과 같이 한다.】

시방의 부처님께 귀명합니다.
시방의 가르침에 귀명합니다.
시방의 승가께 귀명합니다.

협주　옛날에 만행萬行을 하던 어떤 스님이 망령되게도 물이 흐르는 듯한 새로운 음성을 만들어 내고 게다가 변화를 시켜 놓고 4성聲보다 뛰어나다 하였으며, 진언眞言을 독송하는 수효도 제멋대로 감하여 간략하게 한 적이 있었는데 …운운…, 원우元祐(宋 哲宗의 연호) 초에 관청 사신(官使)이 예주睿州에 갔다가 어떤 스님이 쇠로 된 형틀을 목에 쓰고 갑사甲士에게 끌려 가는 모습을 보았다. 사람을 보내 연유를 물어 보았더니 갑사甲士가 "이 중은 주문을 제멋대로 줄여서 했기 때문에 천신天神들이 이득을 얻지 못한 까닭으로 잡아다가 지옥에 들여보내 치죄를 하려 한다. …운운…"라고 하였다. 요즈음 나이 젊은 어산들은 이런 것을 상관하지 않고 있다. 요잡 의식을 하고 잠자코 한참 있다가(良久) 정실주正實呪는 생략하고 마는 까닭은 무엇인가?
4다라니는 각각 21번씩 하는 것이 옳다.
'음식을 변화시키는 주(變食呪)'를 할 때에 증명證明은 단 앞에 서서 왼손에는 물그릇을 들고 오른손은 버드나무 가지를 잡고 향 연기를 쏘이고는 물을 꺾어서 세 차례 뿌린다. 그런 뒤에 물그릇을 놓고 왼손을 가슴에 대고 오른손 가운뎃손가락(中指)은 곧게 세우고, 새끼손가락과 엄지손가락(母指)을 서로 누르게 한 다음 계지戒指[32]를 펴서 음식 위로 향하게 하고는, 바

31　청량월淸凉月 : 붓다를 가리키는 말이다.
32　계지戒指 : 어느 손가락인지는 미상이다. 용례는 책마다 조금씩 다르다. 『蓮華部心

끝으로 휘둘러 물을 뿌리면서 범자인 옴맘鍐 두 글자를 써서 음식 위로 돌리면서, '한 그릇이 열 그릇이 되고 마침내는 한량없이 많은 그릇으로 변하며, 이와 같이 해서 법계에 가득 찬다'는 관념觀念을 운행한다.
'감로주甘露呪'를 할 때에는 다시 버드나무 가지를 잡고 향 연기를 쏘인다.
'수륜주水輪呪'를 할 때에는 옴맘鍐이라는 글자를 쓰고 물을 휘저은 뒤에 향 연기와 물을 섞어 맘鍐 자의 신비한 힘을 상상하면서 물을 공중에 뿌린다.
'유해주乳海呪'를 할 때에는 음식 위에 물을 뿌리고 또 공중에도 뿌린 다음 합장合掌하고 자리에서 물러나 서 있다가 주문 독송이 끝나면 다시 제자리로 돌아간다.
증명이 만약 이와 같이 하지 않으면 대중들이 아무리 주문을 독송해도 무슨 이익이 있겠는가? 헛되이 입과 혀만 수고롭게 할 뿐이다. 재를 올리는 사람은 성심으로 향을 올려야 그 향기가 공중에 널리 퍼져서 49만 리 밖에 계신 모든 하늘들이 구름처럼 모여들 것이다. 또 도리천주忉利天主는 그 향냄새를 맡고 "아무 사람이 아무 일을 하기 위해서 향을 사른다."라고 하면서 건달바乾達婆의 무리를 불러 향을 피우는 곳으로 모두 모이라고 칙령勅令을 내린다. 시주의 마음이 공손하지 않으면 그 향기가 숨 쉬는 기운(鼻氣)으로 변하여 위로 공중에 퍼지나니, 그러면 싫어하지 않는 하늘이 없을 것이요 천룡팔부天龍八部가 자세히 살펴보았다가 상을 주든지 벌하든지 할 것이다. 여러 불보살佛菩薩님이 강림하시는 것은 모두가 보저寶杵의 공이다.
중부中副는 다음 의식을 진행한다.

위에서 공양에 가지加持하는 법을 이미 마쳤고, 이제 공양을 진설陳設하려 합니다. 이 향은 해탈한 줄을 아는 향이 되기를 바라고, 이 등은 반야般若 지혜의 광명이 되기를 원하며, 이 물은 감로甘露나 제호醍醐가 되기를 바라고, 이 음식은 법의 기쁨과 선禪의 즐거움이 되기를 원하며, 나아가 번기幡旗와 꽃을 섞어서 펼쳐 놓았고 차와 과실을 엇갈리게 진열해 놓았으니, 이는 곧 세속 진리의 장엄으로서 미묘한 법의 공양을 이루어지게 하소서.

협주 상번은 다음 의식을 진행한다.

천자의 수명이 만 세를 누리기 축원했는데
다시 다섯 가지 덕 갖춘 법왕신을 이루시네.

軌』, 『瑜伽護摩軌』, 『玄法軌』에서는 오른손 약지(약손가락)를, 『略出經』, 『補陀落海會軌』, 『大日經疏』, 『准提經』에서는 왼손 약지(약손가락)를, 『補陀落海會軌』에서는 오른손 집게손가락을 가리킨다.

전단향 나무 숲 가운데 으뜸을 차지하며
난향·사향 등이 모인 가운데서도 상석에 자리하소서.

계향 정향 등 참다운 향은 그 기운 하늘을 찌르고
시주의 정성으로 사른 향 금향로에 맴돌며
순식간에 그윽한 향기 시방세계에 두루 퍼지고
옛날 야수다라께서 어려움 면하고 재앙과 장애 없앴네.

오직 모든 부처님이시여, 불쌍하고 가련하게 여기시어 이 공양을 받으소서.

> **협주** 요잡 의식은 시간에 따른다. 대중들은 함께 절한다. 시간이 촉박하면 찬탄하는 게송(讚偈)은 제외한다.
> 중번이 혼자서 '배헌拜獻 ····운운···' 하는 의식을 진행한다.

하나의 점등 팔풍이 불어도 끄덕 않고
작은 심지 만겁토록 길이 어둠 밝히네.
서천의 부처님과 조사님들께서 서로 전하여
대지 중생들의 어둠을 밝혀 주셨네.

등의 광명이 층층하여 두루 대천세계를 비추니
지혜로운 마음의 등불도 저절로 명료해지네.
내 지금 스스로 등잔에 기름 채워 긴 하늘 비추니
광명이 암흑을 깨뜨려 죄는 멸하고 복은 그지없네.

오직 모든 부처님이시여, 불쌍하고 가련하게 여기시어 이 공양을 받으소서.【일제히 절을 한다.】

칠보 연못 가운데 아름다운 자태를 보이고
한 가지의 꽃 속에 하늘 향기 차지했네.
세존께서 모든 사람들에게 들어 보이심에
달마께서 전해 오사 다섯 잎이 피었도다.

목단이나 작약보다 연꽃이 존귀하여
일찍이 여래의 순금 빛 몸을 받들었네.
구품 연못 속에서 보리의 씨 화생하니
금전 아끼지 않고 사서 용화회상에 바쳤네.

오직 모든 부처님이시여, 불쌍하고 가련하게 여기시어 …운운….

복된 땅에 심을 때 지금 벌써 익었고
마음의 꽃 열매 맺힐 때 저절로 성숙했네.
그 가운데 나아가 항상 어원御園의 봄을 점검하니
똑같이 원만한 보리과가 아래로 드리워졌네.

협주 아래 게송은 상변이 진행한다.

금행과 반도, 여지와 용안의 열매와
잎 달린 능금과 비파는 두 떨기 이뤘는데
코끝에 배는 향기 많은 구미 돋우니
오얏·능금·빈바를 여래님 전에 올리나이다.

오직 모든 부처님이시여, …운운… 하소서.

협주 중부中副는 다음 의식을 진행한다.

收經偈

聞經開悟意超然。演處分明衆口宣。

取捨由來元不動。方知月落不離天。

【察衆使鍾頭。周示諸所。而須及巳時。詣香積殿。覽辨供事。而起飯金三搥。則魚山見勢。四無量偈云云。或歸命偈亦可也。】

大慈大悲愍衆生。大喜大捨濟含識。

相好光明以自嚴。衆等至心歸命禮。

願我各各齋者等。奉爲先王先后列位仙駕。【衆和】徃生西方安樂刹。各各結願隨喜施主。與緣化比丘等。伏爲上世先亡父母列名靈駕云云。

至心歸命禮。【衆和】久遠刼中。成等正覺。常住靈山。說法花經。我本師釋迦牟尼佛。

【暫繞匝時。判首領道者進供。堂佐擊鍾三旨。魚山以半散花格。淨法界呪時。證明出立壇前。無名指寫開心建卐道卍場도。淨法界呪唎㘕右六梵字。空中。又靈杵外揮。三百萬億那由他國。丘陵平坦無碍。皆清淨。三十五河沙國四輪世界。融合爲一也。鳴鈸白別文。清凉月之聲。大大不關。今年少魚山。强爲何禁。】

香羞羅列。辨供施主。虔誠欲求。供養之周圓。須仗加持之變化。仰惟三寶特賜加持。【衆和】

南無十方佛法僧。

【昔者有萬僧者。妄造流水新聲。而變踰加四聲。減略眞言云云。元祐初。官使至睿州。見僧荷鐵枷。甲士驅之。遣人問之。士曰。是僧減呪故。天神等不得利故。攝入地獄治罪云云。今年少魚山不關。繞匝良久。正實呪略之。何也。四陀羅各各三七徧可也。變食呪時。證明立壇前。左執水器。右楊枝。熏香蘸水三度放水盂。左手當臍。堅右中指。少指與母指相捻。叙戒指向食上。外揮洒水運觀。書梵𑖠𑖿𑖨𑖰(二字旋食上。一器爲十器。至無量。如是充滿法界。甘露呪時。再執楊枝熏香。水輪呪時。寫𑖠𑖿𑖨𑖰攪水。香烟合水。想鑁字神力。水洒空中。乳海呪時。洒水食上。又洒空中合掌退立。呪畢還位。證明若不如此。大衆雖誦呪。有何所益。徒勞口舌。齋者誠心上香。香氣熏空中。四十九萬里諸天如雲集。忉利天主聞香云。某人爲某事焚香。召乾達婆等。勅令焚香處聚之。施主心不恭。其香變爲鼻氣。上熏空中。諸天無不厭之。天龍八部明察賞罰。諸佛菩薩降臨。皆寶杵之功。中副。】

上來加持已訖。供養將陳。願此香爲解脫知見。願此燈爲般若智光。願此水爲甘露醍醐。願此食爲法喜禪悅。乃至幡花互列。茶果交陳。卽世諦之莊嚴。成妙法之供養。

【上番。】

曾祝萬年天子壽。重成五分法王身。
栴檀林裡點都魁。蘭麝叢中居上品。
戒定眞香。氛氣衝天上。
施主虔誠。爇在金爐傍。
頃刻氤氳。卽徧滿十方。
昔日耶輸。免難除灾障。
惟願諸佛。哀愍受此供養。
【繞匝隨時。大衆齊拜。時促則除讚偈。中番。獨吟拜獻云云。】

一點八風吹不動。寸心萬刼鎭長明。
西天佛祖遞相傳。大地衆生消黑暗。
燈光層層。徧照於大千。

智惠心燈。明了得自然。

我今自然。滿盞照長天。

光明破暗。滅罪福无邊。

惟願諸仸。哀愍受此供養。【齊拜。】

七寶池中呈國色。一枝花裡占天香。

世尊拈起示諸人。達摩傳來開五葉。

菽持芍藥。蓮花爲尊貴。

曾¹⁾如來。襯足眞金體。

九品池中。化生菩提子。

不惜金錢。買²⁾獻龍華會。

惟願諸仸。哀愍云云。

福地栽時今已熟。心花結處自然成。

就中常点御園春。直下共圓菩提果。

【上番。】

金杏斑桃。荔枝龍眼果。

帶葉林檎。琵琶成雙朶。

氛鼻熏香。成就滋味多。

李柰蘋婆。獻上如來座。

惟願諸仸云云。

【中副云。】

---

1) ㉮ '曾' 뒤에 '與'가 빠진 듯하다.(편자) ㉭『천지명양수륙재의산보범음집』과『제반문』 등 다른 의식집에는 '曾' 아래 '與' 자가 더 있다. 한 글자가 탈락된 것이 맞다. 2) ㉮ '買' 뒤에 '獻'이 빠진 듯하다.(편자) ㉭『천지명양수륙재의산보범음집』과『제반문』 등 다른 의식집에는 '買' 아래 '獻' 자가 더 있다. 한 글자가 탈락된 것이 맞다.

절하고 감로차를 올림

푸른 옥병 속에 은빛 물결 일어나고
황금 전각 둔덕에선 눈꽃이 날리네.
하늘 사람 콧구멍을 흔들어 향기를 맡게 하니
혀끝에 눈 달린 사람이라야 비로소 맛을 알리.

온갖 찻잎을 따서 모아 다예茶蘂를 만들어
옥 다관茶罐에 양자강 물 길어 달이니
어둠 깨트린 장주는 나비 꿈 꾸다 놀라 돌아오고
혼미 씻은 조주 스님은 차 맛을 아셨네.

오직 …운운… 하소서.

협주 3부副는 함께 다음 의식을 진행한다.

가령 중생들로 하여금 모두 배부르게 하고
만겁토록 주림을 면하게 할 수 있으니
소타의 좋은 맛을 여러 하늘께 올리고
향적세계 상미上味를 부처님께 올립니다.

맛있는 소락은 천상의 주방에서 만든 것인데
성도하시던 당초에 목녀가 먼저 보내 왔네.
노모가 일찍이 가져다 금 쟁반에 받쳐서
여래 대각이신 석가세존께 올렸었네.

오직 모든 부처님이시여, 불쌍하고 가련하게 여기시어 이 공양을 받으소서.

협주 시간을 따라 기미를 살펴서 요잡 의식을 진행한다. 좀 자세하게 하려면 '각집향화各執香花³³ ⋯운운⋯'을 하고, 간략하게 하려면 '이차가지以此加持 ⋯운운⋯'을 한다.

　　원하건대 이 한 몸이 많은 몸 되고
　　낱낱의 몸에서는 백천 개의 손이 나와
　　각각 향과 꽃과 등불과 다과를 가져다
　　시방의 모든 불타님께 공양하오며
　　각각 향과 꽃과 등불과 다과를 가져다
　　시방의 모든 가르침에 공양하오며
　　각각 향과 꽃과 등불과 다과를 가져다
　　시방의 모든 승가께 공양하오니
　　자비를 버리지 마시고 이 공양 받으시고
　　불사를 지어 베푼 중생들을 건져 주소서.

협주 다음에 꽃다발(花鬘)과 아름다운 음악(妓樂)을 공양한다. 대중들은 일제히 절을 하고 공경스럽게 꿇어앉는다.

꽃다발과 음악을 공양함

　　가장 좋고 아름다운 모든 꽃다발
　　좋은 음악, 바르는 향과 보배 일산

33　각집향화各執香花 : 마련된 공양을 시방삼세의 삼보님 한 분 한 분께 빠짐없이 올리려는 의지를 표명하는 의식이다. 제목에서 '각집各執'이라 함은 능례能禮의 몸이 소례所禮의 변화신變化身을 내어 한 분 한 분께 직접 올림을 의미한다.

이와 같이 훌륭한 장엄거리로

저는 한량없는 부처님께 공양합니다.【대중들은 일제히 절을 한다.】

拜獻甘露茶

碧玉瓶中銀浪湧。黃金殿畔雪花飛。

撩天鼻孔始聞香。具眼舌頭方了味。

百草茶葉。採取成茶藥。

烹出玉甌。揚子江心水。

破暗莊周。蝴蝶驚夢廻。

滌去昏迷。趙州知滋味。

唯願云云。

【三副。】

假使衆生皆飽滿。能令萬劫免飢虛。

酥陀美味獻諸天。香積上方呈我佛。

食味酥酪。造出天廚供。

成道堂[1]初。牧女先來送。

老母曾將。托在金盤奉。

獻上如來。大覺釋迦尊。

惟願諸佛。哀憫受此供。

【隨時見機繞匝。廣則各執香花云云。略則以此加持云云。】

願此一身化多身。一一身出百千手。

各執香花燈茶果。供養十方諸佛陁。

各執香花燈茶果。供養十方諸達麽。

各執香花燈茶果。供養十方諸僧伽。

不捨慈悲受此供。施作佛事度衆生。
【次花鬘妓樂供養。大衆齊拜敬跪。】

花鬘妓樂供養

以諸最勝妙花鬘。妓樂塗香及傘盖。
如是最勝莊嚴具。我以供養諸如來。【齊拜。】

---
1) ㉯『제반문』에는 '堂'이 '當'으로 되어 있는데 후자가 맞을 듯하다.

의복과 향과 등을 공양함

가장 좋은 의복과 가장 좋은 향
가루 향과 사르는 향과 등과 촛불
하나하나 수미산과 같은 수량을
한량없는 부처님께 공양합니다.

衣服香燈供養

最勝衣服最勝香。抹香燒香與燈燭。
一一皆如妙高聚。我悉供養諸如來。

자성 마음의 향을 공양함

널리 비추는 자성은 넓고 큰 바다 같고
칠보산과 같아서 가장 수승하여라.
이와 같은 공양의 구름을 일으켜서
모든 부처님께 나는 받들어 올립니다.

自性心香供養

普照自性廣大海。七寶山等最殊勝。

出興如斯供養雲。諸佛等處我奉獻。

널리 공양을 올리는 진언

옴 아아나 삼바바 바아라 혹

普供養眞言
唵。葛葛那。三婆嚩。縛囉。㹆。

널리 회향하는 진언

옴 사마라 사마라 미마나 사라 마하 자거라바아 훔

협주 경經을 풍송諷誦한 다음 바라를 울리고 축원祝願을 하는 것은 평상시 하는 것과 같이 하면 된다. 삼자귀의三自歸依의 의례와 삼회향三回向은 긴요하지도 않고 번화繁華한 예禮일 뿐이기에 여기에 재삼 기록하지 않는다.
옛날에는 '공양을 올리는 진언(供養眞言)'을 하고 다음에 별문別文(別疏)을 읽었는데 그 의례가 옳은 것 같다. 그런데 요즘은 그렇게 하지 않고 있다. 부처님 앞에 겨우 공양을 올리자마자 즉시 불공을 마치니 그 예가 과연 옳겠는가? 아무리 큰 성현이 직접 오신다 해도 금지할 수 없으리라.

普回向眞言
唵。娑麼囉。娑麼囉。弭麼曩。娑囉。麼訶。左乞囉婆阿。吽。
【諷經後。鳴鈸祝願如常。三自歸依與三回向。不要繁華之禮故。於此不復書之。昔者供養眞言。次白別文。其禮爲可也。如今不然。纔進供於佛前。而卽時勘佛。其禮可乎。雖大聖親到。不能禁止哉。】

영산회중백팔상당수

회주會主 석가釋迦 시자侍者 아난阿難 손타孫陀	봉불자奉拂子 1인 봉모편奉毛鞭 1인
증명證明 다보여래多寶如來 시자 지적智積 병법秉法 미륵불彌勒佛 시자 선재善財	봉연奉輦 2인 봉개奉盖 1인
중수衆首 보현보살普賢菩薩 시자 1인 선덕禪德 제불류諸佛流 연륜 60 이상	인배引拜 6인 금당좌金堂佐 현령懸鈴【존자尊者】
선백禪伯 제보살류諸菩薩流 연륜 50 이상 범음梵音 관음보살觀音菩薩 좌우부左右副 2인	경당좌經堂佐 6인 말당좌末堂佐 2인
어산魚山 아미타불阿彌陀佛 좌우부 2인 범패梵唄 대세지보살大勢至菩薩 좌우부 2인	수당좌首堂佐 1인 공발攻鈸 3인
지전持殿 내외 사찰자司察者 2인 선화禪和 무학류無學類 연륜 40 이상	종두鐘頭 3인 판수判首 3인
도자道者 유학중有學衆 연륜 30 이상 사미沙彌 3류流가 있으니 7세부터 14세까지는 구오사미驅烏沙彌, 15세부터 19세까지는 명자 사미名字沙彌, 20세부터 30세까지는 수행실 사미修行實沙彌이다.	지빈知賓 1인 기사記事 내외 2인 찰중察衆 가섭迦葉 유나維那 문수文殊 시자侍者 보청당좌普請堂佐

협주 108이라는 숫자는 영산작법靈山作法을 하는 가운데 자리의 차례를 따라 일을 담당한 사람의 숫자이다. 회주會主로부터 유나維那 등에 이르기까지 56명의 사람이 있고, 선덕禪德에서부터 사미沙彌까지 수효가 많기는 52명이니, 이는 보살과 모든 지식류知識流를 말한 것이다.

큰 불사를 작법할 때에는 반드시 내외內外 서기書記를 갖추고 있어야 한다. 내서기內書記는 상기사上記事라고 말하고 외서기外書記는 부기사副記事라고 말한다. 이 법규는 옛날부터 지금까지 바뀌지 않는 상도常道인데 지금은 그렇지 못하다. 서기 외에 또 서기사書記란 무엇인가? 또 말당좌末堂佐와 고두鼓頭와 집고執鼓는 그 소임이 똑같다. 그런데 여기에서 세 명을 둔 것은 중첩된 기록이다. 그것은 또 무슨 까닭인가?

『요람要覽』을 상고해 보니 거기에 "유나는 바로 삼강三綱을 말하는 것인데, 이는 또 삼보三補라고 말하기도 한다."라고 하였다. 그런데 지금 재齋를 시설할 때에 상당방上堂榜에 유나 외에 다시 삼강을 더 기록한 것은 무슨 까닭인가? 여러 지방의 사찰에서 일을 맡은 사람을 삼보三補라고 이름을 붙이는 것은 옳은 일이다. 요즘에 존귀한 분에서부터 서인庶人에 이르기까지 각 항의 문서마다 모두 진보珍寶라고 할 때 쓰는 '보寶'자를 쓴 것과 같은 경우는 아마도 '보寶'와 '보補'를 제대로 구분하지 못하고, 그 한 글자의 음이 서로 비슷하기 때문에 잘못 기록한 것이 이유인 듯하다.

또 『비바론毗婆論』에 "아무리 말세末世라 하더라도 계행戒行이 고절高節한 지식이 있는 이가 부처님의 가르침을 잘 보호하고 지켜서 부처님의 가르침을 이 세상에 오래도록 머물게 하는 사람을 주지住持라고 한다. ····운운···"이라 하였으며, 『도성집道誠集』에서는 "주지가 있는 곳에는 종강宗綱을 돕는 이가 셋이 있으니, 첫째는 유나이며 요즘 관중管衆이라 부르는 것이 바로 그것이요, 둘째는 전좌典座로 요즘의 지사持寺가 바로 그것이며, 셋째는 직세直歲로 요즘 장원조승掌園調僧이 바로 그것이다."라고 하였다.

큰 사찰이라서 일이 많은 곳에는 주지 한 사람이 일을 다 볼 수가 없기 때문에 삼강을 두어 주지를 돕는 것을 삼보三補라고 말하는데 그것이 명백하다. 그렇다면 진보珍寶라고 할 때 쓰는 '보寶' 자는 곧 비보裨補라고 하는 '보補' 자로 해야 하는 것이 분명하다.

靈山會中百八上堂數

會主釋迦 侍者阿難孫陁	奉拂子 一人 奉毛鞭 一人
證明多寶如來 侍子智積 秉法彌勒佛 侍者善財	奉輦 二人 奉盖 一人
衆首普賢菩薩 侍者 一人 禪德諸佛流 年六十已上	引拜 六人 金堂佐懸鈴【尊者】
禪伯諸菩薩流 年五十已上 梵音觀音菩薩 左右副 二人	經堂佐 六人 末堂佐 二人
魚山阿彌陀佛 左右副 二人 梵唄大勢至菩薩 左右副 二人	首堂佐 一人 攻鈸 三人
持殿內外司察者 二人 禪和無學類 年四十已上	鍾頭 三人 判首 三人
道者有學衆 年三十已上 沙彌有三流 　自七歲至十四驅烏沙彌 　自十五至十九名字沙彌 　自修二十至卅修行實沙彌	知賓 一人 記事內外 二人 察衆迦葉 維那交[1]殊 侍者普請堂佐

【百八數者。靈山作法中有座。次任事者。自會主至維那等。五十六人。自禪德至沙彌數。多者五十二人。立菩薩諸知識流。大作佛事時。須其內外書記。內書記謂之上記事。外書記謂副記事。此規自古不易之常道。今不然。書記外。又書記事。何也。又末堂佐鼓頭執鼓。其任一也。今有三者疊錄。又何也。按要覽云。維那是三綱。亦是

三補也。而今設齋時。上堂榜有書。維那之外。又書三綱。何也。諸方寺刹任事者。名曰三補可也。如今自尊貴至庶人。各項文書。皆以珍寶之寶字書之者。盖不卞寶與補字。音相似故。誤書也。必然。又毗婆論云。雖末世。戒行高節有識者。能持佛敎。使佛法久住於世。謂之住持云云。道誠集云。有住持處以補宗綱者有三。一曰維那。今管衆者是。二典座。今持寺。三直歲。今掌園調僧者。巨刹多事處。住持一人。未能盡覽故。三綱者。以補謂之三補。皎然哉。然則非珍寶之寶字。乃裨補之。補字的然。】

---

1) ㉮ 交는 文의 오자이다.

중례작법

중례작법 시련위의규식

서西			동東
백白			청靑
지방地方			천원天圓
은부銀斧			금부金斧
은고銀菰			금과金戈
색당色幢	상판수		색당色幢
채당彩幢	上判首		채당彩幢
옥고玉菰			청과靑戈
월과月戈	대용기		절부節斧
은등銀燈	大龍旗		금등金燈
은당銀幢			금당金幢
허개虛蓋	칠보개		허개虛蓋
봉선鳳扇	七寶蓋		봉선鳳扇
은선銀扇			청선靑扇
백불白拂	전악인		청불靑拂
주향注香	典樂人		주향注香
화병花瓶	인배		화병花瓶
등롱燈籠	引拜		등롱燈籠
용선龍扇	삼쌍쌍		당번幢幡
옥등玉燈	三雙雙		천의天衣
사미沙彌			옥고玉孤
도자道者	우右	연輦	좌左	구모龜毛
선백禪伯	번番		등燈	사미沙彌
				도자道者
	기사記事	양산陽傘	찰중察衆	선백禪伯
	우립부강	유나維那	좌립부강	
	右立扶杠	시련시련侍輦	左立扶杠	
	우판수	병법	좌판수	
	右判首	秉法	左判首	
	중수	어산	증명	
	衆首	魚山	證明	

中禮作法[1]

中禮作法侍輦威儀規式

東 靑

禪道沙龜玉天幢花注靑鳳金金金圓
伯者彌毛孤香瓶龍居節幢幢斧天
幢者拂衣幢扇扇盖盖 斧
沙 彩
䌰 色

　　上判首大龍旗　七寶盖　典樂人引拜

　　　　　　　　左燈　　察衆　左立扶杠　左判首證明
　　　　　　　　輦
　　　　　　　　右番　　陽傘　維那侍輦　秉法　魚山
　　　　　　　　　　　　記事　右立扶杠　右判首衆首

西 白

地銀銀色彩玉月
方斧孤幢孤支燈
幢支燈幢
蓋鳳銀
銀白注花
幢幢嘉鍮
鍮鍮拂香
鍮拂龍鍮
龍鍮王沙道禪
王道彌者伯
彌者伯

---

1) ㉑ 이 소제명은 편자가 보입하였다.

중례작법을 할 때 당사방 집사자가 모든 인연을 총찰하는 규식

협주 반드시 미시未時(오후 1~3시)가 되어서 유나는 종두를 시켜서 주지에게 고한다.
"작법을 할 시기가 이미 이르렀습니다. 쇠종을 어떻게 치는 것이 좋습니까?"
그러면 주지는 하나하나 가르쳐 준다. 향로전香爐殿의 쇠종을 치고, 널리 청하는 의식은 보통 하던 대로 하되 저녁 때 치는 북(昏鼓)은 상관하지 않는다. 종두는 병법秉法 앞에 나아가 이렇게 말씀드린다.
"이제 법좌를 가져다가 펴려고 합니다. 병법秉法께서는 양치하시고 세수하시고 옷을 단정하게 고쳐 입으십시오."
당좌堂佐는 여러 요사채에 머물고 있는 법중法衆에게 알린다.
"모두들 옷을 단정하게 고쳐 입으십시오."
종두는 가사를 입고 다시 법주法主 앞에 나아가 말씀드린다.
"시간이 이미 늦었습니다."
그리고 앞에 나아가 조심해서 모신다. 병법은 존엄하기 때문에 찰중察衆이 법주法主 앞에 나아가 말씀드려야 한다.
"시간이 이미 늦었습니다."
종각鐘閣과 선승당禪僧堂과 법당法堂의 쇠종을 각각 3망치씩 친다. 무릇 쇠종을 치는 법식은 자시子時 이후 오시午時 이전은 나아가는 종을 치고, 오시 이후 자시 이전은 들어가는 종을 친다. 어산魚山은 병법秉法 앞에 나아가 작법하는 예에 대하여 여쭙는다.
큰 종 18망치를 치면 법중法衆은 깨끗한 법회의 자리에 모인다. 점종點鍾 7망치를 치고 법라를 불어 울리면 판수判首는 순회巡廻하면서 일제히 바라를 울린다. 법회를 건립하는 취지가 담긴 여러 가지 소(建會諸疏)는 전부 법당 사방司房이 담당한다. 때가 임박하면 찰중이 판수를 시켜 소문疏文을 든 사미沙彌 등을 인솔하고 소문을 읽을 사람에게 가져다주면, 소문을 읽을 사람은 단상 앞에 나아가 법규에 따라 진행하는 것이 옳다.
이와 같은 말은 양종兩宗이 왕성했을 시대에 대선大禪이 한 말보다 훨씬 낫다. 그러나 지금 미리 올리는 것을 어찌 금할 수 있겠는가?
상번上番은 다음 향을 찬탄하는 게송을 읊는다.

中禮作法時 堂司房 執事者 摠察諸緣 規式

【須及未時。維那使鍾頭。告住持云。作法時已及。擊金如何。住持一一敎授。香爐殿金。普請如常。昏鼓不關。鍾頭進秉文[1]前云。今將鋪錠。秉法盥漱整衣。堂佐告諸僚法衆。皆整衣。鍾頭着袈裟。再進法主云。時之已晚。先爲謹封。秉法尊嚴故。察衆進法主前云。時斯晚矣。鍾閣禪僧。法堂金各三搥。凡擊金式。子後午前出擊。午後子前入擊。魚山進秉文前。問作法事。大鍾十八搥。法衆會淨筵。點鍾七搥。鳴螺。判首巡回。一齊鳴鈸。建會諸疏。都在堂司房。臨時察衆。使判首領執疏。沙彌等白疏

者。進壇前如法爲可。如此之言。兩宗盛時。勝大禪之言。今預呈。何以禁也。上番喝香。】

---

1) ㉠ '秉文'은 '秉法'의 오기誤記인 듯하다.

향을 찬탄함

이 세상에 전단향보다 더 특별한 물건 없으니
원래 청정한 자기 마음에서 생긴다네.
사람이 만약 한 티끌 소멸할 수만 있다면
온갖 기운 저절로 다 구족하게 되리라.

협주 '달마께선 전등으로 활계를 삼으시고(達摩傳燈爲計活) …운운…'을 하기도 하고, '큰 원으로 심지 삼고(大願爲炷) …운운…'을 하기도 한다.
삼번三番이 '꽃을 찬탄하는 게송'을 읊는데 '목단은 꽃 중의 왕이라'(牧持花王) …운운…' 하는 게송으로 하기도 하고 '제가 이제 믿고(我今信) …운운…' 하는 게송으로 하기도 한다. 바라를 울리고 '큰 법회를 여는 취지의 소문(大會疏)'을 읽는다. 밤에 시간이 짧으면 삼지심三至心을 하고, 조용하고 좀 한가하면 삼귀의三歸依를 한다.
이 귀의歸依 의식은 무슨 까닭에 운수소례雲水小禮를 쓰고 이 대례大禮는 쓰지 않는가?
바라를 울리고 '개계소開啓疏'를 읽고 합장하고 '고향게告香偈 …운운…' 하는 의식을 진행한다.
개경게開經偈는 왜 그런지 알지 못하겠으나 애써 하는 이들이 많고도 많으니 무슨 방법으로 금지하겠는가?
그 다음에 '표백表白'34을 한 다음 요령을 한 번 흔들어 내리고 '법회를 여는 연유'를 설한다. 당좌는 서로 어울리게 맞추어 종 세 망치를 치고 '경의 제목'을 설하고 진언眞言을 한다. 제목을 설한 다음에 서로 어울리게 맞추어 종 세 망치를 친다. 이 편篇을 마치고 주문을 독송한 끝에 서로 어울리게 맞추어 종 네 망치를 친다. 이 아래에서도 이를 본받아 진행하면 된다. '단신檀信' 아래에 '사바세계 아무 고을 거주하는 …운운…'을 한다.

수륙재水陸齋를 올리는 사람 아무개는 자리에 나열한 선왕先王과 선후先后

---

34 표백表白 : 또는 계백啓白·개백開白·개계開啓. 법회를 시작할 때에 그 일을 본존本尊에게 고백하는 일.

의 영가와 이름을 열거한 각각의 먼저 돌아가신 부모님 영가와 겸하여 법계에 이르기까지의 주인 없는 외로운 혼령 등을 위하여 극락세계에 태어나시기를 원하면서 금월今月 아무 날에 수륙대시주水陸大施主 아무 등은 넓고 큰 서원을 내오니 …운운….

협주 어산이 진행하는 '엄정편嚴淨偏'에 들어가는 규법도 역시 같다. '경계를 깨끗이 하는 주(淨界呪)'를 진행할 때에 시자侍者는 물그릇을 가져다가 증명 앞에 놓는다. 향을 사르고 물그릇을 향로 위에 밖으로 휘휘 두른 다음 계지戒指로 물을 취해서 왼쪽 손바닥에 바르고 두 손을 서로 비벼 마찰을 한다. 청문請文과 여러 편의 구비句偈는 모두가 병법秉法이 삼가 아뢰는 말인데, 지금은 그렇게 하지 않고 아무 편篇은 '표백表白' 하는 곳에서 하고 아무 편은 어산이 진행하는 곳에서 하고 있다. 그러니 '엄정편'을 어산이 굳이 하는 것을 무슨 방법으로 금지하겠는가?
중번中番 번주番主는 법당의 문 앞에 나아가서 절하고 읍揖을 한다. 그리고 '관음찬觀音讚 듣는 성품 돌이켜 들으시고 이근원통 뚜렷이 깨치나(返聞聞性悟圓通) …운운…, 일심으로 일천 손을 가지시고 일천 눈을 가지신 대자大慈하시고 대비大悲하신 관세음보살님을 받들어 청하나이다. …운운…, 도량에 강림하시어 …운운… 하소서'의 순서로 진행한다.

喝香

此岸栴檀無別物。元從淸淨自心生。

若人能以一塵消。衆氣自然皆具足。

【達摩傳燈爲計活云云。大願爲炷云云。三番花讚。持花王云云。我今信云云。鳴鈸。大會疏。夜短則三至心。從容則三歸依。此歸依。雲水小禮用之。何故。此大禮不用也。鳴鈸。開啓疏合掌。告香偈云云。開經偈不知然。强爲者多多。何以禁也。表白。振鈴一下。說會因由。堂佐應并三搥。偏[1]題目眞言。題目下。應并三搥。[*]偏畢呪未。應并四搥。下倣此。檀信下婆波[2]某里居云云。】

水陸齋者某人。奉爲先王先後列位仙駕。與各各先亡父母。列名靈加[3]。兼及法界無主孤魂等衆。超生極樂之願。以今月某日。水六[4]大施主某人等。發廣大願云云。

【魚山嚴淨*偏入䂓。亦同。淨界呪時。侍者將水器。安證明前焚香。水盂外揮爐上。以戒指取水。塗左掌兩手相磨。請文諸*偏句偈。皆是秉法謹白之言。今則不然。某*偏文表白之所。爲某*偏魚山之所爲。故嚴淨*偏。魚山强爲。何以禁也。中番番主。進法堂門前拜揖。觀音讚。返聞聞性悟圓通云云。一心奉請千手千眼大慈大悲觀世音云云。願降道場云云。】

---

1) ㉮ '偏'은 '篇'인 듯하다.(편자) 이하도 같다. 2) ㉮ '波'는 '婆'인 듯하다.(편자) 이하도 같다. 3) ㉮ '加'는 '駕'가 되어야 한다.(편자) 이하도 같다. 4) ㉱ '六'은 '陸'의 오자인 듯하다.

노래로 읊음

비증 대사께서는 서방 세계 계시면서
지위는 아미타 부처님 도량에 의지하셨네.
네 가지 색 보배 연꽃 찬란하게 피었고
일곱 걸음 걸으셨던 나뭇잎은 구슬 같아라.

협주 '한 잎 붉은 연꽃(一葉紅蓮)'으로 시작하는 관음찬을 하는 것도 가능하다. 삼번三番이 함께 법당에 들어가서 읍揖을 하고 향을 사르고, 물그릇을 받들어 향 연기를 쏘인 뒤에 '벌수찬乞水讚 금향로에 가득한 기운(金爐氛氣) ⋯운운⋯'으로 시작하는 게송을 읊는다. 그리고 단 앞에 꿇어앉아 '보살의 버드나무 가지에서(菩薩柳頭) ⋯운운⋯'으로 시작되는 게송을 읊는다. 관수는 사미沙彌 네 사람을 거느리고 좌우左右에 꿇어앉아서 꽃을 흩어 뿌리며, '향과 꽃으로 청합니다(香花請) 하는 의식을 진행한 다음에 일어서면, 범음梵音이 요령을 흔들면서 '나무 사만다(南無三滿多) ⋯운운⋯' 하는 진언을 하고 시자는 물그릇을 받쳐 들고 두세 걸음 지나가서 물을 한 차례 법당 안에 뿌린다. 그렇게 세 번을 하고 나서 '신묘神妙 ⋯엎드려 청하오니, ⋯운운⋯'을 진행한다.
그리고는 곧 문 밖으로 나아가 도량에 물을 뿌리고 각각 본래의 위치로 돌아온다. 주呪을 다 마치고 '널리 깨끗하게 하는 게송(普淨偈) 동방에 물 뿌려서(一酒東方) ⋯운운⋯, 온 도량이 깨끗하여(道場淸淨) ⋯운운⋯'을 한다. 지전持殿은 연비燃臂를 준비하고 대중들과 다 함께 '저희들이 과거부터 지어 왔던(我昔所造) ⋯운운⋯'을 한다.
상번上番은 다음의 참회하는 게송을 읊는다.

歌詠

悲增大師處西方。位寄彌陁佛道場。

四色寶蓮花燦爛。七步行樹葉玎璫。

【一葉紅蓮亦可。三番入法堂揖焚香。奉水盂熏香。乞水讚。金爐氛氣云云。跪壇前。菩薩柳頭云云。判首領沙彌四人。跪左右散花云。香花請。起立。梵音振鈴。南無三滿多云云。侍者奉水盂。過二三步。洒水一度。法堂內三回後。伏請神妙云云。卽出門外。洒水道場。各還本位。呪畢。普淨偈。一洒東方云云。道場淸淨云云。持殿備燃臂。具大衆云。我昔所造云云。上番懺悔偈。】

참회하는 게송

백 겁 동안 쌓고 쌓아 온 모든 죄업을
한 생각 사이에 완전하게 다 없애되
마치 마른 풀이 불에 타듯이
다 소멸하여 남김이 없네.

협주 '참회를 마치고⋯귀명합니다(懺悔歸命). ⋯운운⋯' 하는 의식을 하고, 다음에 '설법說法 ⋯운운⋯'을 한다.
사자단使者壇에 이르러서 점종點鍾을 치고 바라를 울리면, 거불擧佛 의식인 '시방의 부처님께 귀명합니다.(南無十方佛) ⋯운운⋯'을 진행하고 소문을 펼쳐 낭독하는데, '단신檀信'이라는 대목 아래 '사바세계 ⋯운운⋯, ○○영가여, 왕생往生 ⋯운운⋯ 재를 올리는 사람 ○○등 사유捨有 ⋯운운⋯' 하는 의식을 진행한다.

懺悔偈

百刼積集罪。一念頓蕩除。

如火焚枯草。滅盡無遺餘。

【懺悔歸命云云。次說法云云。至使壇點鍾鳴鈸。擧佛。南無十方佛云。宣疏檀信下。娑婆世界云云。某靈往生云云。齋者某等捨有云云。】

가영

직분 따라 보첩 가지고 중생의 근기대로
백억의 티끌 천하 한 찰나에 알리고
인간세계 밝히 살펴 수부에 통보할 제
두루 다님 신속하여 번개 불빛 같으시네.

협주 '모두 구름수레를 타고(悉承雲馭)'로 시작하는 게송을 읊는 것도 가능하다. 종두는 향적전香積殿에 나아가 공양 올릴 준비가 다 되었는지를 살펴보고 '자리에 편안히 앉아(安位) …운운…' 하는 의식을 진행한다.
공양을 올릴 때에 『심경心經』 …운운…, 인연이 자성으로부터(因緣自性)…' 하는 의식을 하는데 아무 상관이 없는 의식이다. 여기에서 '인연'이란 혹 가람단伽藍壇·호법단護法壇·성황단城隍壇 등 세 단에 공양을 권하는(勸供) 의식을 할 때에 그 단의 신장神將들이 장황한 예를 기뻐하기 때문에 이 의식을 하는 것이니 이곳의 의식에는 아무 상관이 없다.
이 단에 공양을 권하는 의례는 5공양을 하는 것이 천만 번 나으며 조용히 하는 것이 옳다. 잠시 요잡繞匝 의식을 하고 안상安詳하는 것이 가능하다.
'이 가지한 미묘한 공양거리를 가지고(以此加持妙供具) 사직사자四直使者와 신왕神王 등을 공양합니다'를 진행하고, '공양 올리는 진언(供養眞言), 회향하는 주(回向呪) …운운…'을 진행한다.
반드시 술시戌時(오후 7-9시)에 이르러서 문소文疏를 읽어 아뢰고, 다음에 '받들어 전송하는 편(奉送篇) …운운…, 받들어 전송하는 주(奉送呪) …운운…'을 진행한다. 체전을 소각할 때(燒錢時) 대중들은 자리를 조금 떠나서 발걸음을 옮기고 '받들어 전송하는 게송(奉送偈)' 천만 번을 한다. 정성스러운 마음으로 사자使者를 향하여 다 같은 목소리로 합창하여 다음 게송을 읊는다.

사자님을 원래의 소속된 곳으로 받들어 보내드리오니
어리석은 무리 건지란 부처님 말씀 어기지 마소서.
널리 시와 분에 맞춰 모두 내려오시기를 기약하시고
오직 사자들이시여, 구름길에 오르소서.

불타야佛陀耶님께 귀명합니다.
달마야達麼耶님께 귀명합니다.

승가야僧伽耶님께 귀명합니다.【세 번 설한다.】

협주 사자들을 신통력으로 자재自在롭게 떠나가게 한다.
오로단五路壇에 이르러 점종點鍾 세 망치를 치고 바라를 울리고 거불擧佛 의식인 '불타야佛陀
耶님께 귀명합니다. …운운…'을 한다. 다음에 '소疏 …운운…'을 하는데 '시주(檀信)'라고 한
아래에 '사바세계 …운운…, 아무개는 엎드려 영가의 왕생극락을 위하여 …운운…, 재를 올
리는 사람 아무개 등은 유한한 것을 버리고 …운운…' 하는 의식을 진행한다.

歌詠

分將報牒應群機。百億塵寰一念期。

明察人間通水府。周行迅速電光暉。

【悉承雲馭亦可。鍾頭詣香積殿。覽辨供事。安位云云。進供時心經云云。因緣自性
大不關。此因緣者。或伽藍護法城隍等。三壇勸供時。爲其神將歡喜張皇之禮。故此
不關。此壇勸供禮。不如伸五供養千萬。從容爲可。暫繞匝安詳可也。以此加持妙供
具。供養四直使者神王等。供養眞言回向呪云云。須及戌時。白文疏奉送*偏云云。
奉送呪云云。燒錢時。大衆離席移步。奉送偈千萬。以誠心向使者。同聲唱和云。】

奉送使者歸所屬。不違佛語度群迷。

普期時分摠來臨。惟願使者登雲路。

南無1)陀耶。南無達麼耶。南無僧伽耶。【三說】

【令使者神力自在行也。至五壇。點鍾三搥。鳴鈸。擧佛。南無佛陀耶云云。宣疏云云。
檀信下娑*波云云。某人伏爲靈*加往生云云。齋者某等。捨有限云云。】

1) ㉑ '無' 뒤에 '佛'이 빠진 듯하다.(편자)

가영

푸른 깃발 펄럭펄럭 현린처럼 찬란하고

하얀 불자 반짝반짝 달그림자 새롭구나.

붉은 구슬 주렁주렁 별들이 나열한 듯

누런 도포 또렷또렷 하늘 신 같구나.

협주 종두는 공양 올릴 준비가 다 되었는지를 살펴보고, '자리에 편안히 앉아(安位) ……운운……' 하는 의식을 하고, 공양을 올릴 때에는 '대비주大悲呪 ……운운……'을 한다.
요즈음에는 나이 젊은 범음梵音이 '오방찬五方讚'의 번화한 의례를 애써 진행하여 작법作法을 혼란하게 만드는데 크게 상관없는 의식이다. 이 오방을 찬탄하는 게송은 곧 보암普菴 화상이 새해 첫새벽에 오방五方의 여러 신장들을 기쁘게 하기 위하여 거행했던 얘기이기 때문에, 이 단壇에서는 쓰지 않는 것이 옳다. 여기에서 공양을 권하는 의식으로는 오공양을 차분하고 자세하게 펼치는 것만 못하며, 요잡繞匝 의식은 잠깐 하는 것이 좋다.
'이 가지된 미묘한 공양거리를 가지고(以此加持妙供具) 오방의 오제五帝 신왕神王 대중들을 공양합니다'를 진행하고 '공양 올리는 주문, 회향하는 주문, 도로道路 주문 ……운운……'의 순서로 진행한다.
법회의 대중들은 요기를 하고 나서 세수하고 양치를 한 다음 일제히 '맞이하여 청하는 곳(迎請所)'에 이른다. 누각樓閣이 없는 절은 법당으로부터 5백 걸음쯤 떨어진 깨끗한 장소에 방을 만들고 차일遮日을 빙 둘러 치고 병풍을 친 다음 그 안에 꽃과 등촉을 가져다 놓고, 왼쪽에는 털로 만든 채적을 놓고 오른손에는 불자拂子를 놓는다. 휘장을 드리우고 휘장 밖에 향로를 놓고 왼쪽에는 칠보개七寶盖를 놓고 오른쪽에는 장엄개莊嚴盖를 놓아둔다. 종 세 망치를 치고 법라를 불고 바라를 울린 뒤에 소疏를 읽는다. 다음에 거불 의식인 '경정…귀명합니다. ……운운……'을 진행한다. 사미 네 사람이 단 앞에 꿇어앉아서 한 사람은 일산을 받쳐들고 또 한 사람은 꽃으로 장식한 일산을 받쳐든다. ……운운……

부처님 몸 시방세계 두루 계시니

삼세의 여래는 모두 동일하시네.

넓고 크신 서원의 구름 언제나 다함없고

아득한 깨달음의 바다 미묘하여 다 알기 어려워라.

협주 그런 까닭에 저희들은 ……운운……. 삼보三寶를 청할 때에 증명證明은 영산회상 당시를 관하면서 상상한다.
요즈음 어산들은 불보佛寶를 청할 때에는 '강림하소서' 하는 말을 하지 않고 단계를 뛰어넘어서 승보僧寶를 청하고 난 뒤에 '강림하소서'라고 하는 일이 너무도 많으니 어떻게 금할 수 있겠는가? 이 사람은 세속의 예법도 모르는 이들이다. 왜냐하면 세상 사람들에게 비유해 말하자면 지위가 높고 벼슬이 높은 이들먼저 이르렀는데 그때는 전혀 뵙지 않고, 또 중간 관리가 그다음에 왔는데 그때도 또한 뵙지 않다가 말직 관리(末官)인 하위(下位)의 사람이 맨 마지막에 이르렀는데 그때 예를 베푼다면 그게 될 말인가?

歌詠

靑旗獵獵燦玄鱗。白拂熙熙月影新。

朱珞軒軒如夔列。黃袍歷歷似天神。

【鍾頭覽辨供事。安位云云。進供時。大悲呪云云。今時年少梵音。五方讚。繁華禮。強爲以亂作法。大大不關。此讚。乃普菴和尙。新歲初晨。爲五方諸神。令歡喜禮故。於此壇不用可也。於此勸供。則不如伸五供養安詳。繞匝暫時可也。以此加持妙供具。供養五方五帝神王衆。供養呪。回向呪。道路云云。法衆療飢盥漱。齊赴迎請所。無樓閣處。則自法堂至百步許。淨處作室。以遮日圍之。屛內安花燭。左毛鞭右拂子。垂帳。帳外安爐。左七寶盖。右莊嚴盖。點鍾三搥。鳴螺鳴鈸。宣疏。擧佛。南無淸淨云云。沙彌四人跪壇前。一人奉盖。一人執花盖云云。】

佛身普遍十方中。三世如來一切同。

廣大願雲恒不盡。汪洋覺海杳難窮。

【故我云云。三寶請時。證明觀想。如靈山時。今魚山佛寶請。不爲願降。而越僧寶請後。爲願降者多多。何以禁也。此人不知世禮也。何者。比於世人。位高尊官先到。全不見。而中官者次到。又不見。而末官下位者。後至宣禮可乎。】

법보에 대한 가영

가르침은 온전한 이치요 이치 속엔 현묘함이 있어
이치를 의지하여 수행하면 결과는 저절로 이루어지리.
보배로운 게송은 인간 세계에 십만이나 되고
부처님의 말씀은 바다속에 삼천세계처럼 널려 있네.

둥근 머리 장삼으로 부처님의 등불 잇고

의발 전하고 법을 설해 중생을 유익케 하네.

널리 폄을 방해하지 않고 오위를 닦으니

원융함에 어찌 삼아승기 지나도록 걸림 있으리.

협주 영청당迎請堂은 목욕시키는 방 세 칸으로 만들어야 한다. 무슨 까닭으로 세 칸의 방을 만들어야 하는 것인가? 삼보의 지위가 서로 다르기 때문이다. 목욕할 물에 향을 잘 섞어 끓여서 물을 깨끗하고 곱게 만들어 놓는다. 정주淨注로 하여금 세 개의 그릇을 욕실에 놓아두게 하고, 물속에 각각 경대鏡臺를 시설해 놓고 경대 위에는 각각 난경卵鏡을 놓는다. 그 곁에다 각각 목욕할 때 쓸 국자(灌匙)와 양치하고 입을 헹굴 깨끗한 물 세 그릇과 탁자 세 개를 놓아둔다. 탁자 위에는 각각 깨끗한 수건 두 장을 걸어 놓는데, 수건 하나는 손과 얼굴을 닦을 수건이고 다른 한 장은 몸을 닦을 수건이다. 각 탁상 위에는 각각 등촉을 밝혀 놓는데 그림자가 물그릇에 드리우게 한다. ···운운···.

'받들어 맞이하여 ···운운···' 하는 의식을 진행하고, 어산魚山은 악기를 동원하며, 법주法主는 '길을 깨끗이 하는 주(淨路呪)'를 독송한다. 유나維那가 단 앞에 공손히 무릎을 꿇고 앉으면, 시자侍者는 위패를 모셔다가 유나에게 준다. 그리고는 휘장을 빙 둘러쳐서 모든 주변을 가린다. 판수判首는 먼저 꽃 병풍을 끌어당겨 등촉을 가린다. 재를 올리는 사람은 향로를 받쳐들고 사미沙彌는 일산을 받쳐들고 위패를 모시고 곁에 선다. 어산은 욕실浴室로 나아갈 때에 반쯤 가면 '산화락散花落'을 읊고 또 '길을 깨끗이 하는 진언'을 하면서 욕실 앞에 이르러 음악을 그친다. 악기를 동원하는 의례는 예에 따라 진행한다.

法寶歌咏

教能詮理理中玄。依理修行果自然。

寶偈人間方十萬。金文海內廣三千。

圓頂方袍繼佛燈。傳衣說法利群生。

行布不妨修五位。圓融何碍歷[1]三祇[2]。

【迎請堂。須作三間。何以三間。三寶位別故。浴水和香。烹之以水羅羅。而使淨注三器安浴室。水中各安鏡臺。臺上各安卵鏡邊。各安灌匙漱口淨水三器。三卓上各掛淨巾二端。一巾拭手面露。一巾拭體之露。各床後。各立明燭。使影水器云云。奉迎云云。魚山動樂。法主淨路呪。維那進壇前敬跪。侍者奉牌以授維那。擧揮帳。遮衆邊。判首先引花屛燈燭。齋者奉爐。沙彌奉盖。俠牌侍立。魚山進浴室時。以半散花

搭³⁾。亦誦淨路呪。至浴室前止樂。以動樂例。】

1) ㉘ '厯'은 '歷'과 통한다.(편자) 2) ㉠『천지명양수륙재의범음산보집』 등 다른 의식집에는 '行布不妨修五位 圓融何碍厯三祇' 두 구가 '歸依不得生分別 休擇凡僧揀聖僧'으로 되어 있다. 3) ㉘ '搭'은 '落'인 듯하다.(편자) 이하도 같다.

욕실에 들게 하는 게송

비람원 안에서 강생하실 때에
황금빛 미묘한 몸 더럽고 피곤함이 없었지만
중생들 이익 위해 강가에 이르러
지금 목욕하니 중생 제도에 마땅하네.

[협주] 시자는 욕실의 문을 열고 위패를 안치하고 모든 인원들은 물러나 서서 '관욕灌浴을 찬탄하는 게송 …운운…' 즉 구룡찬九龍讚을 한다.
요즘은 어두운 곳에서 '관욕편灌浴篇'을 하면서 먼저 '구룡찬'부터 하는데 그것은 스승에게 배운 것이 다르기 때문이다. 그러나 '관욕편'을 먼저 하는 것이 옳다.

다섯 방위 사방의 바다 아홉 용왕이
일찍이 비람에 모여 물을 뿜어 올려
금신을 목욕시켜 수승한 과를 이루었나니
부디 감로를 흘려 난당에 가득 차게 하소서.

[협주] 유나는 관시灌匙로 물을 세 차례 떠서 관욕할 때 사용하는 난경卵鏡을 씻고 휘장을 드리운다. 휘장 밖에 향로를 놓아두고 향불을 사르고 세 번 절을 한 다음 공손히 꿇어앉아 혼매하지 않도록 관념하면서 상상한다. 인배引拜 세 쌍이 나아가 읍揖을 한 다음 향을 받들고 합장하고 몸을 조금 흔드는데, 이 과정을 마쳤다가 다시 시작하기를 주문 독송이 끝날 때까지 되풀이한다. 시자는 수건을 들고 난경을 닦아 탁상 위에 올려놓고 예를 마친다.
이 의식과는 크게 상관이 없는 일이다. 왜냐하면『자기산보문仔夔刪補文』에 "다섯 단을 모두 관욕 …운운…"이라 하였기 때문인데 요즘도 사자단에 관욕을 하는가? 이로 미루어 보건대 하지 않는 것이 천만 번 옳은 일이다.

'성인을 인도하여 자리에 돌아가시게 하는 편(引聖歸位) …운운…'을 진행할 때에는 악기를 연주하면서 위의威儀는 줄지어 선다. 대도감大都監은 지팡이(杖)를 잡고 잡인雜人들을 엄금하고, 지전持殿은 좌우 길 가의 등에 불을 붙인다. 판수가 맨 앞에 서서 인도하고 그 다음에 재를 올리는 사람이 향로를 받쳐든다.
옛날부터 시련侍輦의 예를 할 때에 상단은 유나가, 중단은 찰중이, 하단은 기사記事가 하였으니, 이는 바뀌지 않는 법이다. 그런데 지금 경상좌도慶尙左道에서는 기사로 하여금 세 단을 모두 모시도록 하고 있으니 어찌된 일인가?
찰중은 왼편 가에서 깃대를 들고 기사는 오른편 가에서 깃대를 들며 유나는 연輦 뒤에 서서 경궤傾跪하며 자세히 살핀다. 병법秉法의 시자는 등촉을 들고 경당좌經堂佐는 책을 들고 어산魚山은 '꽃을 뽑아 드는 게송(拈花偈) …운운…'을 한다.
그런데 이 비송은 이때와는 관련이 없다. 지식이 많은 대덕大德스님이 "꽃을 뽑아 드는 게송을 버리고 '천 길 낚싯줄을(千尺絲綸)'로 시작하는 게송을 하라."라고 하였는데, 그 말씀이 천만 번 적당하다고 생각되기 때문에 아래에 그 비송을 기록한다.

천 길 낚싯줄을 곧게 드리우니
한 물결 움직이자 만 물결 따라 일어나네.
밤은 고요하고 물은 차 고기가 물지 않으니
빈 배에 밝은 달빛만 가득 싣고 돌아오네.

협주 위의威儀를 가지런히 바르게 하고 큰 종 18망치를 친다.
이 중례中禮 작법을 할 때에는 영산성靈山聲과는 아무 관련이 없다. 왜냐하면, 신라의 왕이 부처님의 법을 숭상할 때에 궁중의 기녀妓女들이 음악을 연주하였는데, 그때 영산성을 빌어 육음六音의 소리를 조화시킨 일이 있었다. 그러나 후세에는 그 예가 완전히 끊어졌기 때문에 부처님의 법을 무너뜨린 일이 파다頗多하다.
그런데 지금의 '오직 모든 부처님께서는 시주님을 불쌍히 여기시어(唯願諸佛。哀憫檀信。) …운운… 하소서'와는 같지 않다. 지금 이 말을 보면 틀림없이 찡그리며 웃을 것이나 이는 억측으로 지어낸 말이 아니다. 지식이 있는 대덕들의 통론通論의 말이다.
천천히 발걸음을 옮기면서 사람들과 함께 악기를 연주한다. 그리하여 법당의 문 앞에 이르면 음악을 그친다. 연輦이 단壇 옆에 이르면 위패를 단에 안치한다. 유나는 향을 받들어 올리고 세 번 절을 하고 물러나 단 앞에 선다. 법주는 법당 문 안에 서서 '자리를 드리는(獻座) …운운…'을 하고, 어산은 문 밖에 서서 '자리를 드리는 비송과 주(獻座偈呪) …운운…'을 한다. 당좌는 다종茶鍾 1지늠를 치고 판수는 사미를 거느리고 차를 올린 뒤에 다음의 비송을 읊는다.

入室偈

毗藍園內降生時。金色妙身無染疲。

凡情利益臨河側。今灌度生亦復宜。

【侍者開浴室門安牌。諸員退立。讚歎灌浴云云。九龍讚。今幽仄處灌浴*偈。前九龍讚者。所師異也。然灌浴*偈。先之可也。】

五方四海九龍王。曾會毘籃¹⁾吐水昂。

灌沐金身成勝果。願流甘露滿蘭堂。

【維那以灌匙運水三度。以灌卵鏡而垂帳。帳外安爐。奉香三拜敬跪。不昧觀想。引拜三雙。進揖奉香。合掌搖身。終而復始。待呪畢。侍者以巾拭卵鏡安床上。歇休禮。大大不關也。何者。仔孌刪補文。使五壇皆灌浴云云。今使壇灌浴乎。以此推之。則不爲千萬可也。引聖歸位云云。動樂。威儀列立。大都監執杖禁雜人。持殿左右邊點燈。判首先引。次齋者奉爐。自古侍輦之禮。上壇維那。中壇察衆。下壇記事。此不易之道。今慶尙左道。使記事兼侍三壇。何也。察衆左邊扶杠。記事右邊扶杠。而維那立輦後。詳察傾危²⁾。而秉法侍者。執燈燭。經堂佐執冊。魚山唱拈花偈云云。然是偈。此時不關也。有識大德師云。捨拈花偈。而千尺絲綸之言。方適當故。下偈書之。】

千尺絲綸直下垂。一波纔動萬派隨。

夜靜水寒魚不食。滿船空載月明歸。

【威儀齊正。大鍾十八搥。此中禮作法時。靈山聲不關。何者。新羅王崇佛時。宮中妓女奏樂時。借靈山聲。以和六音之聲。後世其禮頓絕故。壞佛者頗多。如今不似唯願諸佛哀憫檀信云云。今見此言。則必發噸笑。然此非臆談。有識大德通論之言也。徐徐動步。與人同樂。至法堂門外止樂。而輦至壇邊安牌。維那奉香三拜。退立壇前。法主立門內。獻座云云。魚山立門外。獻座偈呪云云。堂佐擊茶鍾一旨。判首領沙彌奉茶。】

1) ㉯ '籃'은 '藍'의 오자인 듯하다. 다른 의식문에는 모두 '藍'으로 되어 있다. 2) ㉰ '危'는 '跪'인 듯하다.(편자)

차를 올리는 게송

지금 제호의 맛 미묘한 약을 가져다
시방세계 삼보님께 받들어 올립니다.
이 시주의 경건하고 간절한 마음 굽어 살피시어
부디 자비를 드리워 …운운…. 【세 번 절을 한다.】

협주 지식이 풍부한 어떤 대사가 말하기를 "먼저 예를 올리고 뒤에 차를 올린다. …운운…" 하셨는데 그 말이 옳다. 그러나 요즘은 먼저 차를 올리고 뒤에 예를 올리니 그 법을 어떻게 금지할 수 있겠는가? 아무리 큰 성인이 직접 오신다 해도 금지할 수 없을 것이다.
차를 물리고 중단中壇의 영청소迎請所에 이르러 점종點鍾 세 망치를 치고 바라를 울리고 정녕叮嚀하게 거불擧佛 의식을 진행한다.

불타야佛陀耶님께 귀명합니다.
달마야達麽耶님께 귀명합니다.
승가야僧伽耶님께 귀명합니다.

협주 요즘은 삼장三藏으로 거불 의식을 하게 하는데 그것은 어찌된 일인가? 가령 그 단壇의 증명證明이 거불 의식을 해야 한다고 하면, 하단下壇은 대성인로왕보살大聖引路王菩薩이 거불 의식을 해야 한단 말인가?
『지반志磐』「십이단배치법十二壇排置法」에는 "왼쪽 가 5단엔 모두 '불타야님께 귀명합니다. …운운…' 한다 하였고, 오른쪽 가 5단은 '시방의 부처님께 귀명합니다(十方佛)'를 한다."라고 하였다.
하물며 청하는 의식 끝에 '부처님의 힘을 받자와(願承佛力)'라 하고 '보살의 힘'이라고는 말하지 않았으니, 비록 『지반문』에 "중단은 삼장이 거불을 한다."라고 했다 해서 그 말이 옳다고 여긴다면 모든 청문請文 가운데 '공양을 권하는 글(勸供文)'을 요즘에도 쓰고 있는가? 이와 같은 말은 양종兩宗이 왕성했을 당시 통론通論의 법이요, 또 정관靜觀 대사의 확실하고 진실한 말씀이다. 명철한 사람은 알기 바란다.

또 요즘 중단에 '산화락散花落'을 하면서 음악을 동원하는 사람이 있는데, 이 사람은 세속의 예법禮法도 모르는 사람이다. 오직 순사巡使만 있는 곳에서도 각 관아의 수령守令들이 법라를 불어 청도淸道[35] 하는 소리를 내지 않는데, 하물며 국왕國王 앞에서 경필警蹕[36]을 하는 자가 있겠는가?
소문을 읽고(宣疏) '여러 가지 진언 …운운…' 한다. 나아가 매 청이 있는 아래마다 다만 향화청香花請만을 한다.

茶偈

今將妙藥醍醐味。奉獻十方三寶前。

府鑑檀那虔悫意。願垂慈悲云云。【三拜。】

【或有識大師云。先禮後茶云云。其言可也。然今先茶後禮。其式何以禁也。雖是大聖親到。不能禁也。退茶而至中壇迎請所。點鍾三搥。鳴鈸。擧佛叮嚀。】

南無佛陀耶。南無達麽耶。南無僧伽耶。

【今以三藏爲擧佛何也。其壇證明爲擧佛。則下壇以大聖引路爲擧佛乎。志磐十二壇排置法。左邊五壇。皆南無佛陀云云。右邊五壇。十方佛。況請末願承佛力。不云菩薩力。雖志磐中壇。三藏爲擧佛。其言爲是。則諸請文中勸供文。今皆用之否。如此之言。兩宗盛時。通論之式。又靜觀大師牢實之言。哲者知之。又如今中壇。有散花動樂者。此人不知世禮。唯巡使處。各官守令。不得吹螺淸道之聲。而況國王前稱警蹕者乎。宣疏。諸眞言云云。乃至每請下。但香花請。】

천선 가영

사공천과 사색천과 여러 하늘들
해와 달과 별들의 대덕 신선이여

---

35 청도淸道 : 임금이 거둥할 때, 잡인의 출입을 막고 길을 치우던 일.
36 경필警蹕 : 천자天子가 나갈 때에는 경警이라 외치고, 들어올 때에는 필蹕이라고 외쳐서 길을 맑히고 행인行人을 금禁한다. 곧 벽제辟除이다.

수명의 한계 차이가 있어 비록 각각 다르나
몸을 따라 하늘 궁전에서 한가하게 지내네.

天仙歌詠
四空四色及諸天。日月星辰大德仙。
壽限有差雖各異。隨身宮殿等閑然。

신도영

부처님 법 수호하는 금강팔부신
위엄스런 광명 두루 비춰 미혹한 중생 건지네.
저승과 이승이 너무 멀어 서로 미칠 수 없으나
세간의 착한 마음 가진 사람들을 살피네.

神道詠
守護金剛八部神。威光徧照濟迷倫。
幽現懸殊相不及。世間觀察善心人。

명부영

명부의 문서를 담당한 여러 신장과
구경의 재상과 보신들 저마다 진실하고 자비하네.
사상과 육조의 여러 부중들이
동시에 이르러 중생들 선악을 살피네.

협주 욕실浴室은 반드시 네 구역을 준비해야 한다. 어째서 네 구역을 만들어야 하는가?

사부四部의 지위가 각각 다르기 때문이다. 그 나머지는 모두 위에서 한 것과 같다.
'받들어 맞아 욕실에 이르게 하는 편(奉迎赴浴) …운운…, 길을 깨끗하게 하는 진언(淨路呪) …운운…'을 진행한다. 이때 찰중察衆은 단 앞에 나아가 공손히 꿇어앉고 시자는 위패를 받들어 찰중에게 전해 준다. 그리고는 휘장을 가져다가 대중들의 주변을 둘러친다. 판수는 화병花屛과 등촉燈燭을 들고 재를 올리는 사람은 향로를 받쳐들고 모든 임원들이 나열해 선다. 법음梵音은 역시 반요잡례半繞匝禮를 하고 '길을 깨끗이 하는 진언'을 풍송諷誦하면서 욕실 앞에 이르면 음악을 그친다. 잠시 악기를 사용하는 의례를 한다.

冥府詠

冥道¹⁾諸神案列司。九鄉²⁾宰補各眞慈。

四相六曹諸部衆。同時赴感察群生。

【浴室須備四區。何以四區。四部位別故。其餘皆上同。奉迎赴浴云云。淨路呪云云。時察衆進壇前敬跪。侍者奉位牌。以授察衆。擧揮帳。圍衆邊。判首花屛燈燭。齋者奉爐。諸員列立。梵音亦以半繞匝禮。誦淨路呪。至浴室前止樂。暫動樂例。】

---

1) ㉮『산보범음집刪補梵音集』에는 '道'가 '府'로 되어 있다. '道'는 오자인 듯하다.
2) ㉮『산보범음집』에는 '鄉'이 '卿'으로 되어 있다. '鄉'은 오자인 듯하다.

욕실에 들게 하는 게송

이렇게 가지한 공덕의 물로써
하늘, 선인, 귀신 등이여 향기로운 욕실을 만났으니
몸과 마음 깨끗하게 닦아 청정하게 하고
진공에 드시어 중생들을 건지소서.

협주 시자는 욕실의 문을 열고 위패를 안치하고, 목욕을 시키는 관시灌匙로 물을 세 차례 떠서 위패를 씻긴다. 휘장을 치고 휘장 밖에 향로를 놓아두고 향을 받들어 사른 뒤에 세 번 절을 한다. 나머지는 모두 위에서 한 것과 같이 진행한다. 목욕시키는 의식을 마친 뒤에 욕실에서 나와 성현께 참례參禮한다. 연輦을 모시는 의식은 위에서 한 것과 같이 한다.

入室偈

以此加持功德水。天仙神等遇蘭堂[1]。

身心洗滌令淸淨。證入眞空度衆生。

【侍者開浴室門安牌。以灌匙運水三度。垂帳。帳外安爐。奉香三拜。餘皆上同。灌浴畢。出浴衆聖。侍輦禮如上。】

1) ㉘『산보범음집』에는 '遇蘭堂'이 '詣蘭湯'으로 되어 있다. 의미는 둘 다 틀리지 않다.

하늘과 선인께 고하는 게송

지금 여래의 보배 자리 앞에서
오체로 정성 다하여 귀명하고 예 올리오니
생사에 윤회하는 원인을 없애 주어
이공(我法空)으로 상락의 체를 속히 깨닫게 해 주소서.

협주 영청당迎請堂 정문에서는 연輦을 모시는 예를 하지 않는다. 다만 허개虛盖·협패俠牌·시행侍行을 하는 것은 가능하다. 영청소迎請所가 너무 먼 곳에 있는데도 굳이 시련侍輦 의식을 거행하려고 하면 모든 위의威儀와 의례는 위에서 한 것과 같이 한다.
법음집에 혹은 삼귀의三歸依를 읊기도 하고, 혹은 목단찬牧丹贊을 읊기도 한다. 이와 같은 예례禮는 모두 잘못된 것이다. 정당正當한 예禮는 대비주大悲呪를 하는 것이 옳다.
그 주呪의 문자 가운데 '사바娑波' 앞은 천수주千手呪와 완전히 같은데 '사바' 뒤는 전혀 다르다. 요즘 사람들이 그 글을 익히지 못했기 때문에 천수주를 대신 사용하고 있다.
상기사上記事는 왼쪽에 서서 깃발을 들고, 부기사副記事는 오른쪽에 서서 깃발을 든다. 찰중은 연輦 뒤에 서서 시위하면서 정중庭中으로 나아간다. 연에서 내리면 음악을 멈추고 법당法堂에 올라가면 문 밖에는 절을 할 수 있도록 자리를 깐다. 법주는 계단 위에 서서 '천선예성편(天仙禮聖) …운운…'을 하고 대중들이 예를 대신하여 올린다.
그리고는 중단위中壇位에 나아가는데 중단을 비록 법당 안에 시설했다 해도 중문中門으로 들어가서는 안 되고 돌아서 가에 있는 문(邊門)으로 들어가야 하나니 그것이 예법에 옳다. 요행히도 다른 곳에 중단을 배치排置했으면 찰중은 위패를 받쳐들고 판수가 앞에서 인도하면 여러 구성원들은 그 뒤를 따라 중단 앞에 이르러 선다. 법주는 '자리를 드리는 …운운…' 하는 의식을 진행하고, 법음은 '자리를 드리는 비송과 주문 …운운…' 하는 의식을 진행한다. 그리고는 위패를 안치하고 향을 사르고 세 번 절을 한다. 다종茶鍾 1지음을 치고 판수는 사미들을 거느리고 차를 올린다.

이슬 안개는 조계의 방에서 오고
활수는 새로운 한맛의 차를 다린다.
제가 이제 성군 전에 받들어 올리오니
자비를 드리우사 …운운… 하소서.

[협주] 차를 물린다. 밤이 짧으면 법중法衆의 절반은 법당으로 나아가 평상시 하는 것과 같이 공양을 권하는 의식을 진행하고, 또 나머지 반은 하단下壇 영청迎請을 진행한다. 먼저 점종點鍾 세 망치를 치고 바라를 울리며 거불 의식인 '아미타 부처님께 귀명(南無阿彌陀佛) …운운…'을 하고 소疏를 펼쳐 읽는다. 단주壇主는 단정하게 앉아서 합장하고 관념으로 상상(觀想)한 다음 묵묵히 조금 있다가(良久), 요령을 세 번 흔들어 내리고 나아가 한꺼번에 청하는(都請) 의식까지 진행하는 것이 좋다. 밤이 길고 조용하면 각각 청하고 각각 가영歌詠을 하는 것이 좋다.
'인도하여 욕실로 나아가게 하는 편(引詣香浴)' 이하의 번기를 다는 것과 '길을 깨끗이 하는 주'를 읊는 데까지 진행하고, 기사記事는 당 앞으로 나아가 공손히 꿇어앉고 시자는 삼도패三途牌를 받쳐들고 가서 기사에게 안게한다. 혹 추모하여 천도하는 의식이면 그날의 영패靈牌를 그렇게 한다. 재를 올리는 사람은 시위侍衛하고 휘장을 들어 여러 곳의 주변을 가린다. 재를 올리는 사람은 자단향紫檀香을 피운 향로를 받드는데 이 단에서는 잡향雜香을 써서는 안 된다. 온 법회의 법려法侶들은 십분 예대로 의식을 진행하고 관수는 화등花燈을 들고 서고 법패는 잠시 요잡繞匝 의식을 하고 '길을 깨끗하게 하는 주(淨路呪)'에서부터 '욕실에 들어가게 하는 게송(入室偈)'까지를 진행한다.

告天仙偈

今向如來寶座前。五體投誠歸命禮。
願滅輪迴生死因[1]。速悟二空常樂體[2]。
【迎請堂正門。則不用侍輦之禮。但以虛盖俠牌侍行爲可。迎請所甚遠處。强爲侍輦。則諸威儀禮如上。梵音或咏三歸依。或牧丹賛。如此禮俱非也。正當禮大悲呪爲可。其呪文字。娑*波前。則與千手全同。娑*波後全別。今人不習其文故。以千手代用也。上記事左立扶杠。副記事右立扶杠。察衆立輦後侍衛。而進庭中。下輦止樂。而上法堂。門外安拜席。法主立階上。天仙禮聖云云。大衆代禮。乃至中壇。位雖設法堂內。

不入中門。而回入邊門。其禮可也。幸有別處。排置中壇。則察衆奉位牌。而判首先
引諸員隨後。至中壇前立。法主獻座云云。梵音獻座偈呪云。安牌焚香三拜。茶鍾一
旨。判首領沙彌進茶。】

露靄來自曹溪室。活手烹茶一味新。
今將奉獻天仙等。願垂云云。
【退茶。夜短則法衆爲牛。進於法堂。勸供如常。又爲牛。詣下壇迎請。點鍾三搥。鳴
鈸。擧佛。南無阿彌陀佛云云。宣疏。壇主端坐合掌。觀想良久。振鈴三下。乃至都請
可也。長夜從容。則各請各歌咏爲可。引詣香浴下懸幡。淨路呪。記事進壇前敬跪。
侍者奉三途牌。授記事。或追薦。則其日靈牌。齋者侍衛。擧揮帳。遮衆邊。齋者奉紫
檀香爐。此壇不用雜香。一會法侶。十分如禮。判首花燈立。梵唄暫繞。匝淨路呪。至
入室偈。】

1) ㉠『산보범음집』에는 제2구와 제3구가 바뀌어 있다. 원문의 순서는 문맥에 맞지
않아『산보범음집』에 따라 번역하였다. 2) ㉠『산보범음집』에는 '速悟二空常樂體'가
'速悟眞空向樂邦'으로 되어 있다. 의미상으로는 둘 다 어긋나지 않는다.

욕실에 들게 하는 게송

한 번 본래의 심왕을 등진 후에
몇 번이나 삼도사생의 윤회에 헤매었던고.
오늘 관욕으로 번뇌에 물듦을 씻어 없애면
인연 따라 옛 고향으로 스스로 돌아가리.

협주 고덕古德이 비록 "욕실은 두 곳을 만들어야 한다."라고 말하였으나 요즘 내놓은 의
론은 목욕시키는 방 세 칸(間)을 만들어야 한다고 말하고 있다. 그 높이는 2~3자가 넘지 않아
야 하고, 너비는 4자로 하며, 길이는 자(尺) 수를 따지지 않고, 북쪽 벽은 완전히 막아 버려야
한다. 중간에 두 곳을 설치해야 하나니, 한 구역은 하늘 무리가 목욕할 장소이고 또 다른 한
곳은 제왕의 구역이다. 동쪽 한 칸에 두 곳을 설치해야 하나니, 한 구역은 장상將相의 구역이

고 다른 하나는 남자 신장들의 구역이다. 서쪽 사이에 또 두 곳을 설치해야 하나니, 한 곳은 후비后妃들의 구역이고 다른 한 곳은 여자 신들의 구역이다. 세 간의 문 밖에는 각각 누구의 구역인지 이름을 써 붙여 표시를 해두어서 귀하건 천하건, 남자건 여자건 그 혼령들로 하여금 각각 제 장소를 알 수 있게 한다.
옛사람은 비록 "막음이 없는 큰 법회인지라 높고 낮은 이를 구분하지 않는다. …운운…" 하였으나, 그렇다고 해서 귀하고 천한 이를 구분해 놓지 않으면 주사呪師가 속히 채근하면서 '널리 예를(普禮) …운운…' 하면, 하열下劣한 혼령들은 목욕을 할 구역에조차도 미처 참예하지도 못할 터이니 어찌 머리를 빗고 치장할 여가를 가질 수 있겠는가? 소흥昭興(南宋 高宗의 年號) 시대에 죽은 지 얼마 안 된 신참 여자귀신이 하소경何少卿에게 자기의 마음을 간절하게 고한 일이 바로 그런 경우이다.
욕실 안에는 각각 탁상 하나씩 놓아두고 그 위에 각각 위패를 안치한 다음 각각 촛대를 세워 불을 켜 놓아 위패의 그림자가 물그릇에 드리우게 한다. 그리고는 양치를 하고 입을 헹굴 깨끗한 물 여섯 그릇과 양치할 버드나무 가지를 각각의 그릇 옆에 놓아둔다. 지의紙衣는 접어서 봉투에 넣어 각각 영가의 이름을 쓰고 상자에 담아서 각각 그 탁상 뒤에 놓는다. 그런 다음 휘장을 쳐서 가리고 그 휘장 밖에 다시 상 하나를 준비해서 상 위에 향로를 안치한다.
기사記事는 향을 받쳐들고 공손히 꿇어앉아 어둠에 빠지지 말고 관념을 가지고 상상한다. '가지조욕편(加持操浴) …운운…'을 하고 목욕하게 하는 게송과 주문을 할 때 법회의 대중들은 십분 전일한 마음으로 합창하여 창창하는 것이 옳다. 인배引拜는 단 앞에 나아가 향을 사르고 위에서 한 것처럼 의식을 진행한다.
'옷을 변화시키는 주문(化衣呪)'은 수효를 헤아리지 말고 종이옷이 다 탈 때까지 한정하여 송하며, '옷을 바로잡는 주(整衣呪)'를 한다. 기사는 연輦과 인로왕보살의 위패를 모시고 위의威儀는 위에서처럼 하면 된다. 범음은 '천 길 낚싯줄을(千尺絲綸)'로 시작되는 게송을 읊고 반요잡半繞匝 의식을 하고 법당 문 밖에 이르면 연에서 내려 위패를 상단 오른편에 안치한다. 혹은 차를 받들어 올리기도 한다.

◆ 入室偈

一從違背本心王。幾入三途歷四生。

今日滌除煩惱染。蕭然依舊自還鄉。

【古德雖云香浴兩堂。今進論作室三間。其高不過二三尺。廣四尺。長則不論尺數。北壁全敞。中間設二所。一區天類區。一所帝王區。東一間設二所。一區將相所。一男神區。西一間設二所。一後妃區。一女神區。三間門外。各書表名。使貴賤男女之魂。各知其所。古人雖云無遮大會。不分尊卑云云。然不辨貴賤。而呪師速責普禮云云。下劣之魂。未叅浴區。豈能梳莊之暇。昭興時。新死女鬼。懇告何少卿之意是也。浴室內各一床上。各安牌後。各立明燭。使影水器漱口。淨水六器。楊齒木。各安器邊。紙衣封外。各書名目。以盛箱子。各安其床垂帳。帳外安爐。記事奉香敬跪。不昧觀想。加持操浴云云。沐浴偈呪時。法衆十分專心唱和爲可。引拜進壇前。焚香如上。化衣呪不計數盡燒爲限。整衣呪。記事侍輦引路牌。威儀如上。梵音千尺絲綸偈。牛繞匝至法堂門外。下輦安牌。上壇右邊。或奉茶。】

차를 올리는 게송

지금 제호의 맛 미묘한 차를 가져다
인로왕보살님 앞에 받들어 올립니다.
시주의 경건하고 간절한 마음 굽어 살피시어
부디 자비를 드리워 …운운… 하소서.

협주 요즈음 인로왕 위패를 모시는 시련侍輦 의식을 보니 큰 웃음이 나온다. 그러나 이 법식도 옛날 현인賢人의 제도로서 억측된 소견만은 아닌 듯하다.
욕실에서 나와 성인을 참례參禮하고 삼도패三途牌를 모시고 돌아선다. 단주壇主는 상단을 향하여 '단을 가리키는 주(指壇呪) …운운…'을 하고, 판수 등은 죽 나열해 서고 범패는 반염화牛拈花의 의례를 진행한다.

茶偈

今將妙茶醍醐味。奉獻引路菩薩前。
俯監檀那虔懇意。願垂云云。
【今見引路牌侍輦則大笑。然此式。古賢之制。不是臆見。出浴衆聖。侍三途牌回立。壇主向上壇。指壇呪云云。判首等列立。梵唄牛拈花例。】

참회하는 게송

시작 없는 과거부터 오늘날에 이르기까지

다 열 가지 악을 말미암음은 견문을 따랐기 때문이니
팔만 사천 항하의 모래처럼 많은 죄를
증명 삼보님 앞에서 다 참회하옵나이다.

협주 거성擧聲으로 '업장을 소멸하는 보살(滅業障菩薩)'과 '반산화락半散花落'을 한다.

다냐타 옴 이리다라 사바하

협주 이 게송과 주呪는 『산보刪補』에 "외로운 혼령이 부처님 앞에서 참회하게 할 때에 사용한다."라고 하였는데, 요즘 사람들이 하는 걸 보면 틀림없이 빈소嚬笑를 자아내게 할 것이다. '천리 길 떠나시니(移行千里)'로 시작되는 게송도 대성인로왕보살님과는 모두 상관이 없는 것이다.
기사는 위패를 모시고 뜰 가운데 이르러 절을 올릴 자리를 깔고 고혼孤魂으로 하여금 성중聖衆께 예를 올리게 하는데 사람이 대신 예를 올린다. 위패를 모시고 시식단施食壇으로 나아가 안치하고 '자리를 드리는 편(獻座篇) ⋯운운⋯, 제가 지금 가르침에 따라 꽃다운 자리 만들어(我今依敎設華筵) ⋯운운⋯' 하는 의식을 진행하고 차를 받들어 올린다.

지금 강심수로 달인 묘약을 가져다가
고통 받는 외로운 영혼께 널리 베푸오니
가슴속 만 괵의 때를 깨끗이 씻고
바람이 하늘에 가득 찬 구름 걷듯 상쾌하소서.

협주 위 게송 대신 '백 가지 초목 중(百草林中)'으로 시작하는 게송을 해도 무방하다. 법회 대중은 상단을 향해 돌아앉고, 종두는 공양 올릴 준비가 되었는지를 살펴보고 공양 올리는 종(起飯金)을 친다. 당좌는 종을 3지늠를 치고 판수는 도자道者를 인솔하고 공양을 올린다. 그때 어산은 '경계를 깨끗이 하는 주(淨界呪)'를 몇번 하고, 잠시 요잡 의식을 진행한 다음 바라를 울리고 나서 '가만히 생각하건대 봉사奉詞 ⋯운운⋯'으로 시작되는 별문別文을 읽는다.
다음에 '시방세계 부처님께 귀명합니다(南無十方佛) ⋯운운⋯'을 하고, 4다라니를 각각 21번씩 독송한다. 그때 증명證明은 위에서 언급한 것처럼 관상觀想을 한다.
다음에 '공양을 권하는(勸供) ⋯운운⋯'을 하고, 나머지는 평상시 하는 것과 같이 진행하여 마친다. 또한 판수 등은 중단에 나아가 공양을 올리고 종 1지늠를 치면, 범음은 '성인에서 가

지加持의 법을 해 주시기를 기원하는 편(祈聖加持)'을 하고, '시방세계 부처님께 귀명합니다'
라고 하는 가지거불 4다라니를 각각 14번씩 읽고 '두루 절하며 공양을 드리는 편(普伸拜獻)'인
'위에서 공양에 가지하는 법을 이미 마쳤고 변화를 이미 두루하였으니 …운운…'을 진행한 다
음 5공양 의식을 한다. 그런 뒤에 잠깐 요잡 의식을 한다.

이 가지된 미묘한 공양거리를 가지고
천주와 모든 하늘 대중들께 공양합니다.
이 가지된 미묘한 공양거리를 가지고
선주와 모든 선인 대중들께 공양합니다.
이 가지된 미묘한 공양거리를 가지고
명부 세계 모든 대중들께 공양합니다.

협주 다음에 '널리 공양하게 하는 진언(普供養呪) …운운…, 회향하는 진언(回向呪) …운
운…, 『반야심경』 …운운…'의 순서로 의식을 진행한다.
비록 영가 천도재를 지낼 때라도 시간이 촉박하면, 다만 바라만 울리고 축원을 하는
것도 가능하다. 그러나 조용하고 한가하면 장창하게 예를 올려야 하니, 형편을 살펴서 화청
和請을 하는 것도 가능하다. 그런 까닭에 여기에 기록해 둔다.

지극한 마음과 믿음으로 상계上界의 천주天主이신 천장天藏 보살님과 호
위하여 모시는 권속들과 좌보左補의 하늘 대중과 우보右補의 하늘 대중들
에게 예를 올리오며, 오늘 아무 사람이 엎드려 아무 영가를 위하오니 불
쌍히 여기고 부호覆護하여 【대중들이 합창하여】 고해苦海를 속히 여의고 정토
세계에 태어나게 하소서.
지극한 마음과 믿음으로 법계의 일체 사공천四空天 대중들과 십팔천 대중
들과 육욕천欲天의 대중들과 일월천日月天 대중들에게 예를 올리오며, 오늘
아무 사람이 아무 영가를 위하오니 【위에서와 같음】 속히 여의고 …운운….
지극한 마음과 믿음으로 법계의 일체 여러 성군星君 대중들과 오통선五通
仙 대중들과 여러 금강金剛 대중들과 팔부部의 신중神衆들에게 예를 올리

며, 오늘 아무 사람이 아무 영가를 위하오니 【위에서와 같음】 …운운….

지극한 마음과 믿음으로 음부陰府 세계의 교주인 지지持地 보살과 좌보공중左補空衆과 우보공중右補空衆들에게 예를 올리며, 오늘 아무 영가를 불쌍히 여기고 부호하여 【위에서와 같음】.

지극한 마음과 믿음으로 법계의 일체 여러 용왕龍王 대중들과 아수라阿修羅 대중들과 대야차大夜叉 대중들과 구반나矩畔拏 대중들에게 예를 올리며, 오늘 아무 영가 【위에서와 같음】.

지극한 마음과 믿음으로 법계의 일체 나찰바羅刹婆 대중들과 귀자모鬼子母 대중들과 대하왕大河王 대중들과 태산왕太山王 대중들에게 예를 올리며, 오늘 아무 영가 【위에서와 같음】.

지극한 마음과 믿음으로 유명교주幽冥敎主 지장보살地藏菩薩님과 지장보살님을 도와 가르침을 선양하는 도명 존자道明尊者와 부처님의 가르침을 도와 선양하는 무독귀왕無毒鬼王께 예를 올리며, 오늘 …운운… 【위에서와 같음】.

지극한 마음과 믿음으로 법계의 일체 저승과 이승의 신중들과 여러 명왕冥王 대중들과 태산부군泰山府君과 모든 지옥을 맡은 왕 대중들에게 예를 올리며, 오늘 아무 영가 …운운… 【위에서와 같음】.

지극한 마음과 믿음으로 법계의 일체 모든 판관判官 대중들과 여러 귀왕鬼王 대중들과 모든 장군將軍 대중들과 졸리卒吏 대중들에게 예를 올리며, 오늘 아무 영가 【위에서와 같음】.

협주 생축원입식生祝願入式은 위에서 한 것과 같이 한다.
'상계上界의 천주天主 …운운…' 하는 지장전地藏殿에 정성을 다하여 기도하는 의례를 하는 것도 통한다. 그러나 긴요하지 않기 때문에 하지 않는 것은 옳고 옳은 일이다.
'지장보살님 한가히 논다고 말하지 말라(莫言地藏得閑遊). …운운…' 하는 게송을 읊고 바라를 울리고 축원을 한다.
대중들은 요기療飢를 하고 시식단施食壇으로 나아가 제물을 진설해 놓는데 상단의 음식을 퇴공退供해서 진설해서는 안 되고, 상단에 차리고 남은 생경生硬의 음식을 진설해야 하며, 반드시 고죽鼓粥(팥죽)은 갖추되 여러 그릇에 나누어 가득 담아 놓는 것이 좋다.
또 보기 드문 괴이한 법이 있기에 여기에 기록해 두어 명철한 사람에게 보이려 한다.
'사자使者의 위목位目을 시식단 서쪽 편으로 옮겨 놓는다. …운운…' 하였으니 어찌된 일인가?
'사자를 봉송하는 편(使者奉送篇)에 다시 청하여 조용하면 …운운…'이라 하였는데, 『산보刪補』에 청請하는 의식을 보면 "일심으로 받들어 청하오니 본래의 서원誓願을 어기지 말고 온갖 중생들을 도와 유익하게 하소서. 빠르고 민첩한 신통력을 베풀어서 단나檀那의 간절한 소원에 응하여 사천四天의 사자 …운운…"이라고 되어 있다.
시식단의 단주壇主는 합장하고 관상觀想한 다음 잠자코 한참 있다가 요령을 흔들어 내리기를 세 번 하고 아래 의식을 진행한다.

비밀한 가지법을 베푸오니 수륙재水陸齋를 지내는 사람 등은 삼가 선왕과 선후 등 자리에 나열되어 있는 선가仙駕를 위하고, 또 각각 재를 올리는 사람들의 복위伏爲[37]인 자리에 이름을 열거한 먼저 돌아가신 부모들의 영가靈駕를 위하며, 또한 현재 이 자리에 있는 대중들의 기부記付[38]인 이름을 열거해 놓은 지난 세상의 먼저 돌아가신 부모님의 영가와 겸하여 법계의 전장에서 죽은 주인 없는 외로운 혼령들을 위하여….

협주 요령을 한 차례 흔들어 내리고 '이상으로 성인을 공양하고 …운운…'으로부터 시작하여 '죄를 소멸하는 편(滅罪篇)'을 한 다음에 '죄를 소멸하는 주(定業呪)'를 21번 염송하고, 다음에 '원결을 풀어 주는 주(寃結呪)'는 일곱 번 독송하는 것이 옳다.
어떤 이유로 그렇게 해야 한다는 것을 알 수 있는가? 소문小文을 관례로 살펴보면 알 수 있다.
'음식에 주하여 공덕을 나타내는 편(呪食) …운운…, 음식을 변화시키는 다라니'를 할 때에는 증명이 왼손을 가슴에 가져다 대고 오른손으로 물그릇을 잡고 향 연기를 쏘인 뒤에, 물그릇은 내려놓고 오른손 중지中指를 곧추 세우고 새끼손가락(小指)와 엄지(母指)를 서로 고고 계지戒指는 쭉 편 다음 음식 위의 안쪽을 향하여 휘두르고 물을 뿌린다. 범자 옴(唵) 만(卍) 2글자를 쓴 깃발을 음식 위에 휘휘 두르면서 곧 한 그릇이 열 그릇이 되고 그리하여 법계를 가득 채워줄 것이라는 생각을 한다. 연이어 옴(唵) 자를 쓰고 손가락을 일곱 차례 튀기고 갖가지 차와 과실 등 맛난 음식 등 일체 미묘한 공양을 시방세계에 두루 가득 …운운… 한다.
감로주(甘露)를 송할 때에 종두는 향수香水에 밤(唵) 자를 쓰고 감로각해甘露覺海로 변하여 …운운… 한다.

37 복위伏爲 : 제사를 모시는 사람이 윗사람인 경우.
38 기부記付 : 제사를 모시는 사람이 아랫사람인 경우.

수륜관 주(水輪呪)를 송할 때에 계지戒指로 물을 취하여 공중에 뿌리면서 유리琉璃 세계로 변하여 …운운… 한다.

유해주乳海呪를 송할 때에 음식 위에 물을 뿌리면서 법유法乳로 변하여 …운운… 한다.

이렇게 음식을 흠향하게 하는 의식을 할 때에 관수는, 사미에게 명하여 소반을 가지고 오게 하여 각 그릇마다 조금씩 음식을 거두어 갖가지 맛있는 음식들을 각각 한 소반 위의 물그릇에 담고, 향화香花와 등촉燈燭을 받쳐들고 불을 붙여 켜 들고, 헌식단獻食壇에 이르러 음식 그릇을 들어서 동쪽을 향하여 소반에서 내려놓게 하고, 물을 뿌려 헌식대를 씻고 아무 소리 없이 손가락을 튀기고, 음식을 세 곳에 배치한다. 그 가운데 상上·중中·하下 3류流가 있으니 음식 위에 물을 뿌리고 나머지 음식은 물과 고루 섞여서 사방에 뿌린다. '시식하는 게송과 주(施食偈呪), 공양주供養呪, 회향주回向呪 …운운…'으로 진행한다.

추루단醜陋壇을 다른 곳에 배치排置하였으면 헌식獻食하는 의례는 제외하고 다만 4다라니를 할 때에 물을 뿌리고 끝낸다. '내가 지금 가지된 음식을 가지고 …운운…, 공양주'를 한 끝에 '회향주 …운운…' 하는 것도 가능하다.

제수 음식(奠物)은 다 거두고 다만 화병花屛과 등촉燈燭만 남겨둔 곳에서 '인연이 일어나게 된 이유를 설하여 보이고 …운운…, 바라건대 성인께서는 …운운…' 하는 의식을 진행하고, 나아가 '관행게(觀行) …운운…, 법성게法性偈 …운운…' 하는 데까지 진행한 다음 그 단壇을 향하여 바라를 울리고 축원을 한다. 그리고는 돌아서서(回立) 다시 바라를 울리고 '회향소回向疏'를 읽고 다시 돌아서서 '화재化財 …운운…, 나무 사만다南無三滿多 …운운…'을 진행한다.

재를 봉행하는 사람은 세 단에 모두 향을 받들어 사르고 절을 올린다. 그리고는 마당으로 물러나와 공손하게 무릎을 꿇고 앉는다.

배송례陪送禮를 할 때에는 큰 사찰에서는 옛날부터 불에 사르고 전송하는 철상鐵床이 있었으나 철상이 없는 곳에서는 깨끗한 곳에 축대築臺를 세 개 만들고 백탄白炭을 넉넉하게 쌓아서 불사른다. 만약 대臺를 만들 형편도 못 되면 산에 난 버드나무 가지 21개를 가지고 밑 3부部를 엮어서 상단上壇의 것은 문 밖 정중正中에 두고 중상中床의 것은 왼쪽 가에 두며 하상下床의 것은 오른쪽 가에 둔다. 그런 다음 우도감右都監은 잡인들을 금하고 우판수右判首는 작은 깃발·병화屛花·인로왕 위패(引路牌)를 들고 기사는 3도途의 위패를 모시고 종두는 단주를 모시고 서 있고 여러 임원 삼번三番은 뜰 오른쪽을 순회順回하고 나서 선다.

'제가 지금 주문을 외고 고운 꽃을 드는 것은(我今持呪此色花) 가지하여 청정함을 이루기를 바라기 때문입니다(加持願成淸淨故)'라는 게송 13구를 뛰어넘어 '망령과 고혼과(亡靈孤魂) …운운…' 7구만 하고, '대성 인로왕보살님께 귀명합니다(南無大聖引路) …운운…'을 한다. 잠시 요잡 의식을 한 다음 밖으로 나가 소대燒臺에 이르러 염불을 한다.

좌도감左都監은 잡인들을 금지하고 중단 번기(中旗)와 화병花屛과 위패를 들고 기사는 단주壇主 옆에 시립侍立하고 여러 구성원들도 줄지어 선다. 중번中番은 뜰 왼쪽으로 역시 순회하고 '제가 지금 주문을 외고 고운 꽃을 드는 것은 …운운…' 하는 게송 중 앞의 10구를 뛰어넘어서 '오직 바라건대 천선(唯願天仙)'에서부터 뒤로 3구만 하고, '바라건대 이 공덕으로써(願以此功德) …운운…'을 한다. 「법성게」를 풍송하면서 반요잡半繞匝 의식을 하고는 밖으로 나가서 소대 앞에 이르러 염불을 한다.

대도감大都監·상판수上判首·대기大旗·위의威儀·찰중察衆은 여러 도자道者와 사미沙彌를 인솔하여 좌우로 나열해 서게 한다. 화병과 등촉과 인배引拜는 쌍쌍으로 갖춘다. 혹 제산단

諸山壇 위패는 찰중이 색깔 있는 가마로 모시고 행진에 참여하기도 하며, 오여래 번기와 삼신三身의 번기와 삼보의 위패는 모두 금련金輦에 태워서 모신다. 다음에는 화개畫盖가 서되 유나가 모시고 행진하며, 다음에는 병법秉法·증명證明·종수衆首·선덕禪德 등 모든 임원들이 차례차례 나열해 선다.

상번이 '제가 지금 주문을 외고 고운 꽃을 드는 것은 가지하여 청정함을 이루기를 바라기 때문입니다'라는 게송으로부터 시작해서 '가장 묘한 이익이 되는 일을 이미 마쳤습니다. ····운운···'까지 한다. 그리고는 정중庭中을 거꾸로 세 바퀴 돈 다음에 '거령산擧靈山'을 하면서 악기를 울리는데 갖가지 풍류風流를 일시에 연주하면서 소대燒臺에 이르러 염불을 한다.

고덕古德이 "마당이 좁으면 3단壇을 순회하고 마당이 넓으면 하단과 중단 이 두 단은 순회하고 상단은 거꾸로 돌라."라고 하였다. 왜 그랬는가? 상단은 다 역류逆流하기 때문이다.

고현古賢이 "단을 철수하고 받들어 전송하는 예는 모두 아래서부터 하고, 막대기를 가지고 불을 흩지 말라. 만약 취저으면 그 불은 만만 무익無益할 것이다."라고 하였다.

'극락에 가서 태어나라는 게송(往生偈) ····운운···, 받들어 전송하는 주문(奉送呪) ····운운···, 상품 상생하라는 주문(上品上生呪) ····운운···, 널리 회향을 하는 주문(普伸回向) ····운운···'을 한 다음 표백表白인 말후게末後偈를 한다.

신령스러운 빛이 홀로 빛나니

육근 육진의 몸을 멀리 벗어났네.

모든 부처님의 설법으로도 미치지 못하고

온갖 장경에서도 얻을 수 없도다.

자기 자신의 영명한 빛을 다 깨닫고 나니

대천사계에 하나의 한가한 사람이로구나.

협주 삼가 바라나니 안녕히 가십시오. '회향하는 주 ····운운···'을 하고, 찰중察衆과 대도大都 등은 위의威儀를 빠짐없이 거둔다. 그리하여 다시 들어갈 때에 연輦을 받들고 표백表白을 한다.

증명證明·종수衆首 등의 순서로 나열해 서면, 어산魚山은 '옴 오해 훔(唵 於解 吽) ····운운···'을 창唱하면서 마당 가운데 이르러 요잡 의식을 세 바퀴 돈 뒤에 항상 머물러 계시는 삼보님 앞에 가서 '보례普禮···' 의식을 하면서 세 번 절을 한 뒤에 삼회향三回向을 자의恣意로 한다.

懺悔偈

無始以來至此時[1]。皆由十惡見聞隨[2]。

八萬四千恒沙罪。證明三寶盡懺悔。

【舉聲滅業障菩薩。半散花*拁。】

怛你陀。唵。伊哩馱羅。莎訶。
【此偈呪。删補云。孤魂佛前懺悔時用之。今人見則必發嚬笑。移行千里之言。大聖引路皆不闕。記事侍牌。庭中安拜席。孤魂禮聖衆代禮。侍牌詣施食壇獻座*偏云云。我今依教設華筵云云。奉茶。】

今將妙藥江心水。普施孤魂受苦倫。
洗滌胸中塵萬斛。歡如風捲滿天雲。
【百草林中亦可。法衆回坐上壇。鍾頭。覽辨供事。起飯金。堂佐擊鍾三旨。判首領道者。進供時。魚山淨界呪若干*偏。暫繞匝。鳴鈸後。白別文。切以奉詞云云。南無十方佛云云。四陀羅尼各三七*偏。時證明觀想如上。勸供云云。如常畢。亦判首等。詣中壇供進擊金一旨。梵音祈聖加持。南無十方佛。四陀羅尼各二七*偏。普伸拜獻。上來加持既訖。變化已周云云。伸五供養後。暫繞匝。】

以此加持妙供具。供養天主諸天衆。
以此加持妙供具。供養仙主諸天衆。
以此加持妙供具。供養㝠府諸㝠衆。
【次普供養呪云云。回向呪云云。心經云云。雖追薦齋時。促則但鳴鈸祝願爲可。從容則以張皇之禮。見勢和請亦可。故於此書之。】

至心信禮。上界天主。天藏菩薩。侍衛眷屬。左補天衆。右補天衆。今日某人。伏爲某靈駕。哀憫覆護。【衆和】速離苦海。生於淨刹。
至心信禮。法界一切四空天衆。十八天衆。六欲天衆。日月天衆。今日某人。伏爲某靈駕。【上同。】速離云云。
至心信禮。法界一切諸星君衆。五通仙衆。諸金剛衆。八部神衆。今日某靈駕【上同。】云云。

至心信禮。陰府界主持地菩薩。左補空衆。右補空衆。今日某靈駕。哀愍覆護【上同。】

至心信禮。法界一切諸龍王衆。阿修羅衆。大夜叉衆。矩畔拏衆。今日某靈駕【上同。】

至心信禮。法界一切羅利婆衆。鬼子母衆。大河王衆。太山王衆。今日某靈駕【上同。】

至心信禮。幽冥敎主地藏菩薩。助揚眞化道明尊者。助佛揚化無毒鬼王。今日云云【上同。】

至心信禮。法界一切幽顯神衆。諸冥王衆。泰山府君。諸獄王衆。今日某靈云云【上同。】

至心信禮。法界一切諸判官衆。諸鬼王衆。諸將軍衆。諸卒吏衆。今日某靈【上同。】

【生祝願入式如上。上界天主云云。地藏悲禱禮。爲之亦通。又不要故不爲可可。莫言地藏得閑遊云云。鳴鈸。祝願。大衆療飢。進施食壇。獻奠物。不得退供。餘殘生硬之饌。而須俱鼓粥。累器滿盛可也。又有稀怪之式。於此書之。以示哲人。使者位曰。移於施食壇西邊云云。何也。使者奉送*偏。更請從容云云。刪補其則云。一心奉請。不違本誓。補益群情。施捷3)疾之神通。應檀那之悲願。四天使者云云。施食壇主。合掌觀想良久。振鈴三下云。】

宣密加持。水六齋者等。奉爲先王先後列位仙駕。與各各齋者等。伏爲先亡父母列名靈駕。亦爲現前大衆等。記付上世先亡父母列名靈駕。兼及法界戰場。無主孤魂等衆。

【振鈴一下。而上來供聖云云。乃至。滅罪*偏下。念七七偏4)者。定業呪下。誦寃結呪七*偏可也。何以知之。例小文則可知也。呪食云云。變食時證明左手當胷。右手執水盂。熏香。放水盂。堅右中指。而小指與母指相捻。斂戒指。向食上。內揮水洒。書梵㘕㘚二字。旋揮食止。卽一器爲十器。至無邊充滿法界。連寫㘕字。彈指七度。種種茶菓珍羞。一切妙供。徧滿十方云云。甘露時。鍾頭以香水㘔鑵字。變成甘露覺海云云。水輪呪時。戒指取水洒空中。變成琉璃世界云云。乳海呪時。洒水食上。變成法乳云云。受饗時。判首命沙彌持盤來。器器除小許收飯。各色珍羞。各各一盤水器。香花燈燭。擧火至獻食壇。以食擧東望下盤。洒水臺上。無聲彈指。以食三處。排置其中。有上中下三流。洒水食上。餘食合水洒四方。誦施食偈呪。供養呪。回向呪云云。醜陋壇別處排置。則除獻食之禮。而但四陀羅尼時。洒水而已。我今以此加持食云云。供養呪下。回向呪云云可。奠物盡收。但存花屛燈燭。說示云云。願聖云云。乃至觀行云云。法性偈云云。向其壇。鳴鈸祝願回立。鳴鈸回向疏回立。化財云云。南無三滿多云云。齋者三壇。皆奉香畢拜。退於庭際敬跪。陪送禮。大刹寺。自古有燒送鐵床。鐵床不有。淨處築臺三所。白炭厚積燒之。不爲臺。則山柳木三七條。作簾三部。上壇床沙門外正中。中床左邊。下床右邊。右都監禁雜人。右判首小旗屛花引路牌。記事侍三途牌。鍾頭壇主立。諸員三番庭右邊順回立。我今持呪此色花。加持願成淸淨故。超間十三句。自亡靈孤魂七句云云。南無大聖引路云云。暫繞匝。出至燒臺念佛。左都監禁雜人。中旗花屛位牌。記事侍壇主立。諸員等立。中番庭左邊亦順回云。我今持呪此色花云云。超間十句。自唯願天仙等三句後。願以此功德云云。咏法性偈。半繞匝。出至燒臺前念佛。大都監上判首大旗。威儀察衆。領諸道者沙彌左右列立。花屛燈燭。引拜雙雙。或諸山壇位牌。察衆以有色盖俠行。侍五如來番[5]三身幡三寶位牌。幷載金輦。次立畫盖。維那侍行次。秉法證明衆首禪德等諸員。次次立。上番云。我今持呪此色花。加持願成淸淨故。至於已作上妙云云。逆回庭中三巡後。擧靈山。動樂各色風流。一時俱作。至燒臺念佛。古德云。庭際俠則三壇順回。而廣則下中二壇順回。上壇逆回。何者。上壇皆逆流故。古賢云。收壇奉送禮。皆從下云。不以杖散火。火則萬萬無益。徃生偈云云。奉送呪云云。上品上生呪云云。普伸回向云云。表白末後偈。】

靈光獨曜。迥脫根塵。

諸佛說不及。萬藏收不得。

自己靈光都打了。大千沙界一閑人。

【伏惟珍重。回向呪云云。察衆大都等。收一應威儀。還入時。奉輦表白。證明衆首等列立。魚山。唵於解吽云云。至庭中。繞匝三回後。常住三寶前。普禮三拜後。三回向恣意哉。】

---

1) ㉐『산보범음집』에는 '時'가 '身'으로 되어 있는데 둘 다 의미는 통한다. 2) ㉐『산보범음집』에는 '見聞隨'가 '業因殊'로 되어 있다. 3) ㉑ '捷'는 '捷'인 듯하다.(편자) 4) ㉑ '偏'은 '篇'인 듯하다.(편자) 5) ㉑ '番'은 '幡'인 듯하다.(편자)

결수작법

> **협주** 절차는 반드시 신시申時(오후 3~5시)가 되어서 종두鐘頭가 쇠종을 치는 것으로 시작하는데 평상시와 같이 하면 된다. 널리 청하는 의식(普請)과 어산魚山이 품수稟受하는 의례는 위의 영산작법와 같다. 처음부터 바라를 울리기 전까지의 의식도 평상시와 같이 하고, 할향喝香讚인 '이 세상엔 전단향보다 더 특별한 물건 없으니(此岸檀栴無別物) …운운…, 향게香偈·등찬燈讚·등게燈偈·화찬花讚·화게花偈·3지심至心·요잡繞匝·합장게合掌偈·고향게告香偈'와, 병법이 요령을 흔들면서 '법회를 열게 된 연유(設會因由)'를 설하는 의식, 점종點鍾을 치는 데까지는 모두 위와 같이 한다.
>
> 다음에 '무릇 무차無遮 …운운…'을 하는데, '단신檀信' 밑에 들어갈 글귀의 규범도 위와 같다. 모든 편篇의 '진언眞言 …운운…'을 진행하고, 사자단使者壇과 오로단五路壇에 드는 법식도 위에서 한 것과 같이 한다. 나아가 상단의 의식 절차에 이르기까지는 하나하나가 의식문에 나와 있는 것과 같다. 삼청三請 의식까지 한 뒤에 다음의 가영을 한다.

結手作法

【節次。須及申時。鍾頭擊金如常。普請。魚山。稟受之禮如上。始向鳴鈸之前皆如常。喝香讚。此岸檀栴無別物云云。香偈。燈讚。燈偈。花讚。花偈。三志心。繞匝。合掌偈。告香偈。秉法振鈴云。設會因由。點鍾如上。夫無遮云云。檀信下入規如上。諸篇眞言云云。使五壇入式如上。乃至上壇節次。一一如文。乃至三請後歌詠。】

가영

위엄 있는 광명을 시방세계에 골고루 비추시니
일천 강물에 찍힌 달그림자 하나같이 동일하네.
네 가지 지혜 원만하게 밝은 여러 성현들이시여
법회에 강림하시어 중생들을 이롭게 하옵소서.

> **협주** 이 가영은 운수雲水 상단上壇의 의식과도 서로 통한다.
> '자리를 드리는 편(獻座) …운운…'을 하고 차를 받들어 올린 다음, 차를 올리는 게송(茶偈)인

'저희가 지금 미묘한 약을 가지고(今將妙藥) ⋯운운⋯'을 한다. 차를 물리고 중단에 이르러 거불擧佛 의식인 '부처님께 귀명합니다(南無佛陀)'라고 하는 의식과 소문疏文을 독송하고, 나아가 여러 주문과 '법회를 연 연유를 아뢰는(由致) 의식 ⋯운운⋯'에 이르기까지 다 마치고 3청을 한 뒤 아래 가영을 한다.

歌詠

威光徧照十方中。月印千江一體同。

四智圓明諸聖士。賁臨法會利群生。

【此詠雲水上壇亦通。獻座云云。奉茶茶偈。今將妙藥云云。退茶至中壇。擧佛南無佛陀。宣疏。乃至諸呪由致云云。三請後歌詠。】

가영

천부에는 연꽃이 낮과 밤을 구분하니
신선들 오래도록 즐겁게 봄가을을 지내네.
영화가 마음대로 되는 것 비교할 데 없으며
허공에서 가장 자유롭게 머물고 다니네.

협주 '널리 예를 올리는 편(普禮篇) ⋯운운⋯'을 하고, 찰중察衆은 4부部의 번기幡旗를 받들고 대신 예를 올린 뒤에 '자리를 드리는(獻座) ⋯운운⋯'을 하고, 차를 받들어 올린 다음 차를 올리는 게송(茶偈)인 '이슬 안개는 조계의 방에서 오고(露靄來自曹溪室) ⋯운운⋯'을 진행한다.
차를 물리고 하단에 이르러서 하는 의식은 의식문에 나온 것과 같이 하면 된다. 삼청三請을 한 뒤에 아래 가영을 한다.

歌咏

天部蓮花分晝夜。神仙長樂度春秋。

榮華恣意無倫比。空住空行最自由。

【普禮篇云云。察衆奉四部幡。代禮後獻座云云。奉茶茶偈。露靄來自曹溪室云云。

退茶至下壇如文。乃至云云。三請後歌詠。】

가영

모든 영가시여, 기한이 다해 몸이 죽었으니
눈물을 닦으며 불쌍히 여기니 괴로운 날 길기만 하네.
삼혼은 가물가물 어느 곳으로 돌아가셨으며
칠백은 어둡고 어두운 먼 고향으로 갔느뇨.

협주 여기서부터 뒤로 '옷을 단정히 하는 주(整衣呪)'까지는 하나하나 의식문대로 하면 된다.
관욕灌浴을 할 때에는 조과승造果僧이 욕실에 들어가 물을 쓰는데 어찌된 일인가? 예부터 이 의식을 할 때에 기사記事나 혹은 종두鐘頭가 위패를 모시고 출입出入하는데 이 법은 바뀌지 않는 법도이다.
등촉燈燭을 나열해 세워 놓고 '욕실에서 나와 성인께 참례하는 편(出浴參聖) ····운운···'을 한다. 인로왕 번기는 찰중이 시립侍立하고 삼도三途 위패는 종두가 모시고 회립回立하여 '단을 가리키는 주(指壇呪) ····운운···'을 한다. 범패梵唄는 '대성인로왕보살님께 귀명합니다. ····운운···'을 하고, 나아가 위패를 받들고 시식단施食壇에 나아가는 의식까지 진행한 다음 자리를 받아 앉게 하는 편(受位)을 한다.

제가 지금 가르침에 따라 꽃다운 자리 만들어
꽃과 과일 맛난 음식을 자리마다 올리오니
높고 낮은 지위의 순서에 따라 앉으시어
마음을 오로지하여 부처님 말씀 들으소서.

협주 '옴 마니 군다唵摩尼軍茶 ····운운···, 백 가지 초목 중(百草林中) ····운운···'을 한다. 종두 등이 하는 일은 평상시 하는 것과 같이 한다. 상단과 중단, 이 두 단에 공양을 권하는 의식을 진행하는데 자세히 하고 간략히 하는 것은 당시 상황을 살펴서 진행한다. 대중들은 요기를 하고 시식단施食壇에 나아가 전물奠物을 진설하여 올리는데 위에서 한 것처럼 하되 십 분 예문에 벗어남이 없게 해야 한다.

시식施食을 진행하는 법주法主는 합장하고 단정히 앉아서 관상觀想을 하고, 잠자코 한참 있다가 요령을 흔들어 내리기를 세 차례 하고, 성인의 명호名號를 선양宣揚하는데 그 규범은 위에서와 같다.

'이상에서 맞이하여 청하였으니 ···운운···'에서부터 '설하여 보이는 편(說示篇)'까지 의식을 진행한 끝에 수단문修斷文을 하지 않아도 되지만, 풍송諷誦할 수 있으면 함께 하는 것이 매우 좋다.

그리고는 '비밀하게 가지법을 펼치는 편(宣密加持)'과 '4다라니'를 하나하나 의식문에 나와 있는 대로 진행하고, '음식을 흠향(受饗) ···운운···' 하는 음식을 드리는 의식은 예법대로 한다. ···운운···.

歌詠

諸靈限盡致身亡。洒淚悲怜苦日長。

三魂渺渺歸何處。七魄幽幽餓[1]遠鄉。

【自此後至整衣呪。一一如文。灌浴時。造果僧。入浴室用水。何也。自古此文時。記事或鍾頭。侍牌出入。是不易之道。燈燭列立。出浴叅聖云云。引路幡。察衆侍立。三途牌。鍾頭侍之回立。指壇呪云云。梵唄云。南無大聖引路王云云。乃至奉牌詣施食壇受位。】

我今依敎設華筵。花果珍羞列座前。

大小宜依次第坐。專心諦聽演金言。

【唵摩尼軍茶云云。百草林中云云。鍾豆等事如常。上中二壇勸供。廣略見機畢。療飢進施食壇。獻奠物如上。十分如禮。施食法主。端坐合掌。觀想良久。振鈴三下。宣揚聖號。入規如上。上來迎請云云。乃至說示*偏末。闕修斷文。能誦者並稱可可。乃至宣密加持四陀羅尼。一一如文。受饗云云。獻食如禮云云。】

---

1) ㉮『천지명양수륙재의범음산보집』에는 '餓'가 '去'로 되어 있는데, 후자가 의미에 맞다. 번역은 후자를 따른다.

시식을 하는 게송

제가 지금 이 가지된 음식을
외로운 혼령과 중생들에게 널리 베푸노니
몸과 마음이 윤택해지고 청량함을 얻어
지옥 세계 벗어나 좋은 세계에 태어나소서.

협주 '옴 바라(唵 鈸羅) …운운…' 하는 주를 하고, '공양 올리는 주'와 '회향하는 주'와, 나아가 '관행觀行 …운운…' 하는 의식에 이르기까지 다 진행하고, 「법성게」를 하고 바라를 울리고 축원을 한 다음 '회향하는 소(回向疏)'를 독송한다. 받들어 전송하는 예는 위에서와 같이 하면 되고, 어산은 '중례비中禮偈 …운운…'을 풍송하는 것이 가능하다. 만약 그렇게 하지 않으려면 '원컨대 이런 공덕으로써…'로 시작되는 의식을 진행하고 끝낸다.

施食偈

我今以此加持食。普施孤魂及有情。
身心飽潤獲淸凉。悉脫幽塗生善道。
【唵鈸羅云云。供養回向呪。乃至觀行云云。法性偈鳴鈸。祝願。回向疏。奉送禮如上。
魚山能誦中禮偈云云。可也。不然則願以此功德云畢。】

예수문의 지전과 원장을 만드는 법

협주 명부에 바칠 체전體錢을 만들 때 증명證明 등은 경건하고 정성스럽게 '개계소開啓疏'를 하는데 평상시 하는 것과 같이 하면 되고, '천수주千手呪'를 일곱 번 한다.

사바세계 ○○주州 ○○리에 거주하는 재를 올리는 아무 등은 삼가 엎드려 현세에 복과 수명을 더하고 미래에 정토에 태어나기를 서원하며 예수생칠재를 올립니다. 아무 등은 발원하여 전 몇 관을 만들고 경전 몇 권을 간행하여 지극한 정성으로 준비하여 아무 조관曹官 앞에 헌납獻納하오니, 엎드려 방편의 문을 크게 열어 극락에 가서 태어나는 길을 곧바로 보여주시기를 바라며, 금월에 아무 산 아무 절에 나아가 법회를 열어 건립하고 향과 꽃과 등촉과 차와 과실을 근엄하게 준비하여 위로는 시방세계 삼보의 높으신 분 앞에 공양을 올리고, 중간에는 명부冥府의 대중들에게 공양을 올리며, 아래로는 고사庫司에 이르기까지 낱낱이 받들어 올립니다. 이 두 공양을 할 때에 작은 숨은 재앙도 없게 해 주시고 날마다 크게 요행한 경사만 있게 하여 주시기를 엎드려 기원하오니, 성인께서는 저희가 바치는 상황을 거울처럼 밝게 살펴주시고 원장을 거두어 주소서.

협주 아무 날 재를 올리는 사람은 오직 「능엄주楞嚴呪」 108번을 풍송하고 축원을 한다. 아무개 등은 『금강경金剛經』 몇 권을 각자 해당하는 수효에 준해서 올리는 것이 옳다.
또 하나의 규범이 있으니 전錢을 만들 때에 법주法主는 『금강경』 32분을 독송하는데 제1회분이 1권, 제2회분이 2권, 그리하여 수효가 찰 때까지 한다.
깨끗한 자리를 배치하고 쑥대 21개를 마련하여 엮어서 발을 만들고 황백지黃白紙를 점연粘連해 놓고 월덕방月德方에서 물 1되를 길어다 놓는다. 월덕방에 물이 없으면 다른 방위에서 물을 길어다가 월덕방에서 하룻밤 지내면 그 물이 변하여 월덕수月德水가 된다.
'전 만드는 주문(造錢呪)'을 108번 염송하고 물을 전 위에 뿌린다. 쑥대를 구할 수 없으면 산에서 자란 버드나무 가지 21개로 발을 엮어서 탁상 위에 올려놓는다. '금은전주金銀錢呪' 108번을 염송하고 물을 종이돈 위에 뿌린다. 그러면 그 돈이 변하여 금은전金銀錢이 된다. ……운운….

預修文造錢願狀法

【造錢時。證明等。虔誠開啓如常。千手七徧[1]。】

娑婆某州里居住。齋者某人等。伏爲現增福壽。當生淨利之願。預修生七之齋。某人等發願。造錢幾貫。看經幾卷。虔誠修備。某曹官前獻納。伏願大開方便之門。直示徃生之路。以今月就於某山寺。開建法會。嚴備香花。燈燭茶果。上供十方三寶之尊。中供冥府之衆。下及庫司。一一奉獻。二供養時。無小隱之災。日有大幸之慶。伏祈聖監照察。領納謹狀。

【某日齋者。伏唯誦楞嚴呪百八篇祝願。某等金剛經幾卷。准數爲可。又有一規。造錢時。法主誦金剛經三十二分。第一回則一卷。二回二卷。以至充滿。淨席排置。艾枝三七條。篇之作簾。黃白紙粘連。月德方水一升。其方無水。他方水汲引。過一夜。變成月德水。造錢呪百八篇。洒水錢上。不得蒿艾枝。山柳木三七條。作簾置床上。金銀錢呪百八*徧。洒水錢上。其錢變爲金銀錢云云。】

1) ㉾ '徧'은 '篇'인 듯하다.(편자)

조전진언

옴 아아라 훔 사바하

造錢眞言

唵。阿囉。吽。莎訶。

성전주

옴 아자나 훔 사바하

成錢呪

唵。阿遮那。吽。莎訶。

변성주

옴 반자나 반자니 사바하

變成呪
唵。牟遮那。伴遮尼。莎[1)]。

1) ㉠ 다른 본에는 이곳에 '訶' 자가 더 있다. '訶'가 누락된 것 같다.

개전주

옴 아자나니 사바하

開錢呪
唵。阿遮那尼。莎訶[1)]。

1) ㉠ '唵 阿遮那尼 莎訶'가 다른 본에는 '唵 遮那尼 吽 莎訶'로 되어 있다. 어느 것이 옳은지는 자세히 알지 못하겠다.

괘전주

옴 바라 반자니 사바하

掛錢呪
唵。鈸囉。伴遮你。莎訶。

헌전진언

옴 아자니 사바하

獻錢眞言
唵。阿遮尼。莎訶。

[협주] 예수재를 올릴 때 상단과 중단을 배치하는 법은 한결같이 본문에 나와 있는 대로 한다. 그러나 이제 추론追論해 보건대 상단의 목욕할 장소는 5구역으로 만들어야 한다. 왜 그런가 하면 5위가 다르기 때문이다. 중위中位는 6구역으로 만들고 그 나머지 처음부터 사자단使者壇에 이르기까지는 모두 결수문과 같이 하면 된다.

【預修上中壇排置。一如本文。然如今追論。上壇浴所五區。何者。五位別故。中位六區。其餘自初至使壇。皆結手同。】

가영

염라대왕 명을 받아 왕령을 펴니
선과 악의 연유가 너무도 분명하다.
티끌처럼 많은 세계 사람의 일들을
추호의 어김없이 자재하게 행하네.

[협주] 공양을 올릴 때 『심경心經』을 '…운운…' 하는 것은 평상시 하는 것과 같이 진행하고, '권공勸供' 의식을 마친 다음 영청단迎請壇에 나아가 예를 올리는데 전부 중례中禮 의식과 똑같이 한다.
모든 청문請文에서는 거불擧佛을 모두 삼신불三身佛로 하는데, 오직 예수문預修文 한 곳에서만은 어찌하여 삼보三寶로써 거불 의식을 하는가? 청도淸道에서 간행한 판본에는 삼보로써 고사단庫司壇의 거불을 하고, 나아가 '…운운…' 하였다.
'길을 깨끗이 하는 주(淨路呪)'를 염송할 때 유나는 단 앞에 나아가서 하는 등의 예를 낱낱이 위에서 한 것과 같이 한다. 모든 위의威儀가 나열해 설 때에는 판수가 맨 앞에서 인도하고 재齋를 올리는 사람은 향로를 받쳐들고 유나는 삼신三身의 위패를 모시며, 찰중은 육광六光의 위패를 모시고 기사는 천조天曹의 위패를 모시며, 부기사는 도명道明과 무독無毒의 위패를 모신다. 어산魚山이 연輦을 모시는 예는 모두 위에서 한 것과 같다.
육광의 위패는 문 안에서 연에서 내리고 천조의 위패는 문 밖에서 연에서 내린다. 나아가 자리를 드리는 데까지의 의식은 □□의례문대로 하면 된다.
차를 올리는 의식인 '지금 제호 맛 미묘한 차를 가져다(今將妙藥醍醐味) ……운운……'에서부터 중단에 이르러 거불하는 의식인 '불타야남께 귀명합니다. ……운운……'까지 의식문에 있는 대로 진행한다.
청도에서 간행한 판본에는 '풍도청酆都請'은 없고 종관들을 청하는 의식(從官請) 끝부분에 혹은 예문의 전부를 지칭하기도 했고 혹은 때를 따라 감하여 생략하기도 하였는데 재능才能 있는 사람이 만든 것 같다. 그 밖에 것은 모두 본문本文과 같다.
찰중이 단壇 앞에 나아가 공손히 무릎을 꿇고 앉는 예는 위와 같다. 인도咽導가 '길을 깨끗이 하는 주 ……운운……'을 하고 음악을 그친다.

歌咏

焰羅受命宣王令。善惡因由大分明。

塵沙界內人人事。不忒秋毫自在行。

【進供時心經云云如常。勸供畢。進迎請禮。全同中禮。諸請文。擧佛皆以三身佛。唯預修一文。何以三寶爲擧佛。淸道板本。以三寶爲庫司壇。擧佛乃至云云。淨路呪時。維那進壇前等禮。一一如上。諸威儀列立。判首先引。齋者奉香爐。維那侍三身牌。察衆侍六光牌。記事侍天曹牌。副記事侍道明無毒牌。魚山陪輦之禮。皆如上。六光牌。門內下輦。天曹牌。門外下輦。乃至獻座如文□□。今將妙藥醍醐味云云。乃至進中壇。擧佛南無佛陀耶云云。乃至淸道板。無酆都請。從官請末。或如文全稱。或隨時減畧。有才能者所爲。其餘皆本文。察衆進壇前。敬跪禮如上。咽導亦淨路呪云云。止樂。】

욕실에 들게 하는 게송

이 가지된 공덕의 물로

시왕전 명왕이여, 향기로운 욕실을 만났으니

몸과 마음 깨끗하게 닦아 청정하게 하사

진공眞空³⁹을 증득해 들어가 항상 즐거운 세상 되옵소서.

협주 시자侍者는 욕실의 문을 열고 위패를 안치하며 여러 구성원들은 물러나 서 있는다. 찰중은 향을 받들어 올리고 절 세 번을 한 다음 휘장 밖에 꿇어앉는데 모두 예의문에 있는 대로 하면 된다. 욕실에서 나와 성인께 참례하는데 유나는 풍도鄷都를 모시고 찰중은 시왕十王을 모시는 의식 '…운운…'까지 진행하되 종관從官 등이 차례차례 모시고 행진한다.

入室偈

以此加持功德水。冥王十殿遇蘭堂。

身心洗滌令淸淨。證入眞空常樂鄕。

【侍者開浴室門安牌。諸員退立。察衆奉香三拜。跪于帳外如禮。□¹⁾至出浴叅聖。維那侍鄷都。察衆侍十王云云。從官等。次次侍行。】

1) ㉮ □는 '乃'인 듯하다.(편자)

명왕게

명부 세계의 열 분 큰 명왕께서는

죽은 혼령을 극락세계 이르게 하시니

부디 부처님의 힘을 입어 이 법단에 강림하여

영험을 드리워 몸을 나타내어 도량에 앉으소서.

---

39 진공眞空 : 진여의 이성理性은 일체 미혹한 생각으로 보는 상相을 여의었으므로 진공이라 한다. 곧 『기신론』에서 말한 공진여空眞如, 『유식론』에서 말한 이공진여二空眞如, 『화엄경』에서 말한 3관 중의 진공관眞空觀. 유有 아닌 유를 묘유妙有라 함에 대하여, 공 아닌 공을 진공이라 하니, 대승의 지극한 진공을 말한다.

협주 이 명왕게는 시왕을 공양하는 의식을 할 때에 하는 가영歌詠의 예인데 그것을 따라 진행하는 것은 무슨 연유인가? 실제로 이 가영은 반드시 청청하는 의식을 한 다음에 해야 하는 것인데 무슨 까닭에 욕실에서 나와 성인께 참례하는 아래에 이 비송을 한단 말인가? 명왕冥王이 재를 올리는 사람의 수명을 늘려주고 죽은 영혼을 청정한 극락의 나라에 이르게 하는 뜻이 있기 때문이다. 나이 젊은 범음梵音이 어찌 그 이치를 알겠는가?
풍도酆都의 위패를 모시고 유나부터 차례대로 서서 시위侍衛하는 의식과 인도咽導가 하는 의식 등은 모두 위에서 한 것과 같다. 마당 가운데 이르러서 문 밖에서 연에서 내려 시왕과 판관 등 차례대로 나열해 서서 '널리 예를 올리는 의식 …운운…'을 진행한다. 단 앞에 이르러 자리를 드리는 의식을 하고 위패를 안치한 다음 차를 받들어 올린다.

조계의 방에 이슬과 안개 자욱하게 내리는데
활수로 차를 달이니 맛이 한결 새롭구나.
제가 이제 명부의 왕에게 받들어 올리오니
자비를 드리우사 …운운….

협주 차를 물리고 종관들은 단 아래 적절한 장소에 고사단庫司壇을 시설한 다음 종을 치고 바라를 울린다. 그리고는 거불 의식인 '시방의 부처님께 귀명합니다(南無十方佛) …운운…'을 한다.
이 단에는 본래 소疏를 읽는 의례는 없으며, 그 나머지 의식은 모두 본 의례문에 따라 '…운운…' 한다. 그렇게 3청의 의식까지 진행한 다음 아래 가영을 한다.

冥王偈

冥間一十大冥王。能使亡靈到淨邦。
願承佛力來降赴。善垂靈驗坐道場。
【此冥王偈。王供時。以歌詠禮隨之。何也。實是歌詠。則必在請下。何故出浴叅聖下言也。冥王令齋者。壽算長而使亡靈到淨邦之義。年少梵音何知。酆都牌。維那次次侍咽導所爲。皆如上。至庭中。下輦門外。十王判官等。次次立普禮云云。至壇前獻座。安牌奉茶。】

露霧來自曹溪室。活水烹茶一味新。

今將奉獻冥王衆。願垂云云。

【退茶。從官壇下可宜之處。設庫司壇。點鍾鳴鈸。擧佛。南無十方佛云云。此壇本無宣疏禮。其餘皆本儀文云云。乃至三請後歌咏。】

가영

염라왕 아래 소속 관리의 제군들
인간의 열두 생을 분명하게 살피시네.
돈과 재물 출납에 사사로운 생각 없고
신령한 살핌 밝게 드러내 유정들을 유익하게 하네.

협주 이 두 단에 널리 예를 올리는 의식을 한 뒤에 다시 본단本壇 앞으로 돌아와서 나열해 선다. '자리를 받아 앉게 하는 편(受位) …운운…'을 하고 위패를 안치한 다음 『심경』을 '…운운…' 한다. 간략하게 하려면 '공양을 올리는 의식(進供) …운운…'을 하고 함합소緘合疏를 읽는다. 재자齋者는 문 밖으로 나가서 '체전 사르는 주(燒錢呪)'를 『금강경』 독송 수효에 준하여 염송한다. '받들어 전송하는 주(奉送呪)'를 하고 마치며, 좀 자세하게 하려고 하면 위패를 안치하고 차를 올린다.

이제 감로 맛의 차를 가져다가
고사단 전에 받들어 올리오니
경건하고 간절한 마음을 굽어 살피시어
부디 … 드리워 …운운… 하소서.

협주 이 두 단에 권공勸供 의식을 한 뒤에 고사단 앞에 나아가 공양을 올린다. 다라니陀羅尼를 각각 14번씩 염송하고 공양 드시기를 권유한다. 자세히 할지 간략하게 할지는 그 때 상황을 살펴서 결정하는 것이 옳다. 공양을 올리는 주와 회향하는 주와 함소緘疏를 읽고 시주를 위한 축원을 한다. 마구단馬廐壇에는 콩으로 쑨 죽을 올린다. '음식을 변화시키는 주(變食呪)'를 각각 14번씩 염송한다.

이 청정하고 미묘하며 향기로운 음식을
유명 세계 신들과 말에게 널리 공양하오며
이 미묘한 공양을 받은 큰 인연으로
본래 세계를 속히 벗어나 좋은 세계에 태어나소서.

협주 '나무 살바(南無薩波) …운운…, 공양을 올리는 주, 회향하는 주, 『심경』 …운운…'
의 순서로 의식을 진행한다.
이 단의 번기부터 먼저 소각하고 '부처님께 귀의합니다. 가르침에 귀의합니다. 승가에 귀의합
니다'를 세 번 설하는 것이 옳다.
이 단에 '공양을 권하는 의례(勸供禮)'는 비록 후인(後人)들의 말이긴 하지만 이치에 합당하고
어긋나지 않기 때문에 여기에 …운운… 기록해 둔다.
다음 시식하는 의례는 상황을 살펴보아서 …운운… 하여 마친 뒤에 '성인께 공양을 올리고 회
향(回向) …운운…'을 진행한다.
받들어 전송하는 차례는 판수가 고사단의 꽃과 위패를 들고 그다음에 단주(壇主)가 서며 도
자(道者) 등과 삼번(三番)의 순서로 서서 바깥마당을 순회(順回)한다.

고사단의 관리와 군왕들을 받들어 전송하오니
근심 걱정 멀리 여의고 항상 편안하고 즐거우소서.
저희들이 다른 날 도량을 세울 때에
본래의 서원 어기지 말고 다시 돌아오소서.

협주 잠시 요잡 의식을 하고 소대(燒臺)에 이르러 염불을 한다. 판수는 중기(中旗)와 위의(威
儀)의 꽃과 사자(使者)의 위패를 모시고 당좌는 장군·동자·판관의 위패를 모신다. 또 당좌는
시왕의 위패도 모셔야 하고 부종두(副鍾頭)는 풍도의 위패를 모시고, 상종두(上鍾頭)·단주(壇
主)·선백(禪伯) 등의 순서로 나열해 선다.

풍도대제의 왕을 받들어 전송하오니
보리의 위없는 불과에 회향하소서.
시왕전 명부의 왕 대중들을 받들어 전송하오니
여래의 바른 법신 하루 속히 증득하소서.

판관과 귀왕의 대중을 받들어 전송하오니

제각기 업보의 길을 여의고 깨달음을 증득하소서.

장군과 동자의 대중을 받들어 전송하오니

치성한 번뇌를 다 없애고 맑고 시원함을 증득하소서.

사자와 모든 권속들을 받들어 전송하오니

깨달음의 마음을 일으켜 삼매를 증득하소서.

저희들이 다른 날 도량을 세울 때에

본래의 서원 어기지 말고 다시 돌아오소서.

협주 뜰 가운데를 순화하여 세 바퀴 돌고 난 뒤에 반격상半擊象을 하고 밖으로 나간다. 소대 앞에 이르러 염불을 하되 대도大都 등이 진행하는 일은 모두 위에서 한 것과 같이 한다. 천왕天王의 위패는 상종두上鍾頭가 모시고 법왕梵王의 위패는 기사가 모시며, 천조天曹의 위패는 상기사上記事가 모시고 육광六光의 위패는 찰중이 모시며, 삼신불의 위패는 유나가 모시고 병법秉法과 선덕禪德 등의 순서로 시립侍立한다.
상번은 다음 의식을 진행한다.

시방의 삼보 높은 분을 받들어 전송하오니

세상에 머무시어 중생을 제도하고 근원에 돌아가지 마소서.

지장 육광 높은 분을 받들어 전송하오니

괴로움에서 건지고 즐거움 주며 중생들 제도하소서.

도명 존자와 재수의 높은 분을 받들어 전송하오니

불보살을 돕고 선양하며 참되게 교화하여 중생을 이롭게 하소서.

응화 여섯 하늘의 관리를 받들어 전송하오니

큰 방편으로 자취 보여서 중생들을 건져 주소서.

제석과 범천과 사왕천을 받들어 전송하오니

원인의 대가에 진실한 보답으로 중생들을 건져 주소서.

협주 내정內庭을 역회전으로 세 바퀴 돌고 난 뒤에 거영산擧靈山을 하고 거동擧動하는 데까지의 의식은 위에서와 같이 하며 소대 앞에 이르러서 염불을 한다.
이 의식문에서의 절하고 전송하는 예禮는 중례문(中禮文)과 다르다. 중례문에서는 먼저 화재化財를 하기 때문에 내정에서 전錢부터 불사르고 난 뒤에 경신敬伸 의식을 하는데, 이 글에서는 먼저 경신례를 하고 난 뒤에 화재 의식을 하기 때문에 소대 앞에 이르러 '화재 …운운…, 전을 불사르는 진언(燒錢眞言) …운운…'을 한다.

歌咏

司君位寄焰羅下。明察人間十二生。

錢財領納無私念。靈鑒昭彰利有情。

【二壇普禮後。還至本壇前立。受位云云。安牌心經云云。畧則進供云云。緘合疏頒施齋者。出門燒錢呪誦金剛經準數。奉送呪。廣則安牌奉茶。】

今將甘露茶。奉獻庫司前。

鑑察虔悬意。願垂云云。

【二壇勸供後。進庫司前獻供。陀羅尼二七篇。勸供廣畧見機可也。供養回向呪。緘疏頒施主祝願。馬厩壇進熟太鼓粥。變食呪二七篇。】

願此淸淨妙香饌。普供幽冥神馬衆。

受此妙供大因緣。速離本聚¹⁾生善道。

【南無薩波云云。供養回向心經云云。此壇幡先燒。歸依佛。歸依法。歸依僧。三說可也。此壇勸供禮。雖是後人之言。當理不違故書之。於此云云。次施食之禮。見機云云畢後。供聖回向云云。奉送次第。板首庫司壇花位牌。次壇主立道者等。三番外庭順回。】

奉送庫官司君衆。遠離憂患常安樂。

我於他日建道場。不違本誓還來赴。

【暫繞匝。至燒臺念佛。判首中旗威儀花使者牌。堂佐侍將軍童子判官牌。亦堂佐侍

十王牌。副鍾頭鄭都上鍾頭壇主禪伯等。】

奉送鄷都大帝王。回向菩提無上果。
奉送十殿㝠王衆。速證如來正法身。
奉送判官鬼王衆。各離業道證菩提。
奉送將軍童子衆。悉除熱惱得淸涼。
奉送使者諸眷屬。悉發菩提得三昧。
我於他日建道場。不違本誓還來赴。
【順回庭中三匝後。牛擊象而出。至燒金前念佛。大都等事。皆如上。天王牌。上鍾頭侍。梵王牌。記事侍。天曺牌。上記事侍。六光牌。察衆侍。三身牌。維那侍。秉法禪德等。侍立。上番云。】

奉送十方三寶尊。住世度生莫還源。
奉送地藏六光尊。拔苦與樂度衆生。
奉送道明財首尊。助揚眞化利有情。
奉送應化六天曺。大權示跡濟群生。
奉送梵釋四天王。實報酬因利人間。
【內庭逆回三匝後。擧靈山。擧動如上。至燒臺前念佛。此文拜送禮。與中禮異也。中禮則先化財故。內庭燒錢後敬伸。而此文則先敬伸而後化財故。至燒臺前。化財云云。燒錢眞言云云。】

---

1) ㉮『천지명양수륙재의범음산보집』에는 '聚'가 '趣'로 되어 있다. '聚'는 오자인 듯하다.

시왕을 절하고 전송하는 글

우뚝 솟은 시왕전 본래 자리로 돌아가시고
판관과 호종들도 제각기 처소로 돌아가소서.
동자들은 천천히 차례대로 걸어가시고
사자들은 언제나 항상 순서대로 이르소서.
명부의 모든 신들 예배하고 봉송하오며
돈과 말을 다 태우니 바람 불어 날아가네.
재앙은 소멸되고 복과 수명 바다처럼 더해지며
객진번뇌의 불속을 영원히 해탈하소서.

王拜送文

十殿兀兀還本位。判官扈從歸各店。
童子徐徐次第行。使者常常行次到。
奉送冥府禮拜間。錢馬燒盡風吹歇。
消災增福壽如海。永脫客塵煩惱焰。

문 밖에 나가서 받들어 전송함

위에서 초청한 여러 큰 성현 대중들과 음부陰府의 여러 왕들, 그리고 명부의 관리와 그 권속들이시여, 대자비 버리지 않고 이미 청하여 맞이함을 따라 강림하시어 법공양을 받으셨고 저희들을 요익饒益하게 하셨으므로 해야 할 일을 이미 원만하게 마쳤습니다. 이제는 받들어 전송하오니, 오직 자비한 마음 베푸시어 각각 본래 계셨던 자리로 돌아가시옵소서. 우리 부처님의 받들어 전송하는 다라니가 있사옵기에 삼가 선념宣念하나이다.

> [협주] '받들어 전송하는 주와 회향하는 주 …운운…'을 하고 다시 법당으로 들어가서 예를 올리고 삼회향三回向의 예를 위에서 한 것과 같이 '…운운…' 한 다음 마친다.

出門外奉送

上來召請。諸大聖衆陰府諸王。冥官眷屬。不捨鴻恩。已赴請迎。沐賜降臨。受我供養。饒益我等。能事已嚴。今當奉送。惟願慈悲。各還本位。我佛奉送眞言。謹當宣念。

【奉送呪。回向呪云云。還入禮與。三回向禮如上云云畢。】

『지반문』의 12단을 3주야 동안 배치하는 차례와 법규

이 동쪽 5단에 거불擧佛 의식을 할 때는 모두 '불타야님께 귀명합니다(南無佛陀耶) …운운…'을 한다.

　　志磐十二壇三晝夜排置次第規式
　　此邊五壇擧佛。則皆南無佛陀耶云云。

```
                    북北
                    상단上壇
       제산단諸山壇                    중단中壇
       풍백風伯                        당산當山
  서西   가람伽藍                       성황城隍    동東
       사자단使者壇                    오로단五路壇
       가친단家親壇                    종실위宗室位
                    하단下壇
                    남南
```

이 서쪽 5단에 거불 의식을 할 때에는 모두 '시방세계 부처님께 귀명합니다(南無十方佛) …운운…'으로 한다.

　　此邊五壇擧佛。則皆南無十方佛云云。

초청한 신의 자리 차례

맨 앞에 풍백風伯, 다음에는 가람伽藍, 그 다음 사자使者, 그 다음에 오로五路, 그 다음에 상단上壇으로 한다.

다음 중례中禮는 맨 앞에 제산단諸山壇이 오고, 지반志磐에서는 맨 먼저 중단中壇이 오고, 다음은 하단下壇, 그다음은 하종실下宗室, 다음은 가친단家親壇의 순서로 한다.

협주 대중들이 모이기 전날의 의례는 기미를 살펴보고 진행하는 것이 좋다. 대중들이 모인 날 쇠종을 치는 규법도 모두 위에서 한 것과 같다.
재를 지내기 전의 작법과 염향拈香 의식은 모두 평상시 하는 것과 같이 '…운운…' 하면 된다. 혹 한쪽에서는 조사예참祖師禮懺을 본문에 나와 있는 것과 같이 '…운운…' 진행하고, 공양을 올리는 의식도 평상시 하는 것과 같이 하며, 축원 '…운운…' 하며, 재를 지내고 난 뒤에 쇠종을 치는 것도 평상시 하는 것과 같이 한다.
혹은 예수문預修文의 작법作法에 나와 있는 의식문과 같이 '…운운…' 하기도 하고, 혹 한쪽에서는 삼보단의 의식을 의식문과 같이 '…운운…' 하기도 하며, 혹은 시식施食을 의식문과 같이 '…운운…' 하기도 하나니, 이를 일러 1주야의 예禮라고 말한다.
당일 조반 후에 쇠종을 치는 것은 평상시 하는 것과 같이 한다. 지반문志磐文 시설을 시작으로 하여 법라를 울리고 바라를 울리고, '법회를 건립하게 된 연유를 아리는 소疏를 읽는다. '할향喝香'에서부터 바라를 울리고 '대회소大會疏'를 읽는 데까지 진행한다. 시간이 허락되면 '삼귀의三歸依 …운운…'을 하고, 시간이 없고 촉박하면 '삼지심三志心'을 진행한다. 요잡 의식을 하고 바라를 울리고 '개계소開啓疏'와 '합장게 …운운…, 고향게告香偈 …운운…'의 순서로 진행한다. 이 의식에서 '개경게開經偈'는 아무 관련이 없으며, 혹은 '경의 제목'을 칭稱하기도 하지만 그 역시 이 의식과는 아무 관련이 없다.
'삼업을 깨끗이 하는 게송(淨三業偈)'은 본시 표백表白으로 진행되어야 하는데 지금은 그렇게 하지 않고 범음梵音으로 하여금 대명代命하여 선설宣說하게 하기 때문에 상좌부上左副가 '법의 성품은 담연湛然하여 …운운…' 하고, 우부右副는 '이 날에(此日) …운운…, 표백, 삼업주三業呪 …운운…'을 한다. 중좌부中左副는 '18 …운운…' 하고 우부는 '이 날에 …운운…, 표백, 안위安慰 …운운…'을 진행하고, 3좌부左副는 '이 세계의 전단(此岸栴檀) …운운…'을 하고, 우부는 '이 날 …운운…, 표백, 달신주達信呪 …운운…'을 진행한다.
또 하나의 규법이 있으니, 여러 지방에서는 모두 '연향주燃香呪 …운운…' 하는 의식을 하고, 바라를 울리고 '개계소'와 '고향게'를 읊기도 한다.
그런데 명성이 현저한 대사가 "중례中禮에서는 처음에는 '삼지심三志心'을 하고, 바라를 울리고 '개계소·합장게·고향게 …운운…'으로 진행한다."라고 하였는데 그 말씀이 적절하다. 두 말씀을 다 선택하여 기록해 두어 명철한 사람에게 보이려 한다.
표백表白이 '경전經典을 …운운…' 한다.
만약 모든 성인의 위엄 있는 힘을 빌리지 못하면 무엇으로써 위광威光을 드러내어 도량을 옹호하기 어렵기 때문에 우선 예적명왕穢積明王과 범석梵釋과 가람伽藍의 신을 청하여 각각 가락지처럼 사방에 빙 둘러 나열해 서서 법석法席을 엄격하게 옹호하게 하고, '경계완사警戒頑奢 …운운…'을 추가하여 진행하는 것이 좋다.
'여래의 화현(如來化現)…'에서부터 '청불請佛'과 '설주舌呪'는 예적단穢積壇에 속한 것으로서 본문에 나와 있는 것과 같이 '…운운…' 하면 된다.
'군다니軍茶尼 호로주戶爐呢'는 명왕단明王壇에 속한 것으로서 본문本文에 나와 있는 것과 같이 '…운운…' 하면 되고, '대법청大梵請 살바주薩婆呢'는 제석단帝釋壇에 속한 것으로서 본문에 나와 있는 것과 같이 '…운운…' 하면 되며, '승가청僧伽請 보보주步步呢'는 가람단伽藍壇에 속한 것으로서 본문에 나와 있는 것과 같이 '…운운…' 하면 된다.
표백表白이 '위에서(上來) …운운…'까지 진행하고, 상번上番은 '삼가 아뢰건대(恭白) …운운…' 하는 의식을 진행하고, 중번中番은 '이 날(此日) …운운…, 길리주吉利呢 …운운…' 하는 의식을 진행한다.
옛날에는 '표백表白'을 한 끝에 직접 물그릇을 들었으나 지금은 그렇게 하지 않고 유나維那로 하여금 물그릇을 들고 물을 뿌리게 한다.
표백이 '금강주金剛呢 …운운…'을 하면 찰중察衆은 물을 뿌리고, '표백'을 하고 '소실지주(悉地) …운운…'을 하면 기사記事는 사미들을 거느리고 위의를 갖춘 다음 물을 뿌리면서 도량을 주회周回한다.
'표백'을 하고 '이상 결계(上來結界) …운운…'을 한 다음에 상번은 '삼가 들었사온데 관자재께서(恭聞聖觀) …운운…'으로 시작하는 의식을 하고, 좌부左副는 법당 문 앞으로 나아가서 '듣는 성품을 돌이켜 들어(返聞聞性) …운운…' 하는 게송과 '천수천안千手千眼 …운운…' 하는 개계開啓 의식을 진행한다.
나아가 조용하고 한가하면 가영歌詠인 '한 잎사귀 붉은 연꽃(一葉紅蓮) …운운…'을 하는 것도 역시 통하며, 또 경황하게 예를 하되 우부右副는 법당에 들어가 향을 사르고 걸수찬乞水讚인 '금향로에 가득한 기운(金爐氛氣) …운운…'을 하고 또 걸수게乞水偈인 '관음보살觀音菩薩 …운운…'을 한다.
바쁘고 시간이 촉박하면 다만 '제가 이제 지송(我今持誦) …운운…, 엎드려 대중들은(伏請大衆) …운운… 청하옵나니, 천수千手 …운운…'의 순으로 진행한 다음 법당 안을 세 바퀴 돌면서 물을 뿌린다. 혹은 바라를 울리면 중번中番은 '삼가 듣자오니 성관자재 …운운…'을 한다. 좌부는 뜰 가운데로 나아가 다음 게송을 진행한다.

붉은 연꽃 원만한 깨달음이시며 법신이요

자비한 아버지이신 큰 의왕께 우러러 아뢰옵나니

걸림 없는 위광으로 일천 세계 비추는 분께

이 자리 광림하여 증명하여 주옵소서.

일심으로 시방 찰토의 일체 비로자나불공여래毘盧遮那不空如來를 받들어 청하오니, 【'오직 바라건대' 이하는 의식문에 나와 있는 대로 …운운…】 한다.

請座次第

先風伯。次伽藍。次使者。次五路。次上壇。次中禮則先諸山壇。志磬則先中壇。次下壇。次下宗室。次家親壇。

【衆會前日之禮。見機爲之可也。衆會日擊金之規。皆如上。齋前作法。拈香皆如常。乃至云云。或一邊祖師禮懺。如本文云云。進供如常。祝願云云。齋後擊金如常。或預修文作法。如文云云。或一邊三寶壇。如文云云。或施食如文云云。是謂一晝夜之禮也。當日朝飯後。擊金如常。設志磬文爲始。鳴螺鳴鈸建會疏。喝香。乃至鳴鈸大會疏。從容則三歸依云云。忙迫則三志心。繞匝鳴鈸。開啓疏。合掌云云。告香偈云云。開經偈不關。或稱題目。亦不關。淨三業偈。本是表白所爲。如今不然。使梵音代命宣之。故上左副。法性湛然云云。右副。此日云云。表白。三業呪云云。中左副。十八呪云云。右副。此日云云。表白。安慰云云。三左副。此岸栴檀云云。右副。此日云云。表白。達信呪云云。又有一規。諸方皆燃香呪云云。鳴鈸開啓疏告香偈。而名顯大師云。如中禮。初三志心。鳴鈸開啓疏。合掌告香云云。其言適當。二言巽[1]書以示哲人。表白。經典云云。若不借諸聖威力。難以威光擁護道場故。先請穢積明王梵釋伽藍。各逞環列四方。嚴護法席。宜加警戒頑奢云云。自如來化現請佛舌呪。屬穢積壇。如本文云云。自軍茶尼戶爐呪。屬明王壇。如本文云云。大梵請薩婆呪。屬帝釋壇。如本文云云。僧伽請步步呪。屬伽藍壇。如本文云云。表白。上來云云。上番。恭白云云。中番。此日云云。吉利呪云云。古者。表白自執水盂。如今不然。使維那執水器灑水。表白。金剛呪云云。察衆灑水。表白。悉地云云。記事領沙彌。威儀灑水。周回道場。表白。上來結界云云。上番云恭聞聖觀云云。左副。進法堂門前。返聞聞性云云。千手千眼云云。乃至從容則歌咏。一葉紅蓮云云亦通。又張皇之禮。右副。入法堂焚香乞水讚金爐氛氣云云。又乞水偈。觀音菩薩云云。忙迫則但云我今持誦云云。伏請大衆云云。千手云云。三回法堂內灑水。而或鳴鈸。中番。恭聞聖觀云云。左副。進庭中。】

仰啓紅蓮圓滿覺。法身慈父大醫王。

威光無碍照千界。惟願光臨作證明。

一心奉請。十方刹土一切毗盧遮那不空如來。【惟願下如文云云。】

1) ㉔ '巽'은 '選'인 듯하다.(편자)

가영

화현의 여래께서는 이 도량에 강림하여
정숙하신 위엄으로 금단을 부호하고
가람을 옹호하사 불사가 행해져서
경전을 봉행하여 재앙을 없애시네.

협주 조용하고 한가하면 우부는 정중庭中으로 나아가 장황하비 의례를 하되 '벌수비'와 물 뿌리며 하는 비송인 '관음보살 …운운…' 하는 의식을 진행하고, 바쁘고 시간이 촉박하면 '제가 지금 지송 …운운…' 하는 의식을 진행하고 '관정광주灌頂光呪'를 일곱 번만 독송한다. 그때 찰중은 물그릇을 받쳐들고 정중庭中을 일곱 바퀴 돌면서 물을 뿌리고, 다음에는 혹 바라를 울리고 삼번三番이 함께 '이상에서 받들어 청한(上來奉請) …운운…, 엎드려 간청하건대(伏請) …운운…'을 하면, 기사記事는 물을 뿌리면서 정중을 세 바퀴 주회한 다음 제 위치로 돌아간다. 널리 깨끗하비 하는 비송(普淨淨偈)인 '동방에 한 번 뿌리니(一洒東方) …운운…', 도량을 장엄하여 깨끗하비 하는 비송(嚴淨偈)인 '도량을 청정하비(道場淸淨) …운운…'을 한 다음 상번은 다음 비송을 진행한다.

이 걸림 없는 해탈의 평상에 올라
평등한 지혜 청정한 광명을 보이소서.
미진을 돌이켜 비추어 보니 법계는 공한 것
대대로 이어온 반야의 수행이로구나.

협주 지전持殿은 연비燃臂할 도구를 준비하고, 대중들은 '저희들이 과거부터 지어 왔던(我昔所造) …운운…' 하는 비송을 하고, 중번은 '백겁 동안 쌓고 쌓아온 모든 죄업을(百劫積集罪) …운운…' 하는 비송을 진행한다.
삼번三番이 함께 다음 법을 청하는 비송을 진행한다.

歌咏

化現如來降道場。威嚴整肅護金壇。

擁護伽籃行佛事。奉行經典滅災殃。

【從容則右副。進庭中張皇例。乞水偈。觀音菩薩云云。忙迫則我今持誦云云。灌頂光呪科惠七*徧。時察衆。洒水庭中七匝。次或鳴鈸。三番。上來奉請云云畢。伏請云云。記事洒水。周回三匝還位。普淨淨偈。一洒東方云云。嚴淨偈。道場淸淨云云。上番云。】

登此無碍解脫床。平等智惠淸淨光。

返照微塵空法界。代代相承般若行。

【持殿備燃臂具。大衆誦我昔所造云云。中番。百劫積集罪云云。三番。】

법을 청함

재법齋法의 매우 심오한 뜻, 목마를 때 냉수를 생각하듯
듣기를 청하오니 법을 설해 질병을 낫게 해 주소서.
저희들은 물론 중생들도 똑같은 마음이니
법왕이시여, 부디 법을 설해 주소서.

협주 상번은 법을 설하는 게송을 진행한다.

請法

欲聞齋法甚深意。如渴思冷似病痊。

我等衆生亦如是。惟願法王爲說宣。

【上番。】

법을 설하는 게송

너를 위해 수승한 법회 의식을 베풀어 말하노니
아난이 처음 창설한 것은 신들의 주림을 위해서였네.
만약 양무제가 거듭 베풀어 설하지 않았다면
귀신 무리 무슨 인연으로 편의를 얻겠는가?

협주 길한 날 좋은 시간에 좋은 설법을 마치고 나서 법상法床에서 내려오면 종을 친다. 중번은 다음 법상에서 내려오는 비송을 진행한다.

說法偈
爲汝宣揚勝會儀。阿難創設爲神飢。
若非梁武重陳說。鬼聚何緣得便宜。
【說日吉時良事實下床搥。中番。】

법상에서 내려오는 게송

재법을 베푸는 의미는 어떤 것인가?
굶주린 영혼을 고통의 원인에서 벗어나게 함이라.
육도의 모든 중생 유익한 일로 혜택 입히고
지금 설법을 마치고 경전을 거둡니다.

협주 종두는 향적전香積殿에 나아가 공양 올릴 준비가 다 되었는지를 살펴본 다음 바라를 울리고 쇠종 세 망치를 친다. 어산은 단청불單請佛 의식인 '시방삼세의 부처님을 청하오니 (奉請十方三世佛) ⋯운운⋯' 하는 의식을 진행하고, 법주는 요령을 한 번 흔들어 내리면서 '자리를 드리는(獻座) ⋯운운⋯'을 진행한다. 그러면 공양을 올리고 오공양五供養을 펼치는 의식을 하고 축원을 하여 마친다.
대중들은 요기를 하고, 깨끗한 자리로 나아가 점종點鍾을 치고 '도향塗香' 등 여섯 가지 주문을 송송한다. 다음에 사자단使者壇에 의식문에 나와 있는 대로 '공양을 권하는 의식(勸供)'을 진행한다. 영청소迎請所에 이르러서 점종을 치고 '삼청三請'을 하는 데까지 마친 뒤에 각 가영 歌詠을 진행한다.

下床偈

爲陳齋法意何然。能使飢魂脫苦因。

六道群生蒙益事。如今說盡捲閑[1]銓。

【鍾頭詣香積殿。覽辦供次。起鈙金三搥。魚山單請佛奉請十方三世佛云云。法主振鈴一下云。獻座云云。進供伸五供養云。祝願。療飢。進淨筵。點鍾。塗香等六呪。使五壇如文。至迎請所點鍾。乃至三請後各謁詠。】

1) ㉑ 『산보범음집』에는 '閑'이 '開'로 되어 있는데, '閑'은 오자인 듯하며, '閉'가 옳을 듯하다.

법신 가영

초명의 속눈썹에서 황제의 고을 일으키니
옥백의 제후들이 차례로 찾아와 조아리네.
천자는 동헌에 임하여 국토 넓히기를 논하지만
크나큰 허공도 하나의 뜬 물거품과 같은 것을.

法身謁詠

雖[1]螟眼睫起皇州。玉帛諸侯次第投。

天子臨軒論土廣。大虛猶是一浮漚。

1) ㉑ '雖'는 '蟭'의 오자인 듯하다. 다른 의식집에는 '蟭'로 되어 있다.

보신 가영

바다 위에 일찍이 안팎의 집을 경영하고
오고 감에 서로 이어 몇 번이나 물결을 따랐는가.
한 가닥 옛길이 아무리 평탄하다 하지만
옛 습관에 의지하여 두 갈래로 달려가네.

報身謌詠
海上曾營內外家。往來相續幾隨波。
一條古路雖平坦。舊習依然走兩叉。

화신영

달이 은하수에 닦여져 점점 둥글게 되니
흰 얼굴에서 펼쳐지는 광명이 대천세계 비추네.
원숭이들 부질없이 손을 이어 잡고 물속 달 건지려 하나
저 둥근 달은 맑은 냇물에 떨어진 게 아니라네.

化身咏
月磨銀河[1])轉成圓。素面舒光照大千。
連臂山山空捉影。孤輪本不落清川。

1) ㉠ '河'는 다른 본에는 '漢'으로 되어 있다. 의미는 마찬가지이다.

미륵영

도솔천에 높이 있어 부여잡고 오르기를 허락하고

먼 용화세계 기다리다 보니 만나기 어렵구나.
백옥 같은 호광毫光이 법계에 충만하고
자금색 의상儀相으로 티끌 세계 교화하시네.

彌勒咏
高居兜率許躋攀。遠候龍相遭遇難。
白玉毫光充法界。紫金儀相化塵寰。

미타영

한량없는 빛 속에 수없이 많은 화신불
우러러보니 모두가 아미타 부처님이네.
응신은 제각각 황금 모습 빼어나며
보배 상투 모두가 벽옥으로 두르셨네.

彌陀咏
無量光中化佛多。仰瞻皆是大彌陀。
應身各挺黃金相。寶髻都旋碧玉螺。

약사영

동방 세계 그 이름은 만월
부처님 명호는 유리광의 빛나는 광명
두상의 소라 머리 산처럼 푸르고
미간의 털 모습 눈같이 희네.

藥師咏

東方世界名滿月。佛號琉璃光皎潔。

頭上旋螺靑似山。眉間毫相白如雪。

삼세불영

부처님 몸 시방세계 두루 계시니
삼세의 여래는 한 몸과 같으시네.
넓고 크신 서원의 구름 언제나 다함없고
아득한 깨달음의 바다 아득하여 다 알기 어려워라.

三世佛咏

佛身普遍十方中。三世如來一體同。

廣大願雲恒不盡。汪洋覺海杳[1]難窮。

1) ㉯『천지명양수륙재의범음산보집』과『산보범음집』등 다른 의식집에는 '杳'가 '妙'로 되어 있다. 의미로 보아 후자가 맞는 글자인 듯하나, 번역은 일단 원문에 따른다.

달마영

오시五時가 각각 다른 건 근기가 깊고 얕은 때문이요
진제와 속제가 다 원융함은 기미가 돈원하기 때문이네.
경전의 티끌 속에서 반드시 안목 갖추리니
머리 드니 용궁에 간직한 경전 산천에 가득하네.

達摩咏

五時各異根深淺。二諦雙融機頓圓。

經卷塵中須具眼。擧頭龍藏滿山川。

묘각영

삼신과 지극한 과果 둘 다 공하다는 증명
십신의 원만한 인因 홀로 주장함이라네.
한산은 달빛 아래 다함이 없음을 읊고
습득은 바위 앞에서 웃음을 그치지 않네.

妙覺咏
三身極果雙空證。十信圓因獨主張。
寒山月下吟無盡。拾得岩前笑未休。

등각영

천 개 산과 만 갈래 물이 경계 같기 어려워
갈 길 끝났는데 무엇이 수고로워 다시 종지 세우나?
보현보살 혼상渾相의 바탕을 잃어버리고
어찌하여 문수보살의 사자 종적만을 찾는가.

等覺咏
千山萬水境難同。路盡何勞更立宗。
失却普賢渾相[1]質。豈須師利設[2]猊蹤。

---

1) ㈲『천지명양수륙재의범음산보집』과『산보범음집』등 다른 의식집에는 '相'이 '象'으로 되어 있다. 2) ㈲『천지명양수륙재의범음산보집』과『산보범음집』등 다른 의식집에는 '設'이 '狻'으로 되어 있는데 '狻'이 의미에 더 맞다.

십지영

비밀장은 밝고 어둠의 비를 머금고 있어
치연한 광촉이 성인 범부 마군까지 비추네.
지혜로 통한 왕의 경계 다 말하기 어려운데
나비는 옛날 살던 집을 벗어나지 못하네.

十地咏
秘密藏含明照[1]雨。熾然光燭聖凡魔。
智通王境難窮盡。不離蝴蝶舊日窠。

---
1) 옉『산보범음집』에는 '照'가 '黯'으로 되어 있는데 후자가 맞을 듯하다.

사가행영

반달눈썹 귀밑머리 이어져 푸른 하늘 잇닿았고
털 모양에서 나는 광명 붉은 해를 비치네.
만행을 일제히 닦는 것 십지보살과 똑같고
티끌 모래처럼 많은 세계 본체는 다 같다네.

四加行咏
月眉侵鬚連天碧。毫相舒光暎日紅。
萬行齊修皆十地。塵沙世界體皆同。

십향영

번뇌 여의었으나 정에 얽혀 정문頂門이 열리지 않고

법사의 수기 얻고도 중도에 돌아오지 못하네.
엄숙하고 깨끗한 허공의 경계처럼 되어
혹은 지혜의 누대에서 편안하게 지내네.

十向詠
離垢情纏頂不開。法師得記未中廻。
悉能嚴淨虛空界。或可安詳智惠臺。

십행영

조화 경계 원만해져 두루 널리 행하니
신통으로 하나하나 모두 다 노니네.
머나먼 길 두루 다녀도 두 발 들어 올리지 않고
십바라밀 문 깊어도 작용 없이 수행하네.

十行詠
化境圓成行普周。神通一一盡遨遊。
遍行道遠非攓足。十度門深不用修。

십주영

반야의 공 원만하면 성性이 이미 참다운 것
관정의 지위에 자리해야 비로소 친해지리.
가없이 많은 국토 털구멍에도 들어가고
일체중생들 작은 먼지 속에도 들어가네.

十住咏

般若空圓性已眞。位居灌頂乃方親。
無邊利海歸毛孔。一切含靈入細塵。

십신영

한 알의 재앙으로 비로소 깨어져 갈라지니
성태聖胎는 이를 좇아 사지가 점점 자라나네.
훌륭한 도 자주 닦으면 남은 싹이 떨어져
현담에 들어가니 새벽이슬 젖어 드네.

十信咏

一粒潛殃始破岐。聖胎從此漸生肢。
頻修善道餘苗落。旋益玄談曉露資[1]。

---
1) ㉭『산보범음집』에는 '資'가 '滋'로 되어 있다.

승가영

흙으로 빚은 성문의 상도 오히려 공경하거늘
살아 있는 나한이니 가벼이 여기지 마라.
귀의하지 않고서 분별하는 마음 내어
범부 성인 가리고 성인 승가 분별하지 말게.

僧伽咏

塑象聲聞由[1]可敬。活如羅漢莫相親[2]。
歸依不得生分別。休擇凡僧[3]揀聖僧。

1) ㉠『산보범음집』에는 '由'가 '猶'로 되어 있는데 '猶'가 의미상 맞을 듯하다. 2) ㉠『산보범음집』에는 '親'이 '輕'으로 되어 있는데 '輕'이 의미상 맞을 듯하다. 3) ㉠『산보범음집』에는 '僧'이 '聖'으로 되어 있는데 '聖'이 의미상 맞을 듯하다.

아난영

고요한 방에 단정히 앉아 생각을 잡아매니
면연 귀신이 꿈에 나타나 배고프다 하소연하네.
존자는 귀신 형상 보고 두려운 마음 생기고
귀신은 존자 얼굴 보고 제도해 주기 바라네.

阿難咏

靜室端居方係[1]念。面燃應迹訴飢虛。
尊觀鬼狀生惶怖。鬼覩尊顏影[2]濟歟。

1) ㉠『산보범음집』에는 '係'가 '繫'로 되어 있는데 '繫'가 의미상 맞을 듯하다. 2) ㉠『산보범음집』에는 '影'이 '願'으로 되어 있는데 '願'이 의미상 맞을 듯하다.

일체 현성영

나한의 신통력은 세상에 드문 일
나투고 감춤을 마음대로 하시네.
소나무 바위 아래 천 겁을 지내면서
중생계에 모습 숨긴 채 사방에 드시네.

협주 영청소迎請所에서의 처음부터 끝까지 의식은 한결같이 앞에서 한 것과 같이 하면 되며, 다음 위의威儀는 전부 중례中禮 의식과 같이 하면 된다. 공양을 권하는 의식을 한 뒤에 혹은 관음시식觀音施食을 하는 것으로 한정하기도 하는데, 이것이 곧 2주야의 의례이다.

一切聖賢咏

羅漢神通世所稀。行藏現化任施爲。

碧松岩下經千刼。生界潛形入四維。

【迎請所。自初至終。一應擧次。威儀全同中禮也。勸供後。或觀音施食爲限。卽是謂二晝夜之禮也。】

제3일재를 올리기 전 중단에 올리는 작법 의식

[협주] 종두鐘頭는 '널리 청하는(普請) 의식'을 평상시 하는 것과 같이 하고, 일제히 영청소迎請所에 이르러 점종點鍾을 치고 법라法螺를 불고 바라를 울린다. 범음梵音과 삼번三番은 함께 다음 게송을 진행한다.

第三日齋前作法是中壇

【鍾頭普請如常。齊赴迎請所。點鍾鳴螺鳴鈸。梵音筴三番。】

도찬

한 조각 향 연기 시방에 두루 퍼지고
일천 등 한 촛불은 천당까지 비춘다.
목단과 작약, 연꽃과 국화꽃을
티끌처럼 많은 부왕部王들께 공양합니다.

[협주] 단정례單頂禮와 요잡繞匝 의식을 한 다음 바라를 울리고 '고향게告香偈, 소개게小開啓, 천수千手 ⋯운운⋯, 엄정게嚴淨偈 ⋯운운⋯'까지 진행한다. 단주壇主는 요령을 흔들면서 중위를 불러 청하는 의식(召請中位)인 '대개 들으니 ⋯운운⋯', 향을 사르는 주문(焚香呪)인 '⋯운운⋯'을 진행한다.
거불擧佛 의식은 본문에서는 비록 삼장三藏을 한다고 하고 있으나 요즘 사람들의 추론追論은 '불타야佛陁耶 ⋯운운⋯'을 한다고 하니 어떻게 된 일인가? 본문 「십이단배치법十二壇排置法」에 "원편 5단壇은 불타佛陁이기 때문에 삼장은 제외하고 '삼보三寶 ⋯운운⋯'을 한다."라

고 하였다.
소疏를 펼쳐 읽은 다음 '요령을 흔들면서 읊는 게송(振鈴偈)'을 하고 모든 주문 '…운운…'을 한 다음 하위를 청하는 의식을 하고 가영歌咏을 한다.

都讚

一片香烟遍十方。千燈一燭照天堂。

莜丹芍藥蓮花菊。供養刹塵諸部王。

【單頂禮繞匝鳴鈸。告香偈。小開啓。千手云云。嚴淨偈云云。壇主振鈴云。召請中位盖聞云云。焚香呪云云。擧佛。本文雖云三藏。今追論則佛陁耶云云。何者。本文十二壇排置法。左邊五壇佛陁。故除三藏以三寶云云。宣疏。振鈴偈。諸呪云云。請下歌咏。】

천장영

금관에 비춰 구슬 영롱한 옥과
영락 싸늘한 빛 푸른 하늘을 쏘네.
보배 일산 보배 당기로 보배 궁전을 떠나
천선이 하늘 음악 울리며 천궁에서 내려오네.

天藏咏

金冠珠翠玉瓏恝[1]。瓔珞光寒射碧空。

寶盖寶幢離寶殿。天仙天樂下天宮。

---

1) ㉠『산보범음집』에는 '恝'이 '璁'으로 되어 있는데 '璁'이 의미상 맞을 듯하다.

사공천

정해진 과보 형상을 나타내도 즐겨
하늘 여인과 하늘 신선 하늘 관현에 집착 않나니
하늘 음악 들려올 때 방일함만 더해지니
세존 앞에서 법을 듣느니만 못하리.

四空天
定果現形無樂着[1]。天女天仙天管絃。
天樂聽時增放逸。不如聞法世尊前。

---

1) ㉯『산보범음집』에는 '着'이 '音'으로 되어 있다.

오거천영

항상 즐거운 모든 하늘 근심 없이 안정되고
마음 따라 수용하여 골고루 편안하네.
용이 일어나고 잠으로 밤낮이 나뉘고
꽃이 피고 짐으로 봄과 가을 구분되네.

五居天咏
諸天常樂鎭無憂。受用隨心欲便周。
龍起龍眠分晝夜。花開花落辨春秋。

사선천영

대각님 섬긴 탓에 자비 덕을 입었더니

금생에 비로소 복의 과보를 받았네.

팔만 겁의 긴 세월 지나도록 부귀영화 누리니

무상함을 다 면하여 하루아침에 그칠 수 있나?

四禪天咏

增崇大覺被慈陰。始獲今生福報酬。

榮貴縱經八萬刼。悉[1]免無常一旦休。

1) ㉑ 『천지명양수륙재의범음산보집』에는 '悉'이 '怎'으로 되어 있다. 어느 것이 옳은 지는 자세히 알 수 없다.

삼선영

지극히 귀하고 지극히 높으며 지극히 미묘한 장엄

칠보로 장엄한 계단이 전당을 빙 둘렀네.

나음과 못함으로 나뉘는 건 지은 업 때문이니

마지막 시기에 한 점 서리 감당하기 어려우리.

三禪咏

極貴極尊極妙莊。七寶階墀遶殿堂。

淨分勝劣由因造。離[1]敵終時一點霜。

1) ㉑ 『천지명양수륙재의범음산보집』에는 '離'가 '難'으로 되어 있다. '難'의 오자인 듯하다.

이선천

부하고 귀함을 마음대로 따라 누리고

영화 또한 마음먹은 대로 길이 이어지네.
비록 수승한 즐거움 비교할 데 없다 해도
필경에는 형상 있는 인연을 뛰어넘기 어려우리.

二禪天

富貴任情隨所樂。榮華恣意鎭連綿。

直饒勝樂無倫比。畢龍¹⁾難超有相緣。

1) ㉠『천지명양수륙재의범음산보집』에는 '龍'이 '竟'으로 되어 있다. '竟'의 오자인 듯하다.

초선천

향기 바람 울울하니 천안에는 기쁨이
상서 기운 온온하니 옥모에도 기쁨이라.
소요하며 누리는 부와 낙 오래가지 못하니
좋은 세월 눈 깜짝할 새에 지나감을 깨달으라.

初禪天

香風鬱鬱天顔悅。瑞氣氳氳玉貌怡。

逍遙富樂非長久。好悟光陰瞥地期。

욕계영

묘고산 정상에 하늘 사람 많은데
복과 덕 높기가 다른 하늘 뛰어넘네.
온몸에 구슬 둘러 광채가 눈부시고
몸에 딸린 궁전들 색채가 새로워라.

欲界詠

妙高頂上衆天人。福德巍峩越衆辰。
徧體珠瓔光奪目。隨身宮殿色長新。

유공영

자미대제는 많은 별을 다스리시니
열두 궁전 신들과 태일신이며
칠정이 일제히 와서 성주로 모시고
삼태는 함께 비추어 어진 신하 되시네.

遊空詠

紫微大帝繞¹⁾星君。十二宮神太一神。
七政齊臨爲聖主。三台共照作賢臣。

---

1) ㉠『천지명양수륙재의범음산보집』과 『산보범음집』 등 다른 의식집에는 '繞'가 '統'으로 되어 있다. 의미상으로는 후자가 더 맞다.

오통영

푸른 하늘에서 생각대로 신통 부리고
푸른 산 앞에서 마음대로 주술을 하네.
나도 이롭고 남도 이롭게 하는 게 본업이요
용을 길들이고 호랑이 길들이는 데 한 해[40]나 걸렸네.

---

40 한 해(彌年) : ① 한 해 동안 걸림. ② 다음 해까지 걸리거나 여러 해에 걸침.

五通咏

神通逞意靑霄畔。呪術資心碧障[1]前。

自利利他專本業。調龍調虎度彌年。

1) ㉑『천지명양수륙재의범음산보집』과 『산보범음집』 등 다른 의식집에는 '障'이 '嶂'으로 되어 있다. 의미상으로는 후자가 더 맞다.

지지영

참됨을 아는 데는 오직 일승법으로만 가능하고
헛됨을 깨달아 완전히 공해지려면 이전二轉을 의지해야 하네.
구경위 가운데 머물러 안주하지 않고
대원경 안에서 온갖 중생 교화하네.

持地咏

知眞唯有一乘法。了忘[1]全空二轉依。

究竟位中留不住。大圓鏡內化群機。

1) ㉑『천지명양수륙재의범음산보집』과 『산보범음집』 등 다른 의식집에는 '忘'이 '妄'으로 되어 있다. 의미상으로는 후자가 더 맞다.

수호영

여래의 회상에는 높고 낮음이 없으니
모두가 백호 광명의 한 길 안에 있네.
저도 정성스런 마음으로 평등한 공양 올리고
경전을 받들어 실천하여 영원히 유통하리라.

守護咏

如來會上無高下。都在毫光一道中。

我運虔誠修等供。奉行經典永流通。

약차영

여러 대왕의 보배 칼 작은 흠집도 끊어 내고
헤아릴 길 없이 많은 복덕 지닌 큰 약차라네.
중생 이익에 뜻을 두고 마음을 게을리 않으며
부처님 법 원만하게 지니고 차별 없는 서원 지키네.

藥叉詠

諸王寶釗[1]絶纖瑕。福德難量大藥叉。

志益群生心不倦。圓持佛法願無差。

---
1) ㉠『산보범음집』에는 '釗'이 '鏡'으로 되어 있다. 어느 것이 옳은지 자세하지 않다. 둘 다 의미는 통한다.

후토영

푸른 산속에 마음 가는 대로 노니시고
푸른 산봉우리를 소요하며 쾌락에 젖으시네.
잠시 운병(신이 타는 수레)을 굽혀 법회에 강림하사
원만한 법음 듣고 크게 공함 깨치시네.

后土詠

遊逸恣情靑嶂裏。逍遙快樂碧巒中。

暫屈雲騈親法會。了聽圓音悟大空。

하원【수궁】

동쪽 서쪽 남쪽 북쪽 그리고 중앙
각각 신통한 공력 쓰나 한 방위에서 주재하네.
일 없으면 모두 본래 자리 돌아가고
때로는 함께 모여 청량으로 향하시네.

下元【水宮】
東西南北及中央。各用神功主一方。
無事總歸於本位。有時同聚向清凉。

주집【음양】

노여움과 성냄 그쳐 구름 걷히시니
부디 환희를 받들어 드날리소서.
맑게 갠 밝은 천지에 광명을 더하고
다함께 명계와 양계의 큰 도량을 도우시네.

主執【陰陽】
息怒停嗔收雲[1]翳。願承歡喜上[2]飄颺。
晴明天地增光曜。咸助冥陽大道場。

---

1) ㉯『산보범음집』에는 '雲'이 '霧'로 되어 있는데 둘 다 의미는 통한다.　2) ㉯『산보범음집』에는 '上'이 '止'로 되어 있는데 둘 다 의미는 통한다.

육재영

인간 세계 순찰하며 선과 악을 살피고
귀신 지역 모든 마왕의 무겁고 가벼움을 재네.
사졸들을 몰고 가서 명부의 문을 열고
부절을 가지고 문서를 보내 하늘에 알리네.

六齋詠
巡察人間諸善惡。權衡鬼域衆魔王。
能馳士卒開冥府。解執符文奏上蒼。

사직【성황】

위엄 있고 정숙하여 성황신을 통제하고
단정하고 영명하여 한 지방에 패왕이라.
인간들의 선과 악을 밝게 살피고
청하면 법회에 와서 도량을 보호하네.

社稷【城隍】
威嚴整肅統城隍。端正靈明覇一方。
炳察人間諸善惡。請來法會護壇場。

지장영

방일함을 그치라는 위없는 경계의 말씀
유정들의 습기로는 더욱 감당하기 어렵네.

오늘밤에 모든 혼백을 사면하여
보리 해탈의 고향에 돌아오기 원하네.

地藏咏
無上誠言休放逸。有情習[1]氣轉難當。
今宵願赦諸魂魄。來詣菩提解脫鄉。

1) ㉮『천지명양수륙재의범음산보집』에는 '習'이 '唱'으로 되어 있다.

인종영

처음 중한 서원으로 인해 비사천을 떠나 와
금산에 나라 세워 영원히 살 집으로 삼았네.
음계의 주인도 오히려 이를 면키 어렵거든
인생들은 호화로운 사치를 누릴 수 있겠나?

因從咏
初因重擔[1]別毘沙。建國金山永作家。
陰主尙猶難免此。人生且莫逞豪奢。

1) ㉮『산보범음집』에는 '擔'이 '誓'로 되어 있는데, 의미상으로는 후자가 옳다.

십궁영

염라왕의 사안四案 판관의 무리와
명부의 육조六曹 늘어서 있는 성신들
모두들 죄를 판결함에 사사로운 배려 없고
진로를 놓아버리고 원진을 증득케 하네.

尋窮咏

焰[1]羅四案判官衆。冥府六曹列聖神。

皆因罪決無私慮。放下塵勞證元眞。

---
1) ㉯『산보범음집』에는 '焰'이 '閻'으로 되어 있다. 음역이라 의미는 같지만 대부분 후자를 쓴다.

여래[친예]

영과 총 두 환약으로 앞의 뜻 보답하고

악의 경계 숲속에서 한결같이 항상하네.

철면의 야차가 비정지옥을 에워싸고

구리 어금니의 사나운 짐승 도살장을 둘러 있네.

如來【親詣】

靈聰二九[1]酬前志。惡境林中一慣常。

鐵面夜叉圍沸鼎。銅牙猛獸繞屠場。

---
1) ㉮ '九'는 '丸'으로도 쓴다.(편자)　㉯『천지명양수륙재의범음산보집』에는 '九'가 '丸'으로 되어 있다.

금강[수제]

철위산 안에서의 끝없는 일들

방편으로 교화함을 인간들은 모르네.

고통을 말하려 하나 말하기 어렵고

가는 곳마다 자세히 살피니 누구를 원망하리.

金剛【水際】

鐵圍山內無邊事。權化人間不可知。
苦痛欲言難口道。到頭審察怨他誰。

위령【가외】

오로五路는 공손히 순회하고 통제하면서
삶을 살피고 죽음을 쫓는 군왕이 되었네.
장군의 호령이 고금을 통하니
나고 죽음 그 누가 보고 듣지 못하랴?

威靈【可畏】

五路敬巡爲大統。監生追死總爲君。
將軍號令通今古。生死其誰不見聞。

기도영

의기가 흉하고 미련하여 대적하기 어렵고
그 무리 백만이 명부사에 진을 쳤네.
종횡으로 많은 중생의 괴로움 생각지 않으나
젊거나 높은 이 만나면 거꾸로 들어올리네.

其徒詠

意氣凶頑難抵敵。其徒百萬鎭冥司。
縱橫不念群情苦。遇少逢尊卽倒提。

천부도영

모든 하늘 늘 즐거운 건 지은 업 때문이니
몸을 따라 자재하게 노는 것은 정해진 과이네.
지극히 높고 귀함은 비교할 이 없으며
허공에서 가장 자유롭게 머물고 다니네.

天部都咏
諸天常樂由因造。定果隨身自在遊。
極尊極貴無倫比。空住空行最自由。

신부도영

부처님 말씀 믿고 받아 항상 옹호하며
보리성 안에서 삿된 마군 꺾네.
중생들을 유익하게 하나 싫어하지 않고
귀신 지역 살피면서 승가를 보호하네.

神部都咏
信受佛言常擁護。菩提城內折邪魔。
利益群生心不倦。權衡鬼域護僧伽。

명부도영

유명계에 나열된 성현들 중에 자리하여
상주고 벌함이 분명하여 순풍을 떨치네.

금산에 나라 세워 그 몸 편안히 머물고
중생들로 하여금 업장을 비우게 하네.

협주 그 나머지는 중례中禮의 중단中壇 의식과 전부 같다. 삼장三藏의 위패는 유나維那가 모신다.
'천 길 낚싯줄을 …운운…, 삼귀의三歸依 …운운…'의 순서로 진행한 다음 법당 문 밖에서 연輦에서 위패를 내려 안치한다. 상단 왼쪽 번두리에서는 혹 '미묘한 보리의 자리(妙菩提座) …운운…, 보살이 앉으시자(菩薩坐而) …운운…, 차를 받들어 올리는 게송 …운운…'의 순서로 진행한다. 사부대중이 시위하는 의식은 '중례 …운운…'과 같이 한다.
재식齋食을 마친 뒤에 '널리 청하는 의식'은 평상시 하는 것과 같이 한다. 법회 대중들은 제산단諸山壇의 영청소迎請所로 나아가 본문에 나와 있는 대로 '…운운…, 나아가 받들어 맞이하는 편 …운운…'까지 진행한다.

저 모든 대존숙大尊宿들께서 본원本願을 좇아 내림來臨 하시어 자비한 마음을 일으켜 중생들을 건지시고 권형權衡을 보이시어 감응하셨으니, 이에 대중들은 바라를 울리면서 받들어 영접하여 욕실에 이르게 해야 할 것입니다. 길을 깨끗이 하는 주(淨路呪)를 '…운운…' 하고, 관욕灌浴을 찬탄하는 게송을 읊습니다. 이에 욕실浴室을 근엄謹嚴하게 장엄하고 특별히 향탕香湯을 준비해 놓고 많은 성현들께서 자비로써 중생들을 불쌍하게 여겨서 욕실로 들어가기를 희망합니다.

【아래에 목욕(灌沐)시키는 게송이 있으니 대중들은 말을 따라 합창한다.】

저희가 지금 목욕시키는 도를 달통한 대중은
청정한 지혜로 장엄하신 공덕 덩어리시니
오탁 중생들로 하여금 고통을 여의고
여래 법왕의 몸을 증득하게 하시네.

옴 디사 디사 승가 사바하

冥部都咏

位列幽冥列聖中。分明賞罰振淳風。

金山建國安身臥。能使群生業障空。

【其餘則中禮中壇全同。三藏牌。維那侍。千尺絲云云。三歸依云云。法堂門外。下輦安牌。上壇左邊。或妙菩提座云云。菩薩坐而云云。奉茶云云。四部侍圍如中禮云云。齋食後。普請如常。法衆進諸山壇迎請所。如本文云云。乃至至奉迎云云。】

夫諸大尊宿。從本願以來臨。興悲度生示權衝而赴感。玆者大衆。聲鈸奉迎赴浴。淨路呪云云。讚歎灌浴[1]。玆者謹嚴洛室。特備香湯。希衆聖以垂慈。愍群生而納浴。

【下有灌沐之偈。大衆隨言後和。】

我今灌沐達道衆。淨智功德莊嚴聚。

五濁衆生令離苦。當證如來法王身。

唵。底沙。底沙。僧伽。莎訶。

1) ㉠ 한불전에는 '浴'이 '洛'으로 되어 있는데 오자이다.

성인을 인도하여 자리로 돌아가시게 함

오직 성인 대중이시여, 거듭 자비한 마음 움직여 부디 향기로운 욕실에서 나오시어 지금 깨끗한 단壇으로 가셔서 도량에 높이 앉아 좋은 음식을 받으시기 바랍니다.

협주 관수判首 등은 '천 길 낚싯줄을(千尺絲綸) ⋯⋯운운⋯' 하는 게송을 읊고, 연輦을 모시고 하는 의식 절차는 전부 삼장三藏과 같이 한다. 모든 위의威儀는 나열해 서서 '꽃을 뽑아드는 게송(拈花偈)'의 의례를 진행하면서 법당 문 밖에 이르러 연에서 내려 자리를 드려 편안하게 앉게 하는 의식을 진행한다.

오직 모든 대존숙 대중들이시여, 시주(檀那)님들의 소원을 굽어 살피시어 보리의 자리를 향해 나아가소서. 여기에 향과 등을 엇갈리게 나열해 놓았고 꽃과 과일도 골고루 섞어서 진설해 놓았으며, 이미 꽃방석을 깔아 놓고 문밖에서 영접하오니, 지금 용의容儀를 가지런하게 하시고 자리에 나아가소서.

아래 자리를 드리는 게송이 있으니 대중들은 말을 따라 뒤이어 합창하여 읊으십시오.

협주 '미묘한 보리의 자리(妙菩提) …운운…, 존숙께서 자리에 앉으시자(尊宿坐已) …운운…, 제가 지금 드리는 자리도(我今獻座) …운운…' 하는 게송을 읊는다.

引聖歸位

惟願聖衆。重運慈悲。請離香浴。當赴淨壇。高坐道場。普沾香供。
【判首等。千尺絲綸云云。陪輦全同三藏。諸威儀列立。以拈花偈例。法堂門外下輦。獻座安位。】

惟願諸大尊宿等衆。俯監檀那之願。就向菩提之座。茲者香燈互列。花果交陳。旣敷花筵以迎門。宜整容儀而就座。下有獻座之偈。大衆隨言後和。
【妙菩提云云。尊宿坐已云云。我今獻座云云。】

차를 받들어 올림

제가 지금 한 잔의 차를
존숙님 앞에 받들어 올리나니
저희들의 경건하고 간절한 뜻 살피시어
부디 … 드리워…운운… 하소서.

조선 경내에 견성見性하여 도를 달통하신 일체 덕 높으신 존귀한 분께 일심으로 신례信禮하오니【대중들은 합창하여 다음을 창한다.】, 오직 자비한 마음으로 저의 정례頂禮를 받으소서.【세 번 창창하고 세 번 절한다.】

협주 '공양을 권하는 의식(勸供)'은 평상시 하는 것과 같이 하고, 나아가 축원祝願까지 하여 마친다.
대중들은 요기療飢를 마친 뒤에 '널리 청하는 의식(普請)'을 평상시 하는 것과 같이 하고, 온 법회의 대중들은 일제히 하단下壇의 영청소迎請所로 가서 점종點鍾을 치고 바라를 울리고 나서 거불擧佛을 하고 소疏를 펼쳐 읽는다. 나아가 밤이 길고 조용하면 모든 주呪를 다 독송하고 '재를 올리는 연유(由致) ···운운···'까지 진행한다. 그리고 나서 각청各請을 하고 각청 아래 각각의 가영歌詠을 하는 것이 좋다.

奉茶

我今一椀茶。奉獻尊宿前。
監察虔悃意。願垂云云。
一心信禮。朝鮮境內。見性達道。一切尊宿等衆。【衆和。】惟願慈悲。受我頂禮。【三唱三拜。】
【勸供如常。乃至祝願。大衆寮飢後。如常普請。一會法衆。齊赴下壇迎請所。點鍾鳴鈸。擧佛宣疏。乃至長夜。從容則諸呪由致云云。各請下。各歌詠爲可也。】

증명영

보리 대도大道의 결과가 멀리 있지 않나니
정직하여 삿됨이 없는 그 한 길이다.
당상에 부모님을 부지런히 모셔 봉양하고
관청 앞 백성들을 즐겁고 배부르게 하네.

證明咏

菩提大道果非遙。正直無邪經一條。
堂上雙親勤侍養。廳前百姓與耽饒。

사공영

사공천과 십팔천의 모든 하늘들
마음 닦길 돌아보지 않다가 원만한 근본을 잃고
업을 따라 여러 갈래 악한 세계 윤회하니
부처님 힘을 입어 황천에서 나오소서.

四空咏

四空十八及諸天。不顧修心失本圓。
隨業輪回諸惡聚[1]。願承佛力出黃泉。

---

1) ㉮『천지명양수륙재의범음산보집』와『산보범음집』에는 '聚'가 '趣'로 되어 있는데, 의미상으로 보면 후자가 맞을 듯하다.

세주영

전륜왕과 오제 그리고 삼황들
요임금 순임금과 진나라 한나라 그리고 당나라
일찍이 중국과 오랑캐를 아울러 통치하였고
때로는 오나라 초나라로 국경을 나누기도 했다네.

世主咏

輪王五帝及三皇。堯舜周秦漢共唐。

曾把華夷都倂統。或將吳楚各分疆。

직거영

시경을 손질하고 예기를 지은 문선왕
유학의 가르침을 유통시켜 묘당에 계시네.
이러한 총명함은 신들도 멸하지 못하나니
청해서 법회에 오게 하여 당양의 짝으로 삼네.

職居咏
刪詩定禮文宣王。敎訓儒流處廟堂。
是等聰明神不滅。請來法會伴當陽。

구통영

이별을 추모하여 생각하니 괴롭고 애달파
효자가 슬피 우니 눈물이 두 뺨을 적시네.
삼보에게 지옥에서 뽑아내 달라 애원하나
구천은 길이 멀어 한번 가면 돌아오기 어렵다네.

具通咏
追思離別苦哀哉。孝子悲啼淚滿腮。
三寶切深能薦拔。九泉路遠去難廻。

업인영

애욕의 강 용솟음쳐 파도가 하늘을 뒤집는데
한결같이 올랐다 가라앉았다 세월을 보내네.
악한 업보 이미 이뤄져 막고 대적하기 어려우니
부처님의 힘 의지해야 불쌍하고 가엾음을 펴리라.

業因詠
愛河鴻湧浪翻天。一向沉浮動許年。
黑業[1]旣成難拒敵。唯憑佛力布哀憐。

---
1) ㉮『천지명양수륙재의범음산보집』에는 '業'이 '氣'로 되어 있다.

수제영

주변이 고독한 것도 오히려 놀랍고 근심되는데
아비지옥 깊은 저승에 있는 이야 어떻겠는가?
칼 나무 휘어잡으면 살과 피부 문드러지고
칼로 된 산 밟으면 흐르는 피 진흙탕을 이루네.

水際詠
近邊孤獨尙驚憂。何況阿鼻共九幽。
劒樹手攀皮肉爛。刀山足下血泥流。

확탕영

확탕지옥 펄펄 끓는 물 시름이 절로 일어나고

긴긴 밤 삶고 지지다가 아침저녁으로만 쉰다네.
구리 녹인 물로 몸 씻으니 오장육부 다 타고
쇠로 만든 탄환을 입에 넣어 목구멍이 막힌다네.

鑊湯咏

鑊湯湧沸使人愁。長夜煎熬早晚休。
銅汁灌身燒臟腹。鐵丸入口塞咽喉。

십악영

슬프구나. 입은 큰데 목구멍은 바늘만 하여
오랜 겁을 굶주려서 목숨이 위태로운 지경이네.
두 귀로는 음료나 물이란 소리 들어보지 못했으니
일생 동안 재齋 여는 자리 한 번이라도 보았으면.

十惡咏

悲夫炬[1]口及針咽。積刦飢虛命倒懸。
兩耳不聞醬水字。一生寧見設齋筵。

---
1) ㉮『산보범음집』에는 '炬'가 '巨'로 되어 있는데, 의미상으로는 후자가 옳은 듯하다.

품류영

물과 육지 하늘에 사는 모든 중생들
바른 견해 잃고서 방생에 떨어졌네.
온몸을 덮은 털도 오히려 두각을 다투는데
삽선의 유래를 보면 날개깃을 좋아하네.

禀類咏

水陸空居衆有情。皆迷正見墮傍生。

被毛尙自爭頭角。揷羽[1]由來逞趨翎。

1) 옌『천지명양수륙재의범음산보집』에는 '羽'가 '扇'으로 되어 있는데 의미는 같은 듯하다.

황년영

흉년을 만난 탓으로 양식이 적고 거칠어
때로는 익은 곡식을 좇고 혹은 장사를 하네.
목숨을 마친 시체들 구렁마다 즐비하니
오래된 길가에는 개가 짖고 까마귀 우네.

荒年咏

因值凶年歲儉荒。或時趨熟或經商。

身殂命喪深溝畔。犬吠鴉鵲[1]古道傍。

1) 옌『천지명양수륙재의범음산보집』에는 '鵲'가 '鴿'으로 되어 있고,『산보범음집』에는 '鵲'으로 되어 있는데 의미상으로는 '鵲'이 맞는 것 같다.

살해영

비록 인간 세상 살아도 질병에 얽매여
점점 여위어 가고 병이 든 지 오래일세.
쑥 심지와 불침으로 불에 탐 견줄 데 없고
풍로와 기천에 해수까지 겹쳐 고치기 어렵네.

殺害咏

雖[1]居人世病縈纏。漸瘦尪羸患數年。

艾炷火針燒不較。風勞氣喘嗽難瘥。

---

1) ㉠『천지명양수륙재의범음산보집』에는 '雖'가 '離'로 되어 있는데 둘 다 의미는 통한다.

숙원영

슬픈 생각 괴로운 세상 전쟁은 일어나고
살벌한 산목숨들 수명이 얼마나 긴가?
한신은 진나라 거두는 데 천 리에 피 흘렸고
장량은 한마디 노래로 초나라를 흩트렸네.

宿冤咏

悲思苦世動干戈。殺伐生靈命幾何。

韓信捲秦千里血。張良散楚一聲歌。

함원영

슬픔을 머금고 한 서린 채 고개 숙이고
횡액으로 죽은 몸이 누구를 원망하리.
스스로 자살한 몸 원한 품은 사자가 되고
강과 우물에 빠져 죽으니 업상을 기약하네.

含冤咏

含悲帶恨首低垂。橫死身亡怨阿誰。

自刺自刑寃使作。投河投井業相期。

인중영

말에 밟혀 죽은 몸 차마 볼 수 없고
수레 치여 죽은 사람 더욱 가슴 시리네.
사지 꺾이고 부서져 봉합하기 어렵고
오장은 찢어지고 무너지니 어찌 보완하리.

因中咏
馬踏身亡不可觀。車輪碾殺更心酸。
四肢折碎難裨合。五臟隳糜怎補完。

결한영

혹은 원한으로 혹은 재물로 인해
독에 맞아 죽은 몸 사연 정말 애처롭네.
목구멍에 약이 넘어가니 창자는 문드러졌고
위로는 피 토하며 눈도 뜨지 못하네.

結恨咏
或因怨恨或因財。中毒身亡事可哀。
藥下喉中腸已爛。血噴舌上眼難開。

불무영

옥에 갇힌 인간 괴로움 다할 수 없고
가벼운 죄 무거운 죄 고금에 같구나.
억울함을 당하여 원한 품고 명부로 돌아가니
저 속에 이르면 죄의 성질 공함을 알리.

不務咏
牢獄人間苦莫窮。輕因[1]重禁古今同。
喞[2]冤負屈歸冥府。到底須知罪性空。

1) ㉠『천지명양수륙재의범음산보집』와『산보범음집』에는 '因'이 '囚'로 되어 있는데 의미상으로는 후자가 맞는 것 같다.   2) ㉠ '喞'가『산보범음집』에는 '舍'으로 되어 있고,『천지명양수륙재의범음산보집』에는 '喃'으로 되어 있는데 의미는 다 통한다.

재면영

낙태와 유산을 등한시하지 마라.
목숨 빚 원한 갚으려 귀신 되어 돌아온다.
사랑 탐한 은애의 정 바다처럼 깊으니
죄업이 산처럼 중한 줄 그 누가 알리.

纔免咏
墮胎落孕莫如閑。命債冤酬神自還。
貪戀恩情深似海。誰知罪業重如山。

불순영

바다에 배를 띄워 창파를 건너는 일
목숨을 파도에 맡기고 어찌하지 못하네.
만 섬 싣는 배도 낙엽처럼 뒤집히고
천 길 파도가 가벼운 북채 거두듯 하네.

不順咏
乘船泛海涉滄波。命値風濤不奈何。
萬斛舟䑻如片葉。千尋浪捲若輕梭。

형창영

십 년을 차가운 창가에서 자고 먹는 것도 잊고
삼 년 동안 시험 구해 푸른 하늘에 기도하네.
도중에 병에 걸려 의원의 치료조차 끊어지고
외로운 여관방에 아는 이 없이 목숨 마치네.

螢窓咏
十載寒窓忘寢饍。三年求試禱蒼空。
半途有病絕醫療。孤舘無親命已終。

보한영

스승과 제자가 치고받아 서로 원수가 되고
아비와 아들이 서로 싸워 원한을 맺네.

남편과 아내의 살상은 언제나 그치려나?
지금 법을 듣고 원수 흐름 그쳐야 하리.

報恨咏
師資鬪擊互爲讎。父子相侵結恨愁。
夫婦殺傷何日止。如今聞法息怨流。

심중영

다른 사람의 재앙과 복은 잘 헤아리면서
자신에게 다가오는 재앙은 알지 못하네.
구름 일면 비 오고 천둥 번개 일어나는 법
빽빽한 가시덤불 속으로 빠져드는구나.

深重咏
善算他人災與福。不知自己禍相侵。
雲騰致雨轟雷電。迷入森森荊棘林。

인도영

제왕과 문관 무관 그리고 농부와 상인
온갖 종류 중생들 이 도량에 강림하여
법회의 맛있는 음식 두루 공양하고서
어두운 길 영원히 벗어나 정토에 이르네.

人道詠

帝王文武與農商。萬類有情降道場。
普霑法會珎羞味。永脫幽途到淨方。

고혼영

천벌을 받아 죽었거나 난리통에 죽은 고혼
도적에게 죽거나 독충에 당하거나 얼어 죽은 고혼
추위와 굶주림 못 면해 긴긴 밤 곡을 하는 고혼들
부처님의 힘을 입어 진상을 깨달으소서.

孤魂詠

天誅殞歿刀兵死。寇賊虫傷凍餒亡。
不免飢寒長夜哭。願承佛力悟眞常。

삼도영

세 갈래 나쁜 세계 고통의 근본 깊은 업장 때문이니
지옥의 세계에선 큰 법음을 듣지 못한다네.
바늘구멍 같은 목구멍에 미미한 체질 언제 면하랴
배고프고 목마른 지옥의 영혼들 밤낮으로 신음하네.

> **협주** '가지하여 조욕을 하는 편(加持澡浴)'에서부터 '옷을 가지런하비 하는 주(整衣呪)'까지의 의식은 전부 중례中禮의 의식과 같다. 하단下壇 인로왕의 위패(引路牌)를 가마로 모시고, '삼장三藏 …운운…, 시식施食 …운운…'의 의식을 진행하고, 그 나머지는 모두 위에서 한 것과 같이 진행하여 마치면 된다. 이것을 3주야晝夜의 의례儀禮라고 말한다.
> 요행히도 청량산淸涼山 행行 대사의 5주야 의례(五晝夜禮)를 얻었으므로 여기에 기록해 두어

서 명철한 사람에게 보이려고 한다.

대중 법회가 있기 전전날 화엄작법花嚴作法을 하는 것은 부처님께서 성도成道하시고 거룩하신 몸(大身)을 나타내시어 『화엄경』을 설하신 것을 표현한 것이다.

거불擧佛은 '화엄교주 비로자나 ⋯운운⋯, 원만보신 ⋯운운⋯, 천백억 ⋯운운⋯, 문수보현대보살님, 관음세지대보살님께 귀명합니다'로 하고, 가경起經 의식을 한다. '화엄회상의 불보살님께 귀명합니다'를 하고, 다음에 '시방삼세 부처님 ⋯운운⋯받들어 청합니다'를 한다.

그 날 회주會主는 '염향拈香 ⋯운운⋯' 하는 의식을 한 다음 『화엄경』을 설법한다. 그 나머지 작법作法은 모두 일상적으로 하던 것과 같이 한다. 재齋를 마친 뒤에 혹은 설선작법說禪作法을 하기도 한다.

'가람단伽藍壇 ⋯운운⋯, 시식施食 ⋯운운⋯' 하는 의식을 진행한다. 분소焚燒를 할 때는 축시丑時(오전 1~3시)가 되기를 기다렸다가 본문本文에 나와 있는 대로 삼보단三寶壇에 의식을 진행한 뒤에 혹은 시식을 하기도 하는데, 이것이 1주야晝夜의 의례라 말한다.

대중 법회가 있기 전날 재를 지내기 전에 미타단彌陀壇을 시설하고 작법 의식을 하는 것은 비유하면 영산례靈山禮와 같은 의미이다.

거불은 '일대교주 석가一代教主釋迦 ⋯운운⋯, 극락도사極樂道師 ⋯운운⋯, 관음세지대보살님, 청정대해중보살'의 순으로 하고, 가경 의식을 한 다음 '미타회상 불보살彌陀會上佛菩薩 ⋯운운⋯, 시방삼세 부처님 ⋯운운⋯ 받들어 청합니다'를 한다. '자리를 드리는 ⋯운운⋯'을 한 뒤에 차를 받들어 올리고, 나아가 '염향拈香 ⋯운운⋯'까지 한 다음 『미타경彌陀經』을 설법한다.

그 다음에 삼보를 경건하게 청하고 예를 올리는 의식을 하고, 잠자코 조금 있다가(良久) 내지 재를 올린 뒤에 미타단彌陀壇을 시설하고 미타불을 청하는 의식까지는 의례문에 나와 있는 대로 진행한다. ⋯운운⋯. 이것이 2주야 전의 의례인데, 『지반문』에서는 3주야를 겸하고 있으니 그렇다면 이는 5주야의 의례인 셈이다.

또 명부회冥府會 법회를 하기도 하는데 과거에 부실富實한 사람들은 비록 미리 닦는 예(預修禮)를 하지 않았으나 혹 겸해서 추천재追薦齋를 시설하게 되면 낮에 명부전冥府殿에서 유명회幽冥會 법회를 영산례靈山禮처럼 하는 것도 가능한 일이기 때문에 여기에 기록해 둔 것은 명철한 사람들에게 다 통틀어 보여 주려는 것이다.

거불擧佛은 '일대교주 석가一代教主釋迦 ⋯운운⋯, 유명교주 지장보살幽冥教主地藏菩薩 ⋯운운⋯, 문수보현대보살文殊普賢大菩薩, 관음세지대보살觀音勢至大菩薩님께 귀명합니다'의 순으로 한다. 가경起經 의식을 하고, '도리회주 불보살忉利會主佛菩薩님께 귀명하옵고 시방삼세 ⋯운운⋯ 받들어 청합니다'라고 한 다음 '차를 올리는 예(茶禮) ⋯운운⋯'을 한다. 그 날 염향拈香 의식은 평상시 하는 것과 같이 하고, 『지장경地藏經』을 설법 ⋯운운⋯ 한다. 나머지 의식은 모두 평상시 하는 것과 같이 하면 되며, 나아가 재에서 「시왕의문十王儀文」을 시설하는 데까지 진행한다. 앞의 3주야 의식을 겸하고 있으므로 이것을 5주야의 예라고 말한다.

또 행行 대사가 33단을 7주야 동안 진행하도록 나눈 의식문을 얻기에 여기에 기록해 두어서 명철하신 스님에게 보여 주고자 한다.

첫날 축시에 풍백단風伯壇에 의식을 의식문대로 진행한다. 조반朝飯을 먹은 뒤에 재전작법齋前作法 의식을 평상시 하는 것과 같이 진행한다. 그 날 회주會主는 염향拈香 의식을 하고 '경의 제목 해석(釋題) ⋯운운⋯'을 한다. 법회 대중들은 『연경蓮經(법화경)』 첫 권을 독송한다. '보궐補闕진언 ⋯운운⋯'을 하고 '경전을 거두는 비송(收經偈)'을 한 다음 그 나머지 의식은 평상시 하는 것과 같이 한다.
대중들은 점심을 먹은 뒤에 당산천왕當山天王단과 당산용왕當山龍王단과 가람伽藍단, 이 3단에 의식을 …운운… 진행한다. 법회 대중들은 잠시 쉬었다가 축시丑時가 되기를 기다려서 쇠종을 치고 '널리 청하는 의식'과 '분수焚修 작법'을 평상시 하는 것과 같이 …운운… 한다. 잇따라 상주常住하신 삼보 앞에 가서 공양 올리는 의식을 평상시 하는 것과 같이 …운운… 하고, 그 다음에는 시식施食을 하나니, 이것을 1주야의 의례라고 말한다.
다음 날 재를 지내기 전에 모든 작법들은 의식문과 같이 한다. 그 날 설주說主가 '염향拈香 …운운…' 한 다음 『법화경法花經』 제2권 제목 아래 주註 …운운…을 하며, 대중들은 제2권을 독송한다. 그 나머지 의식은 끝까지 평상시 하는 것과 같이 한다. 대중들은 점심을 먹은 뒤에 예적穢迹·금강金剛·법왕梵王·제석帝釋·사천왕四天王·성황城隍의 이 6단壇 신들을 청하여 자리에 앉게 하고 공양을 권하는 의식을 …운운… 한다. 대중들은 잠시 쉬었다가 축시가 되기를 기다려서 쇠종을 치고 평상시 하는 것과 같이 '분수焚修 …운운…' 하는 의식을 진행하고, 상주하시는 삼보님 앞에 가서 공양 권하는 의식을 평상시 하는 것과 같이 …운운… 하나니, 여기까지를 2주야의 의례라고 말한다.
제3일째 되는 날 영산작법을 평상시 하는 것과 같이 한다. 그 날 회주會主는 '염향拈香 …운운…'을 진행하고 대중들은 『법화경』 제3권을 독송 …운운… 한다. 점심을 먹고 사자단 등 5단壇에 의식을 진행 …운운… 하고, 다시 축시가 되면 분수작법을 진행하고 상주하시는 삼보님 앞에 공양을 올리고 다음에 시식施食을 하나니, 이것을 3주야의 의례라고 말한다.
제4일째 되는 날 영산작법을 평상시 하는 것과 같이 진행한다. 그 날 회주는 『법화경』 제4권 제목 아래 주註 …운운…을 하며, 법중들은 『법화경』 제4권을 독송한다. 대중들은 점심을 먹은 뒤에 정당正當의 삼보단三寶壇에서 '삼보를 청하는 의식'을 의례문과 같이 진행하고 '공양을 권하는 의식 …운운…'을 한다. 비로단毘盧壇에서 십지十地·십향十向·십행十行·십주十住·33조사祖師의 이 5단에 각각 의식문에 나와 있는 대로 …운운… 진행하나니, 이것을 4주야의 의례라고 말한다.
제5일째 되는 날 재전齋前 작법을 평상시 하는 것과 같이 진행한다. 그 날 회주는 '염향拈香 …운운…' 하는 의식을 진행하고, 『법화경』 제5권 제목 아래 주註 …운운… 하면, 법회의 대중들은 『법화경』 제5권을 독송한다. 나아가 점심을 먹은 뒤에 16나한단과 5백나한단 전후 2단과 서천西天(인도)의 개종단開宗壇, 중원中原의 향당단鄕唐壇, 우리나라의 제산단諸山壇의 이 6단에 각각 의식문에 나와 있는 대로 '청하고 자리를 드리는(請座) …운운…' 하는 의식을 진행한다. 그런 다음 각단에 공양을 권하는 의식을 의례문 대로 진행한다. 여기에서의 시식을 하는 의식은 천천히 완만하게 의례문에 따라 진행하나니, 이것을 5주야의 의례라고 말한다.
제6일째 되는 날 재전 작법을 평상시 하는 것과 같이 진행한다. 그 날 설주說主는 '염향拈香 …운운…' 하는 의식을 진행하고, 『법화경』 제6권 제목 아래 주註, 나아가 법회의 대중들은 『법화경』 제6권을 독송한다. …운운… 법회 대중들은 요기를 한 뒤에 제천단諸天壇·제신단諸神壇·시왕단十王壇, 이 3단에 각각 의식문에 나와 있는 대로 '청하고 자리를 드리는(請座)' 의식을 평상시 하는 것과 같이 진행하고, '공양을 권하는(勸供)' 의식을 진행한 뒤에 시식을 하는 의식은 천천히 완만하게 의례문에 따라 진행하나니, 이것을 6주야의 의례라고 말한다.
제7일째 되는 날 영산작법을 평상시 하는 것과 같이 진행한다. 그 날 설주는 '염향 …운운…' 하는 의식을 진행하고, 법회 대중들은 『법화경』 제7권을 독송한다. 나아가 대중들은 점심을 먹은 뒤에 종실단宗室壇·왕사단枉死壇과 존위가친단尊位家親壇·평인가친단平人家親壇, 이

2단과 법계의 아귀단餓鬼壇·방생단傍生壇·상중하고혼단上中下孤魂壇의 이 3단 등 도합 11단에 각각 의식문과 같이 의식을 …운운… 진행한다. 다음에 시식을 하나니, 이것을 7주야의 의례라고 말한다.

이 규법은 행行 대사가 살아 계실 때에 큰 사찰에 대중들이 왕성한 곳이나 혹은 국가에서 재력을 보태주는 혜택을 받았기 때문에 사람들이 모두 신심을 내어 재를 올렸다. 그러나 요즘 사람들은 이렇게 장황張皇하게 치르는 의례를 보면 틀림없이 허탈한 웃음을 자아낼 것이다.

三途咏

三途根本業障深。地獄不聞大法音。

計咽微質何時免。飢渴幽魂日夜吟。

【自加持澡浴。至整衣呪。全同中禮。下壇引路牌侍輦。如三藏云云。施食云云。其餘則皆如上畢。是謂三晝夜之禮。幸得淸凉山行大師五晝夜禮。書之以示哲者。衆會前前日。花嚴作法者。佛成道。現大身。說花嚴之表。擧佛。南無華嚴敎主毗盧遮那云云。圓滿報云云。千百億云云。文殊普賢大菩薩。觀音勢至大菩薩。起經。南無花嚴會上佛菩薩。次奉請十方三世佛云云。其日會主拈香云云。花嚴說法。其餘作法皆如常。齋後或說禪作法。伽藍壇云云。施食云云。焚燒待丑時。三寶壇如本文後。或施食。是謂一晝夜之禮。衆會前日。齋前設彌陀壇作法。如靈山禮。擧佛。南無一代敎主釋迦云云。極樂道師云云。觀音勢至大菩薩。淸淨大海衆菩薩。起經。南無彌陀會上佛菩薩云云。次奉請十方佛云云。獻座云云。奉茶。乃至拈香云云。彌陀經說法。次敬請禮三寶。良久。乃至齋後。設彌陀壇請。如文云云。是二晝夜前。志般。三晝夜兼則是五晝夜之禮。又有冥府會。往者富實人。雖不爲預修禮。或兼設追薦齋。則晝演冥府殿。幽冥會。如靈山禮亦可。故書之。於此通示明哲者。擧佛則南無一代敎主釋迦云云。幽冥敎主地藏菩薩云云。文殊普賢大菩薩。觀音勢至大菩薩。起經。南無忉利會主佛菩薩。奉請十方三云云。茶禮云云。其日拈香如常。地藏經說法云云。其餘皆如常。乃至齋設十王儀文。兼前三晝夜。則是謂五晝夜。又得行大師。將卅三壇分爲七晝夜之式。書之示明哲師。初日丑時。風伯壇如文云。朝飯後齋前作法如常。其日會主。拈香釋題云云。法衆讀蓮經初卷。補闕云云。收經偈。其餘如常。大衆點心後。當山天王。當山龍王。伽藍。此三壇云云。法衆暫歇。待丑時。擊金普請。焚修如常云云。因常住三寶前進供如常云云。次施食。是謂一晝夜禮。次日齋前。法法如文。其日說主。拈香云云。法花二卷題下註云云。大衆讀第二卷。乃至其餘如常。大衆點心後。穢迹。金剛。梵王。帝釋。四天王。城隍。此六壇。請座。勸供云云。大衆暫歇。待丑時。擊金如常。焚修云云。常住三寶前。勸供如常云云。是二晝夜之禮。第三日靈山如常。其日會主。拈香云云。誦第三卷云云。點心。使五壇云云。又丑時。焚修常住前進供。次施食云。是謂三晝夜之禮。第四日靈山如常。其日會主。第四卷題下註。法衆諷第四卷。大衆點心後。正當三寶壇請如文。勸供云云。昆[1]盧壇。地向行住。卅三祖師。此五壇。各各如文云云。是謂四晝夜之禮。第五日齋前如常。其日會主。拈香云云。五卷題下註云云。法衆誦五卷。乃至點心後。十六五百前後二壇西天開宗壇。中原鄕唐壇。我國諸山壇。此六壇。各各如文。請座云云。各壇勸供如禮。此施食緩緩如禮。是謂五晝夜之禮。第六日齋前作去[2]如常云。其日說主拈香云云。第六卷題下註。乃至法衆誦第六云云。法[3]療飢後。諸天壇諸神十王。此三壇各各如文。請座如常勸供後。緩緩施食如禮。是謂六晝夜之禮也。第七日靈山作法如常。其日說主拈香云云。法衆誦第七卷。乃至大衆點心後。宗室壇柱[4]死壇。尊位家親平人家親。二壇。法界餓鬼傍生上中下孤魂。三壇。此十一壇。各各如文云云。次施食。是謂七晝夜之禮也。此規。行大師在之時。大利盛衆處。或被國力爲之故。人皆信之。如今人見此張皇之禮。則必發大笑哉。】

---

1) ㉮ '昆'은 '毘'인 듯하다.(편자)　2) ㉮ '去'는 '法'인 듯하다.(편자)　3) ㉮ '法' 뒤에 '衆'이 빠진 듯하다.(편자)　4) ㉯ 『한국불교의례총서』(3권 373 하)의 「자기산보문」에는 '柱'가 '枉'으로 되어 있다.

오종범음집 하편【10여 장】
五種*梵音集 下篇【十餘章】

지선 지음
智禪撰**

김두재 번역

---

* ㉑ '五種' 두 자字는 편자가 보입하였다.
** ㉑ 찬자의 이름은 편자가 보입하였다.

승려의 재를 지낼 때

협주 이 의식은 공양을 권하는 의식이다. 혹 이 소소小小한 예는 옛날 표현의 어산魚山을 위한 것이 아니고 간절하게 처음 범음梵音을 배우는 이들을 위하여 기록해 두는 것이다. 바라를 울린다.

僧齋時
【勸供。或此小小之禮。不爲舊字魚山而切爲初學梵音者。書之。鳴鈸。】

향을 찬탄함[1]

한 조각 향 받들어 올리오니
그 덕의 작용 헤아리기 어렵네.
뿌리는 온 세계를 받치고
잎사귀는 다섯 수미산을 덮네.

喝香
奉獻一片香。德用難思議。
根盤塵沙界。葉覆五須彌。

---

1 향을 찬탄함(喝香) : 할喝은 '찬탄하다' '알리다'라는 의미이고 모든 경을 독송할 때 시작하는 정구업진언淨口業眞言과 같은 부분이며, 정성껏 올리는 한 조각의 향의 덕을 찬탄함으로써 불보살님과 대중들에게 시작을 알리는 오언 사구五言四句의 게송이다.

[다음]예불송

저의 지금 이 한 몸이
다함없는 분신으로 나타나
온 누리에 두루 계신 부처님 앞에
빠짐없이 일일이 예를 올립니다.

옴 바아라 믹【세 번 절을 한다.】

> 협주 '향 연기 삼천세계 두루 덮고(香烟遍覆) …운운…' 하는 향을 찬탄하는 게송을 읊는다.

자세히 살펴보건대 물에는 만물을 청결하게 하는 공이 있고 향에는 널리 향기를 배게 하는 덕이 있습니다. 그런 까닭에 법의 물을 가져다가 특별히 미묘한 향을 쐬어 이 법회의 자리에 뿌리오니 깨끗한 자리가 이루어집니다.

> 협주 천수주千手呪를 한 뒤에 의식을 간략하게 하려면 '시방삼세 부처님을 받들어 청합니다. …운운…'을 하는 것이 매우 옳으나, 혹은 '불타부중께 귀명합니다. …운운…'을 하기도 한다. 자리를 드리는 의식(獻座)을 진행하고 공양을 진상한 다음 꿇어앉아서 다음 게송을 읊는다.

이 청정하고 미묘하며 향기로운 음식을
다함없는 삼보의 바다에 널리 공양하오니
자비로 공양 받으시고 선근이 늘어나게 하여
법을 세상에 머물게 해 부처님 은혜 갚게 하소서.
나마 살바 …운운…

협주 '공경히 예를 올리고 공양(敬禮供養) ⋯운운⋯' 하는 의식을 시작으로, 나아가 '회향하는 주(回向呪) ⋯운운⋯'을 한다. 또 기립起立하여 다음 게송을 읊는다.

시방세계 조어사님과
청정하고 미묘한 가르침과
삼승과 사과의 해탈하신 스님께 공양하오니
부디 ⋯운운⋯ 드리워 주소서.

협주 또 기립起立하여 다음 게송을 읊는다.

이 향공양이 법계에 두루 하여
시방세계 한량없이 많은 부처님을 공양합니다.
이 향공양이 ⋯운운⋯
시방세계 한량없이 많은 가르침에 공양합니다.
이 향공양이 ⋯운운⋯
시방세계 한량없이 많은 승가님께 공양합니다.

협주 '나마 살바䑞謨薩縛 ⋯운운⋯'을 마치고, 좀 자세하게 하려면 형편을 살펴보고 '여러 가지 주(諸呪) ⋯운운⋯'을 하고 모든 부처님을 한꺼번에 청하는 의식(諸佛通請)을 하는 것이 좋다. 그런 다음 '공양을 권하는 의식(勸供)'을 하고, 다시 형편을 살펴보고 '공양을 올리는 주(供養), 회향하는 주(回向呪) ⋯운운⋯'을 한 다음 경을 풍송하고 바라를 울리고 축원祝願을 한 다음 시식施食하는 의식 '⋯운운⋯'으로 진행한다.

【次】禮佛頌

我今一身中。卽現無盡身。
遍在諸佛前。一一無數禮。
唵。縛囉。勿。【三拜。】
【香烟遍覆云云。】

詳夫水含淸淨之功。香有普熏之德。故將法水。特熏妙香。洒斯法筵。成于淨土。
【千手後。畧則奉請十方三世佛云云可可。或南無佛陀部衆云云。獻座進供敬跪云。】

願此淸淨妙香饌。普供無盡三寶海。
慈悲受供增善根。令法住世報佛恩。
曩謨薩縛云云。
【敬禮供養云云。乃至回向呪云云。又起立云。】

供養十方調御師。演揚淸淨微妙法。
三乘四果解脫僧。願垂云云。
【又起立云。】

願此香供徧法界。供養十方無量佛。
願此香供云云。供養十方無量法。
願此香供云云。供養十方無量僧。
【曩謨薩縛云云畢。廣則見勢諸呪云云。諸佛通請亦得。勸供見勢。供養回向呪云云。諷經。鳴鈸。祝願次施食云云。】

시왕에 대례를 올리고 공양할 때

협주 영산작법靈山作法을 이미 마치고, 재齋를 올리기 전이면 어두워지기를 기다렸다가 '널리 청하는(普請) 의식'을 하고 쇠종을 치는 데까지는 평상시 하는 것과 같이 한다. 혹은 요기療飢를 하기도 한다. 삼번三番이 갖추어지지 않았으면 향찬香讚·등찬燈讚·화찬花讚을 겸해서 진행한다.

오분의 향기 사바세계 배고
몇 점의 등불 빛 대천세계 비추네.
칠보의 연꽃을 보배 자리에 바치고
일심으로 금선께 귀명하여 예 올립니다.

협주 혹은 '계향 정향 혜향 해탈향(戒定惠解) ···운운···'을 하기도 하고, 혹은 '단정례單頂禮'를 하기도 하며, 혹은 '대삼보례大三寶禮'를 하기도 한다.

제가 지금 시방세계 부처님께 널리 예 올리니
항하의 모래처럼 많은 죄장 다 소멸되네.
제가 지금 시방세계 가르침에 널리 예 올리니
항하의 모래처럼 많은 죄장 모두 소멸되네.
제가 지금 시방세계 승가님께 널리 예 올리니
항하의 모래처럼 많은 죄장 영원히 소멸되네.

협주 혹은 두 번을 하기도 하는데 그렇게 하는 것도 옳다.
공경스럽게 꿇어앉으면 바라를 울리고 '합장비合掌偈 ···운운···, 향 연기 ··· 두루 덮고 ···운운···, 정토주淨土呪 ···운운···, 제가 지금···'의 의식을 진행하고, 나아가 '천수주千手呪'까지 진행한 뒤에 '여러 주呪 ···운운···'을 한다. '거불擧佛' 의식을 하고 다음에는 요령을 울려 내리고, 상위上位를 불러 청하는 의식인 '이렇게 요령을 울려(以此振鈴) ···운운···' 하는 의식을 진행한다. 다음에 모든 부처님을 한꺼번에 청하는 의식(諸佛通請), 자리를 드리는 의식(獻座)'을 한 다음 차를 받들어 올리고 '차를 올리는 게송(茶偈)'인 '이제 … 가져다가(今將) …운운…' 하는 게송을 진행한다.
시왕단(王壇)에 거불擧佛 의식을 진행할 때는 정녕叮嚀하게 '불타님께 귀명합니다(南無佛陀) …운운…'을 해야 한다. 혹은 '시왕소(王疏)'를 낭독하기도 한다. 다시 요령을 흔들면서 명부위冥府位를 불러 청하는 의식인 '이로써(以此) …운운…'에서부터 '증명證明하여 주시옵소서'까지 진행한다. 2□은 어산魚山이 몇 차례 풍송하였기 때문에 다시 기록하지 않는다.

大禮王供時

【靈山作法。已爲齋前。則承昏普請擊金如常。或療飢。三番不具則香燈花兼讚。】

五分香氣熏沙界。數點燈光照大千。
七寶蓮花呈寶座。一心歸命禮金仙。
【或戒定惠解云云。或單頂禮。或大三寶禮。】

我今普禮十方佛。恒沙罪障皆消滅。
我今普禮十方法。恒沙罪障悉消滅。
我今普禮十方僧。恒沙罪障永消滅。
【或再稱可。敬跪鳴鈸[1]。合掌偈云云。香烟徧覆云云。淨土呪云云。我今以乃至千手後。諸呪云云。擧佛。次振鈴云。召請上位。以此振鈴云云。諸佛通請。獻座奉茶。茶偈。今將云云。王壇擧佛。則叮嚀南無佛陀云云。或王疏振鈴云。召請冥府位。以此云云。乃至證明二□則。魚山幾皆誦之。故不復書。】

1) ㉠ '或再稱可 敬跪鳴鈸'은 『오종범음집』 원문에는 보례 의식이 끝나는 이 자리에 있는데, 『한국불교전서』를 편찬할 때 착오가 있었던 것 같아 바로잡았다. 번역도 이를 따른다.

제일영

넓은 하늘의 싸늘한 기운 음계에 기강 떨치고

첫째 마당에서 바른 명령을 제시하시네.
쇠붙이를 단련하여 거듭 솜씨를 보이니
솜씨 좋은 이의 뜻 헤아리기 힘든 줄 비로소 알겠네.

第一咏
普天寒氣振陰綱。正令全提第一場。
鍛鐵鍊金重下手。始知良匠意難量。

제이영

옥초산²은 사람을 빠뜨리는 기계가 되어
위아래 이글대는 숯가마에 사지를 굽는구나.
차마 보고 듣지 못할 일로 몇 겁이나 지냈는가?
겉으론 위엄 있어 도리어 자비하지 못한 듯하네.

第二咏
沃焦山作陷人機。上下烘窯火四支。
忍見忍聞經幾刼。外威還似不慈悲。

---

2 옥초산 : 4대주 바깥으로 산 전체가 쇠로 된 철위산鐵圍山이 둘러쳐져 있는데, 이 산 때문에 바다의 물이 줄지 않는다고 한다. 또 그 바다 한가운데는 물을 흡수하는 옥초沃焦라는 돌이 있는데 크기가 매우 커서 산과 같다고 하여 옥초산沃焦山이라고 한다. 이 옥초산의 밑에는 아비지옥이 있는데, 아비지옥에서 발생하는 열 때문에 이 옥초산이 항상 더워 바닷물이 쉼 없이 끓어 넘치며, 또 지구상의 모든 강물이 데워져 바닷물이 쉼 없이 끓어 넘친다고 한다. 또 지구상의 모든 강물이 모두가 바다로 흘러들어가도 바닷물이 늘어나서 바다가 넘치지 않는 것은 이 옥초산이 물을 덥혀 증발시키기 때문이라는 것이다. 옥초산은 결국 인간이 끊임없는 번뇌와 집착 때문에 항상 괴로움을 자초함을 상징한다.

제삼영

사면의 칼산이 만 길 절벽 이루었는데
돌연히 미친놈이 겹겹의 포위망을 뚫었네.
장부는 그물 속에 갇혀 있지 않고
다만 사람과 하늘 향해 옳고 그름 가려내네.

第三咏
四面刀山萬仞危。突然狂漢透重圍。
丈夫不在羅籠裡。但向人天辨是非。

제사영

청백한 가풍 참답기 저울과 같으니
어찌 지위의 높낮이를 따라 인정에 얽매이리.
저울 앞에선 쉬파리가 앉는 것도 허락하지 않으니
조금이라도 기울어지면 평형을 잃기 때문일세.

第四咏
淸白家風眞[1]似衡。豈隨高下落人情。
秤頭不許蒼蠅坐。些子傾時失正平。

---
[1] ㉠『천지명양수륙재의범음산보집』에는 '眞'이 '直'으로 되어 있다. 의미상으로는 다 말은 되지만 '直'이 더 가까운 의미인 듯하다.

제오영

명부의 위엄 시왕들 중에 뛰어나
오도五道를 분주하게 치달리자 모두 바람에 쏠리네.
성인이 교화하고 포용함은 먼 곳도 가까운 데 같으니
동쪽으로 흐르지 않는 인간 세계의 물은 없다네.

第五咏
冥威獨出十王中。五道奔波盡向風。
聖化包容如遠比。人間無水不朝東。

제육영

산과 강처럼 많이 쌓인 지은 죄의 치죄 문서
입 속에 얼마나 많은 부모를 달게 먹었던가?
그런데도 대왕은 오히려 자비한 아비 되어
불지옥의 문을 열고 이 사람 놓아 주네.

第六咏
罪案堆渠所作因。口中甘咀幾双親。
大王尙作慈悲父。火獄門開放此人。

제칠영

사람은 미련해서 보고 들음에 비록 예를 어기나
점점 명부의 법을 따라 공경 다하여 귀의하네.

지혜로운 분은 어리석은 이 나무라지 않고 말로 가리니
한 터럭만한 선행만 있어도 앞의 죄는 버린다네.

第七咏
人頑耳目禮雖違。稍順冥規敬向歸。
智不責愚言可採。一毫微善捨前非。

제팔영

명경대 위에서는 간담까지 비추어 보나니
중생들은 예쁘고 미움을 감추기 어렵다네.
진실하다. 미묘한 데 들어가 신통으로 결단하나니
거울 같은 왕의 마음 한 곳에서 모두 편안케 하네.

第八咏
明鏡當臺照膽肝。物逃妍媸也應難。
諒狀入妙皆神決。鑑與王心一處安。

제구영

고혼은 불 때문에 오래도록 한발에 시달리고
부처는 삼난三難[3]으로 자비 구름 끊어졌네.
천지가 모두 이글거리는 화로 속에 들어
우리 왕의 은혜 비처럼 이슬처럼 내리기 바라네.

---

3 삼난三難 : 삼악도三惡道의 고난.

第九咏
火爲孤魂長旱魃。佛因三難絕慈雲。
乾坤盡入烘爐裏。幾望吾王雨露恩。

제십영

옛 성현이 슬픈 맘 내어 이 몸이 되었으니
만나는 장소마다 자취 내려 명부 업인 나타내네.
몽둥이와 작살을 번갈아 쓰지 않으면
깨달음의 자리에서 한 사람도 만날 수 없으리.

第十咏
古聖興悲作此身。逢場降迹現寃因。
捧杈若不橫交用。覺地猶難見一人。

태산

부절 나눠 특별히 교화하고 왕의 명령 선양하며
악하고 사나운 귀신은 전각 뜰을 보호하네.
감히 회중의 모든 착한 사람을 보고하고
인과를 분명하게 아는 밝은 지혜 지니셨네.

泰山
分符別化宣王令。惡鬼獰神護殿庭。
敢報會中諸善士。明知因果大分明。

판관

사해가 맑고 깨끗해 한 집안이 되니
송사 마당 조용하고 시끄러움 끊어졌네.
지금 세상은 어지러워 개 무리와 같으니
부질없이 판관들의 일만 많게 하는구나.

判官

四海澄淸共一家。訟庭寥寂絶囂譁。
如今世亂皆群犬。空使諸司判事多。

가연영

하늘의 큰 칼에 의지한 장부의 행
제각기 위풍이 있고 눈은 번갯불 같네.
방망이 아래 있는 사람의 아픔을 아는지 모르는지
한 주먹으로 태산 마루 무너뜨리네.

迦延咏

倚天長劒丈夫行。各逞威風眼電光。
棒下有人知痛否。一拳拳倒泰山岡。

악독

철위산 안에서의 끝없는 일들
방편으로 교화함을 중생들은 모르네.

염부제 일천 나라 유유히 다니시며
털끝만한 인연이라도 있는 절 보호하시네.

惡毒

鐵圍山內無邊事。權化群生不可知。
遊逸閻浮千國內。護持蘭若一毛緣。

동자

오로五路를 공손히 순회 통제하면서
생을 살피고 죽음 쫓는 군왕이 되었네.
장군은 호령으로 고금을 통하니
생사를 보고 듣지 못하는 이 그 누구인가?

童子

五路敬巡爲大統。監生追死總爲君。
將軍號令通今古。生死其誰不見聞。

사자

의기가 흉하고 미련하여 대적하기 어렵고
그 무리 백만이라 명부 관리 진압하네.
종횡으로 많은 중생의 괴로움 생각지 않으면
젊거나 높은 이 만나면 거꾸로 들어올리네.

협주 '보례普禮 …운운…, 자리를 드리는(獻座) …운운…'을 하고, 차를 받들어 올린 뒤에 차를 올리는 게송(茶偈)인 '…이슬 안개(露霜) …운운…, 제가 이제 명왕 앞에 받들어 올리오니(今將奉獻冥王衆), 부디(願垂) …운운…' 하는 게송을 읊는다.
상단上壇에 공양을 올릴 때에 '법계를 깨끗이 하는 진언(淨法界呪) …운운…'을 한다. 바라를 울리고 혹은 별문別文을 낭독하기도 한다. '향기로운 음식을 진열하여 차려놓음은 시주님의 경건한 정성입니다. …운운…'을 하고, '4다라니'를 각각 21번씩 낭송朗誦하면서 '공양을 권하는 의식(勸供)'을 진행한다. 자세히 한다든가, 간략하게 하는 것은 때를 따라 판단해서 할 일이다. 혹은 '6법공양 …운운…'을 하기도 하고 혹은 '5공양'을 하기도 한다.
시왕단(王壇)에 공양 올리는 의식에 대해서는 『수생경壽生經』에 "2경 2점二更二點(밤 9시 30분)에 정녕하게 공양을 받고, 그 밖의 시간에는 공양을 받지 않는다. …운운…" 하였으니, 그렇다면 당일 어두워지는 시간을 기다렸다가 처음으로 '청하는 의식'과 '탄백歎白'을 하되 반드시 2경의 시간이 되어서 공양을 올려야 하는 것이 옳다.
또 『명왕기冥王記』에 "4경 1점四更一點(밤 1시)에 궁궁으로 돌아간다. …운운…" 하였으니, 그렇다면 정자시正子時(밤 12시)에 공양을 올리는 것이 옳다.
바라를 울리고 혹은 왕공별문王供別文인 '가만히 생각하오니, 향과 촛불은(切以香燈) …운운…'을 낭독하고, '4다라니'를 각각 14번씩 낭송한다.
이 단壇의 인연은 자성自性과는 관련이 없으니 '5공양'을 펼치는 것만 못하다고 하는 말이 옳으며, 지장보살과 무독귀왕을 공양하라는 말은 삭제하는 것이 옳다. 왜 그런가 하면 무독귀왕 등은 상단에서 공양을 받았기 때문이다.
'이 가지됨(以此加持) …운운…, 명부의 시왕님께(冥府十王衆) …운운…, 나아가 모두 다(悉皆) …운운…, 비로소 … 지으니(始作) …운운…, 공양을 올리는 주(供養呪), 회향하는 주(回向呪) …운운…'까지 진행한다.
그런데 요즘 시대에는 모두 『금강찬金剛纂』 …운운…'을 하는데, 이 찬문은 명부의 왕이 명부에서 가지고 와서 늘 암송하는 것으로 업業을 삼은 지가 오래되었다고 한다. 그러던 대력大歷(唐 代宗의 年號, 766~779) 때에 명부의 왕이 유씨劉氏 여자를 놓아주면서 "이 글을 세상에 전하라. …운운… 하였다."라고 한다.
그런데 지식이 풍부한 대사大師가 "명부의 왕은 흑심黑心을 다 끊지 못했기 때문에 만약 『반야심경般若心經』의 공空에 대한 이치를 들으면 매우 기뻐할 것이다. …운운… 『심경』을 독송하여 공의 이치를 들려주는 것만 못할 것이다."라고 하였으니, 명철한 이는 이런 의미를 달통하여 알고 있는가? 이와 같은 말은 억측으로 한 말만은 아닐 것이다.
다음에는 화청和請을 한다.

[다음]화청

지극한 마음으로 지장 대성地藏大聖님께 신례信禮하오니, 아무 이름을 가진 영가를 불쌍하고 가엾게 여기시어 부호해 주시며, 【대중들은 다음을 합창한다.】 속히 고통의 바다를 여의고 깨끗한 정토의 세계에 태어나게 하여 주시옵소서.

협주 이와 같이 '지극한 마음으로 …운운…'을 하는데, 도명 존자에서부터 졸리卒吏에 이르기까지 하되, 대중들은 합창으로 '아무 영가를 불쌍하고 가엾게 여기시어 …운운…, 깨끗한 정토의 세계에 태어나게 …운운…'을 하고, 나아가 살아 있는 사람의 축원(生祝願)까지 한다.
'지극한 마음으로 지장 대성님, …운운… 도명 존자로부터 졸리卒吏 사자使者 등에게 신례하오니, 오늘 재齋를 베푸는 재자齋者 아무 등의 고난과 액운을 소멸케 하소서.【대중들은 합창으로】현생에 복과 수명을 늘려 주시고 미래에는 깨끗한 정토 세계에 태어나게 해 주소서'라고 한다.
다음에 '지장보살 큰 성인의 위엄 있는 신통력은(地藏大聖威神力) …운운…' 하는 게송을 읊고, 상床 아래 쇠종을 4망치 열타列打한 뒤에 음악을 울리고, 다시 쇠종 1지늠를 치는 것이 옳다.
'아무 영가여 왕생극락하소서. …운운…, 아무개 보체保體의 액난을 소멸케 하여 주소서'를 한 다음 '지장정근地藏精勤 …운운…, 재를 올리는 사람 아무는 정근精勤 …운운…, 지장보살님께 간절히 기도하오니 …운운…' 하는 의식을 진행한다.

지장보살님 한가히 논다고 말하지 마라.
지옥문 앞에서 눈물을 거두지 못하신다네.
악을 짓는 사람 많고 선을 닦는 사람 적으니
사바세계 교화는 언제쯤 끝이 나려나.

협주 바라를 울리고 '축원 …운운…'을 한다. 바쁘고 시간이 촉박하면 관음시식觀音施食을 하는 것도 가능하며, 조용하고 한가하면 전시식奠施食을 하는 것이 가능하다.
영혼을 전송하고 '착어着語 …운운…' 한 다음 '우뚝 솟은 시왕전(十殿兀兀) …운운…' 하는 게송을 읊는다.
이 '시왕전(十殿)…'이라 하는 게송을 풍송할 때에 일정하게 정해진 특별한 게송은 없다. 상방上方은 시왕단(王壇)에 공양을 권하는 의식을 한 뒤에 '공양을 올리는 진언(供養眞言)'을 하고 그다음에는 '시왕전(十殿) …운운…'을 하지만, 이 하방下方에서는 그렇게 하지 않는다. 시식施食하는 의식을 하고 '받들어 전송하는 의식(奉送)'을 하고 '착어着語 …운운…' 하는데 어느 것이 옳은지 모르겠다.
또 다른 하나의 규범이 있는데 시왕을 공양하는 예(王供禮)가 비록 '시왕十王을 각각 배치排置한다'고 말하지만 매사每事가 갖추어지지 않았거나 또한 바쁘고 시간이 촉박하면 재식齋食을 한 뒤에 '대령對靈 …운운…'을 하며, 잠시 '영산례靈山禮 …운운…'을 한다. 그런 다음 경전을 펼쳐 독송하고 잠자코 한참 있다가(良久) '창혼唱魂 …운운…'을 하며, 공양을 올리는 의례는 하지 않는다. 그리고 돌아서서(回立) 시왕단을 향하여 '여러 가지 주뮌 …운운…'을 한다. 그 다음 '유치由致 …운운…'을 하고, 그 나머지는 모두 위의 의례와 같다.
또 떠돌아다니며 걸식하는 어떤 고승高僧이 "고독孤獨하게 지내던 사람이 죽으면 재를 지낸 뒤에 어둑어둑해질 때를 타서 잠시 대령對靈 의식을 베풀고, 영산례靈山禮를 갖추지 못했으면 천도할 재물로 저승길을 열어 주기 위하여 경전을 독송하고 잠자코 한참 있다가(良久) '창혼唱魂 …운운…'을 한다. 그리고는 돌아서서 시왕단을 향하여 여러 진언을 하고, 나아가 '당재청當齋請 …운운…'을 한 뒤에 명부 가운데 통어청統御請을 하는데 제5 염라대왕閻羅大王을 우두머리로 삼아야 하며, 그 나머지 의식은 팔왕八王의 명목名目을 따라 칭명稱名하면서 거론하는 것이 옳으며, 나아가 …운운…까지 하고 공양을 권하는 의식을 한다. 자세히 하거나 간략하게 하는 결정은 당시 상황을 살펴서 진행하는 것이 옳다."라고 하였다.

使者

意氣凶頑難抵敵。其徒百萬鎭冥司。

縱橫不念群情苦。遇少逢尊卽倒提。

【普禮云云。獻座云云。奉茶。茶偈。露靄云云。今將奉獻冥王衆。願垂云云。上增進供時。淨法界呪云云。鳴鈸或別文。香羞羅列。施主虔誠云云。四陀羅尼各三七篇。勸供廣畧隨時。或六法供養云云。或五供養。王增進供儀式。則壽生經云。二更二點。丁寧受供而餘時。則不受云云。然則當日昏時。爲始請白。須及二更進供。倨然可也。又冥王記云。四更一點。還宮云云。然則正及子時。進供可也。鳴鈸。或王供別文。切以香燈云云。四陀羅尼各二七篇。此增因緣。自性不關。不如伸五供養爲可。供養地藏無毒之言。除之可也。何者。無毒等上增受供戎。以此加持云云。冥府十王衆云云。乃至悉皆云云。始作云云。供養回向呪云云。今時皆云。金剛纂云云。此纂文。冥王取於冥府。以常誦爲業久矣。建大曆時。冥王放劉氏女子。欲傳於世云云。有識大師云。冥王黑心未斷故。若聞般若心經空旨。則大悅云云。不如心經空旨也。哲者通知是否。如此之言。不是臆談也。】

【次】和請

至心信禮。地藏大聖。某名靈加[1]。哀憫覆護。【衆和。】速離苦海。生於淨刹。
【至心云云。自道明至卒吏。衆和。某靈駕。哀憫云云。生於淨刹云云。乃至生祝願。

至心信禮地藏大聖云云。自道明至卒吏衆。今日設齋。齋者某等。厄苦燒滅。(衆和。)
云現增福壽。當生淨刹。次地藏大聖威神力云云。床足金列打四搥後。動樂金打下
一旨可也。某靈願徃生云云。某人保體厄消除。地藏精勤云云。齋者某人精勤云云。
地藏懇禱云云。】

莫言地藏得閑遊。地獄門前淚不收。
造惡人多修善少。南方敎化幾時休。
【鳴鈸祝願云云。忙迫則觀音施食爲可。從容則奠施食可也。送魂着語云云。次十殿
兀兀云云。此十殿之言。誦時未可定也。上方則王壇勸供後。供養眞言。次十殿云
云。是下方則不然。施食奉送着語後云云。未詳熟$^{2)}$是矣。又有一規。王供禮雖云。
十王各排云。每事不具。而又忙迫則齋食後對靈云云。暫陳靈山禮云云。閱經良久
後。唱魂云云。進供禮除之。回立。向王壇。諸呪云云。由致云云。其餘則皆上同。亦
有行乞高僧。又孤獨之人亡則齋後承昏時。暫陳對靈。不具靈山禮。以薦財冥路捨。
閱經良久。唱魂云云。回坐。王壇諸呪。乃至當齋請云云後。冥中統御請云。第五閻
羅大王爲首。其餘八王名目。擧稱爲可也。乃至云云。勸供廣略見機爲之可也。】

1) ㉑ '加'는 '駕'가 되어야 한다.(편자) 이하도 같다. 2) ㉑ '熟'은 '孰'인 듯하다.(편자)

시왕도영

모든 성현 자비 바람 누가 좋아하지 않으리오.
명왕들의 원력은 바다 같아 끝을 알기 어렵네.
다섯 신통[4] 신속하여 헤아리기 더욱 어려우니
순식간에 인간 세계 분명하게 살피시네.

---

4 다섯 신통 : 천이통天耳通·타심통他心通·신족통神足通·천안통天眼通·숙명통宿命通
을 말한다.

十王都詠

諸聖慈風誰不好。冥王怨[1]海最難窮。

五通迅速尤難測。明察人間瞬息中。

1) ㉠ 『천지명양수륙재의범음산보집』에는 '怨'이 '願'으로 되어 있는데 후자가 의미에 더 맞는 것 같다.

왕공가영

방편의 모습으로 자취에 응하시는 큰 보살님
진실로 업인에 따라 보답하시는 성왕이시여
위엄 있고 영명한 신통력 어찌 번거롭게 물으리.
염부제 관찰하심 빠르기 번개 빛 같아라.

王供歌咏

權衡應跡大菩薩。實報酬因是聖王。

威靈神力何煩問。觀察閻浮迅電光。

운수단 의식을 할 때

협주 재를 올리기 전 영산작법례靈山作法禮는 대례왕공大禮王供의 예와 전부 같다.

雲水壇時
【齋前靈山作法禮。全同大禮王供時。】

향의 공덕을 찬탄함

한 조각 전단향 값을 매길 수 없고
제일의 수미산은 최고 높은 산이네.
6수의 향 두루 통해 사바세계에 배니
이란(伊蘭)[5] 향같이 만 리에 퍼진다네.

협주 '향을 찬미하는 게송(香偈)인 계향 정향 혜향 해탈향(戒定慧解) ···운운···, 등게燈偈 ···운운···, 화게花偈 ···운운···'을 한다. 조용하고 한가하면 '삼귀의三歸依 의식'을 법대로 진행하는 것이 좋으며, 시간이 촉박하면 '삼지심三志心'을 하고 요잡繞匝 의식을 한 다음 바라를 울리고 합장合掌한 채 '향 연기 ··· 두루 덮고(香烟徧覆) ···운운···'을 진행한다.

개계문開啓文

협주 '자세히 살펴보건대 물에는 청정하게 하는 공이 있고 ···운운···'을 한다. 혹은 제반 諸般 처음에 시작하는 의례를 하기도 한다. 그리고 나서 '정토주淨土呪 ···운운···, 제가 지금 (我今以) ···운운···, 나무 사만다(南無三滿多) ···운운···, 천수주 ···운운···, 여러 가지 주呪

---

5 이란伊蘭 : 나무 이름. 꽃은 아름다우나 풍기는 냄새가 매우 독하다. 실제로 악취가 40리에 퍼진다고 한다. 경론에서는 이란향을 번뇌에 비유하고 전단향을 보리에 비유하는 경우가 많다.

…운운…'의 순서로 진행한다.

상단에 거불擧佛 의식을 하고 혹은 소疏를 읽기도 한다. 요령을 흔들면서 상위上位를 불러 청하는 게송인 '이렇게 요령을 흔들어(以此振鈴) …운운…, 불러 청하는 주(召請呪: 보소청진언) …운운…, 법회를 여는 연유(由致) …운운…세 번 청하옵니다'를 한 뒤에 가영歌詠인 '부처님 몸 … 두루 계시니(佛身普徧) …운운…, 자리를 드림(獻座) …운운…'을 하고, 차를 받들어 올리고 나서 차를 드리는 게송(茶偈)인 '지금 미묘한 약과(今將妙藥) …운운…' 하는 게송을 읊는다.

다음 중단에 거불 의식인 '불타님께 귀명합니다(南無佛陀) …운운…'을 하고, 혹은 소疏를 읽기도 하며, 요령을 흔들면서 중위中位의 대중을 불러 청하는 게송인 '이렇게 요령을 흔들어(以此振鈴) …운운…, 불러 청하는 주(召請呪), 법회를 여는 연유를 아뢰는 유치由致, 삼청三請 후, 가영歌詠인 천부에는 연꽃이 낮과 밤을 구분하니(天部蓮花分晝夜) …운운…, 보례普禮 …운운…, 자리를 드림(獻座) …운운…'의 순서로 진행하고 차를 받들어 올린 다음 차를 올리는 게송인 '이슬 안개는 조계의 방에서 오고(露靄來自曹溪室) …운운…'을 한 다음 상단과 중단에 공양을 권하는 의식을 한다.

자세하게 할 것인지 간략하게 할 것인지는 때를 따라 기미를 보아서 하되, 평상시 하는 것과 같이 하고 축원을 한다.

대중들은 요기를 한 뒤에 전시식奠施食 의식을 천천히(緩緩) 의례문에 나와 있는 대로 …운운… 진행하여 마친다.

시유時維 순치順治(淸世宗의 연호) 17년(1660) 경자庚子 벽암당碧岩堂과 임성당任性堂 두 스님 사이를 오가며 노닐던 지선智禪이 전라도 무주 고을 적상산赤裳山 호국사護國寺에 있으면서 『범음집梵音集』을 찬술한다. 세수하고 향을 사르고 삼가 기록을 마친 뒤에 진안 고을에 있는 중대사中臺寺로 옮긴다.

조연질助緣秩 : 전 판사前判事 민영敏英. 삼윤三允. 영묵靈嘿.

각수질刻手秩 : 인명印明. 응상應祥

喝香讚

一片栴檀沒價香。須彌第一最高岡。

六銖通徧熏沙界。萬里伊蘭一樣香。

【香偈。戒定惠解云云。燈偈云云。花偈云云。從容則三歸依。如法可也。時促則三志

心。繞帀鳴鈸。合掌云。香烟徧覆云云。】

開啓文
【詳夫水含淸淨之功云云。或諸般始頭例。則淨土呪云云。我今以云云。南無三滿多云云。千手云云。諸呪云云。上壇擧佛。或疏振鈴云。召請上位。以此振鈴云云。召請呪云云。由致云云。三請後。歌咏。佛身普徧云云。獻座云云。奉茶茶偈。今將妙藥云云。次中擧佛。南無佛陀云云。或疏振鈴云。召請中位。以此振鈴云云。召請呪。由致。三請後。歌咏。天部蓮花分晝夜云云。普禮云云。獻座云云。奉茶茶偈。露靄來自曹溪室云云。上中壇勸供。廣略隨時。見機如常。祝願。療飢後。奠施食。緩緩如禮也。云云畢。】

時維順治十七年庚子歲。碧岩堂與任性兩堂之間。遨遊。僧智禪者。在全羅道茂朱地。赤裳山護國寺。撰梵音集。盥手焚香。僅而書之後。移在鎭安地中臺寺。

助緣秩。前判事。敏英。三允。靈嘿。

刻手秩。印明。應祥。

부록 1
| 附錄一* |

---

* ㉠ '附錄一' 세 자字는 편자가 보입하였다.

사명일에 총림에서 혼령을 맞아 시식하는 법규

협주 유나維那는 종두鐘頭를 시켜 주지住持 앞에 나아가 쇠종 치는 규범을 여쭙게 한다. 주지는 하나하나 가르쳐 준 뒤에 먼저 향로전香爐殿 쇠종을 치게 하고, 마당 가운데에 5여래의 번기를 걸어 놓고 정문正門에 자리를 펴고 평상을 가져다 놓고 인로왕의 번기를 걸어 놓는다.

'두루 청하는 의식(普請)'을 평상시 하는 것과 같이 하고, 법당法堂과 선승당禪僧堂과 종각鐘閣의 쇠종을 각각 3망치 친 뒤에 주지住持와 대중들은 각각 패전掛錢과 꽃 한 가지씩 가지고 정문에 모여서 나란히 서면 점종點鍾을 치고 바라를 울린다.

지식이 있고 매우 명철하신 스님이 "거불의 의례는 '대성인로왕보살님께 귀명합니다(南無大聖引路) ····운운···'으로 해야 한다."라고 하셨는데, 여러 지방에서는 모두 "'명양구고지장왕보살님께 귀명합니다(南無冥陽救苦地藏王菩薩) ····운운···'으로 해야 한다."라고 말하고 있다.

법주法主가 요령을 세 번 흔들어 내리고 "자리를 나열한 선왕과 선후의 선가仙駕시여"라고 창唱한다.

> 금 목탁 두세 소리에
> 선령의 눈 활짝 열리고
> 난의 수레 가지의 힘으로
> 용의 깃발 수없이 나오시네.

협주 문 밖에서 요령을 흔들어 내리고 창혼唱魂 의식을 거행한다.

각각 복위伏爲인 먼저 돌아가신 부모님과 이름을 열거한 영가靈駕들이시여, 이미 경건한 초청을 받아서 벌써 도량道場에 강림하셨으니 합장하고 온전한 마음으로 금성金聖님께 참례參禮하시옵소서.

협주 판수判首는 맨 앞에서 인도하고 기사記事는 인로왕의 번기를 받들어 모시며, 주지住持는 종실宗室의 위패를 받들고 돌아서면 법주는 요령을 흔들어 내리고 단을 가리키는 진언(指壇眞言)인 '옴 예혜嘿 曳呬 ····운운···'을 하고, 어산魚山은 '대성인로왕보살님께 귀명합니다(南無大聖引路王菩薩)'를 하면서 반요잡半繞匝 의식을 진행하고, 격상擊象을 하며 마당으로 나아가 마당 중앙에 이르면 음악을 멈춘다.

叢林大利四名日迎魂施食之規

【維那使鍾頭。進住持前問擊金。則住持一一敎授。先打香爐殿金。而庭中掛五如來幡。正門鋪陳安床。掛引路幡。普請如常。擊法堂僧禪堂鍾閣金。各各三搥。住持與大衆。各持掛錢花枝一柄。聚正門齊立。點鍾鳴鈙。有識大哲師云。以擧佛例。南無大聖引路云云。諸方皆云。南無冥陽救苦地藏王菩薩云云。法主振鈴三下云。奉爲先王先后列位仙駕。】

金鐸兩三聲。仙靈眼歡開。
鸞馭加持力。龍旋是衆出。
【門外唱魂振鈴。】

各各伏爲先亡父母列。名靈駕。旣受虔請。已降道場。合掌全心。叅禮金聖。
【判首先引。記事奉引路幡。住持奉宗室位幡。回立則法主振鈴云。持壇眞言唵吹呬云云。魚山。南無大聖引路王菩薩。以半繞匝。擊象進庭中止樂。】

문을 여는 게송

발을 걷으면 미륵 부처님을 만나게 되고
문을 열면 석가모니 부처님을 뵙게 되오니
위없는 부처님께 아홉 번 예배하고서
법왕의 집안에 유희하소서.

협주 정문正門이 없는 절이면 법당 문을 닫고 먼저 정중계庭中偈를 하고 다음에 문을 여는 게송(開門偈)을 한다. 혹 문을 여는 게송을 하지 않아도 좋다. 유나維那는 문을 먼저 세 번

두드리고 큰 종 8망치를 친다. 판수判首는 문을 열고 대중들은 '마당 안으로 들어가는 게송(入庭中偈)'을 한다.

開門偈

捲箔逢彌勒。開門見釋迦。

三三禮無上。遊戱法王家。

【無正門。寺閉法堂門。先庭中偈。後開門偈。或開門偈不爲可也。維那打門三搥。大鍾八搥。判首開門。大衆入庭中偈。】

마당 안으로 들어가는 게송

일찍이 한 걸음도 움직이지 않았는데
물과 구름 사이를 지나쳐 오셔서
이미 아련야(적정처·절)에 도달하셨으니
법당에 들어가 부처님께 예배하소서.

◆ 入庭中偈

一步曾不動。來向水雲間。

旣到阿練若。入室禮金仙。

널리 삼보님께 예배함【어산이 진행한다.】

시방에 항상 계신 부처님께 널리 예배합니다.
시방에 항상 계신 가르침에 널리 예배합니다.
시방에 항상 계신 승가에 널리 예배합니다.

협주 법주法主는 다음 의식을 진행한다.

　아무 영가시여, 이미 삼보님께 예를 올리고 다시 주머니 속에 있는 구슬(衣珠)을 얻었으니 몸과 마음을 다 놓아버리고 의연히 자리에 나아가 머무십시오.

협주 체전을 걸 때에 법주는 요령을 흔들고 다음 게송을 진행한다.

　모든 부처님의 대원경大圓鏡[1]은
　필경에는 안과 밖이 따로 없네.
　오늘 이 자리에 부모를 만났으니
　눈과 눈썹 웃음꽃 피네.

普禮三寶【魚山。】
普禮十方常住佛法僧。
【法主。】

某靈。旣禮三寶。還得衣珠。放下身心。依位而住。
【掛錢時。法主振鈴。】

諸佛大圓鏡。畢竟無內外。
父孃今日會。眉目正相撕。

1　대원경大圓鏡 : 대원경지大圓鏡智의 줄인 말로서 일체종지一切種智를 말함. 유식唯識에서 4지智 중 하나로 꼽는다. 유루有漏의 제8식識을 통해서 얻는 무루의 지혜로서, 만덕萬德을 원만하게 구족하여 모든 법을 깨달아 안 것을 말하며, 불과佛果에 이르렀을 때 얻게 되는 지혜이다.

편안히 앉게 하는 주

옴 마니 군다리 훔 훔 사바하

협주 시식단施食壇의 높이는 석 자를 넘지 않아야 한다. 단壇 위에 상을 안치하고 그 위에 인로왕 번기를 걸어 놓는다. 정중앙에 종실의 위패(宗室牌)를 안치하고 제물을 진설한 다음 향로를 가져다 놓고 왼쪽에는 병화屛花를 두고 오른쪽에는 등촉燈燭을 놓아둔다. 좌우左右의 변두리에는 고혼단孤魂壇을 시설하고 맛있는 음식들을 나열해 놓는다. 혼고昏鼓를 두드리고 점종點鍾 7망치를 치고 법라法螺를 분다. 판수가 반扳을 잡고 순회巡廻하면 일제히 바라를 울리고 거불擧佛 의식을 평상시 하는 것과 같이 한다. 법주는 인로왕 보살 전에 향을 받들어 올리고 세 번 절을 하고, 주지는 종실단 앞에 향을 받들어 올리고 두 번 절을 한다. 그때 법주는 관상觀想을 하면서 잠자코 한참 있다가(良久) 요령을 세 차례 흔들어 내린다. 그때 좌우의 노덕老德스님들은 좌우의 고혼단에 차례차례 향을 받들어 올리고, 주지가 있는 절이면 '오늘 주지 신승臣僧 아무는 선왕들을 위하여(奉爲先王) …운운…'으로 진행하고, 주지가 없는 절이면 '오늘 합원대중合院大衆 등 각각의 복위伏爲인 이름을 나열해 놓은 먼저 돌아가신 부모님의 영가와 3대 가친들의 영가와 겸하여 온 법계의 주인이 없는 고혼孤魂 등…'으로 진행하고 요령을 한 번 흔들어 내린다.
암자의 법당이면 정문에서 대령례對靈禮를 하는 것은 제외하고, 오직 맛있는 음식만 나열해 차려놓고 요령을 흔들면서 '오늘 온 법당의 청정한 대중들은 선왕들을 위하여 …운운…'을 진행하고, 나아가 요령을 한 번 흔들어 내리고 '삼보의 힘을 입어 이 도량에 이르시어 이 향공양을 받으시고 무생無生을 깨달으소서' 하는 데까지 진행한다. 각각 악힌 착어着語 1수首를 읊는 것도 가능하다.

安坐呪

唵。麽尼。軍茶利。吽。吽。莎訶。[1)]

【施食壇高。不過三尺。壇上安床。引路幡。正中安宗室牌。進奠物安爐。左屛花。右燈燭。左右邊孤魂壇珍羞羅列。而昏鼓點鍾七搥。鳴螺。判首執扳巡回云。一齊鳴鈸。擧佛如常。法主奉香引路前三拜。住持奉香宗室前二拜。法主觀想良久。振鈴三下。時左右老德。次次奉香。左右孤魂壇。有住持處則今日住持臣僧某。奉爲先王云云。無住持寺。今日合院大衆等。各各伏爲先亡父母列名靈*加。三代家親。兼及法界無主孤魂等。振鈴一下。菴堂則正門對靈禮除之。而唯珍羞羅列而振鈴云。今日一堂淸衆等。奉爲先王云云。乃至振鈴一下。承三寶力。來詣道場。受沾香供。證悟

無生。各各所習着語一首可也。】

1) ㉞ 이 진언 중 '吽'이 하나 원문에 결락되어 있는데 다른 판본에 의거하여 역자가 보입해 넣었다.

정조착어

일 년 삼백육십 일
지난해와 새해가 바뀌는 새벽
날마다 제야가 마칠 때를 살펴보고
사람마다 음식 베풀어 집안 신들 천신하네.

工¹⁾朝着語
一年三百六十日。新舊正當代謝晨。
日日看看除夜畢。人人設食薦家神。

1) ㉞ '工'은 '正'의 오자인 듯하다.

단오

오늘 아침 단오 천중절에
만고에 불쌍하고 가련한 초나라 신을 위해
사람마다 정성껏 맛있는 음식을 차려놓고
억울함을 펴지 못하는 충혼 위해 제사 올리네.

해마다 7월 우란분재일은
바로 목련이 부모를 구원하신 날이라네.
사람마다 누군들 부모 없으리오.

깨끗한 음식 정성껏 차려놓고 가친들께 제사하네.

端午

今朝端午天中節。萬古哀怜楚國神。
人人虔設珍羞味。爲祀忠魂鬱未伸。
年年七月盂蘭會。是乃目連救母恩。
箇箇人人無父母。虔陳淨饌祭家親。

가오(한가위)

중추 보름날 무슨 제사 올리는가?
오나라 충신 오자서를 위함일세.
곳곳마다 이때에 선열의 맛을 닦아
혼령들 음식 받고 주린 배를 면케 하네.

협주 석자釋子가 부모님의 은혜에 보답하는 예를 올리는 것은 목련目連이 7월 보름에 어머니를 위하여 우란회盂蘭會를 연 때부터 비롯된 것이다. 여기에서 '해마다(年年)'라고 한 말은 바로 착어着語이다. 지금은 요령을 흔들면서 하는 게송(動鈴偈)을(아래 게송) 사용하고 있는데 가능하다.

이렇게 요령 울려 불러 청하오니
명도와 귀계에서도 모두 듣고 아시오소서.
삼보 가지의 힘을 받아서
오늘밤 지금 이곳으로 내려오시옵소서.

자비광명 비치는 곳에 연꽃이 피어나고
지혜 눈길 이르는 곳에 지옥이 없어지네.

더군다나 대비신주의 힘을 의지하였으니
중생들이 부처 이룸은 잠깐 사이라네.

협주 '천수주(千手) ⋯운운⋯, 만약 어떤 사람이든지 알고자 한다면(若人欲了知) ⋯운운⋯, 지옥을 깨뜨리는 진언(破地獄眞言) ⋯운운⋯, 원결을 풀어 주는 진언(解寃結眞言) ⋯운운⋯, 불러 초청하는 진언(召請眞言) ⋯운운⋯, 나무 보보南無步步 ⋯운운⋯, 대방광불 ⋯귀명합나다(南無大方廣佛) ⋯운운⋯' 하는 의식들을 진행하고, 다음에 '법회를 여는 연유(由致)'를 낭독하는 의식을 진행한다.

법회를 여는 연유

가만히 생각해 보건대 저승 세계는 아득하고 아득하며 앞길도 망망茫茫하여 알 길이 없고, 머리를 돌려보나 고향 가는 길을 잃어버렸고, 얼굴을 들어 돌아보아도 동행하여 짝할 이가 없으며, 우리 부처님의 자비에 의지하지 않고서는 고독한 혼령들로 하여금 제도하여 해탈케 하기가 어려우므로, 사문沙門 대중 등은 평등한 마음을 움직여 무차 법회(無遮會)를 열고, 우러러 삼보님의 힘을 받드오니 이 도량의 법회에 이르소서. 장차 불러 청하여 아뢰올 별도의 글로 삼가 일심으로 먼저 세 번 청하옵니다.
귀명하옵고, 일심으로 손을 들어 보배 일산을 잡으시고 몸에는 꽃다발을 걸치시고 혼령을 청하여 극락세계로 인도하며, 죽은 이의 혼령을 이끌어서 푸른 연꽃 궁전으로 향하게 하시는 큰 성인 인로왕보살 마하살님을 받들어 청하오니, 오직 자비로써 중생을 가련하게 여기시어 도량에 강림하시어 공덕을 증명하여 주시옵소서.

加午
中秋旣望是何祀。吳國忠臣爲子胥。
處處因修禪悅味。令魂受餐免飢靈。

【釋子爲父母報恩之禮。自目連七月之望。爲母作盂蘭會。爲始也。此年年之言。是着語也。如今以動鈴偈用之可也。】

以此振鈴伸召請。冥途鬼界普聞知。
願承三寶力加持。今夜今時來赴會。
慈光照處蓮花出。惠眼觀時地獄空。
又況大悲神呪力。衆生成佛刹那中。
【千手云云。若人欲了知云云。破地獄眞言云云。解冤結眞言云云。召請眞言云云。南無步步云云。南無大方廣佛云云。】

【次】由致
切以冥間杳杳。前路茫茫。回頭失脚家鄕路。擧頭前後無伴侶。不憑我佛慈悲。難使孤魂度脫。由是沙門大衆等。運平等心。設無遮會。仰承三寶之力。來赴道場之會。將伸召請。別有詞文。謹秉一心。先陳三請。南無一心奉請。手擎寶盖。身掛花鬘。導請魂於極樂臺中。引亡靈向碧蓮臺畔。大聖引路王菩薩摩訶薩。唯願慈悲。怜憫有情。降臨道場。證明功德。

향과 꽃으로 초청함

어짊 닦고 덕 쌓아 용왕 선신 기쁘게 하고
염불하고 경을 보아 업장을 없애 주시는
이와 같이 성현께서 영접하여 인도하시오니
뜰 앞의 높디높은 황금 다리 오르시네.

일심으로 받들어 청하옵니다. 지위는 성주聖主라 불렸고 세상에서는 명군明君이라 불리었으며, 나라나 사업事業을 먼저 일으켜 자손이 이어받을 수 있도록 하시어 마침내 이를 계승하여 이어지도록 하는 아름다움이 있으며, 하늘을 본받아 백성들을 보호하시고 진실로 조종祖宗께서 남겨 주신 경사스러운 일을 따르셨으니, 비록 옹희雍熙의 모습은 떠나셨으나 오르내리는 혼령마저 없지는 않을 것이며, 오직 우리 태조太祖 강헌대왕康獻大王과 여러 대군大君들과 왕의 후비后妃와 빈嬪들의 선가仙駕님을 삼보의 힘을 받들어 비밀한 말씀에 의지하여 오늘 이때 …운운… 하소서.

　천운이 돌고 돌아 북쪽 바람 움직여
　한 개의 화살로 기이한 공 이루셨네.
　송도성 안 중궁에선 머물기 어려워
　백악산 앞에다 별궁을 지으셨네.

받들어 청하옵니다. 집을 버리고 비구가 되고 속가를 버리고 비구니가 된 이와, 혹은 부모가 말리는데도 멀리 떠나 구름처럼 노니는 이와, 혹은 친지親知를 이별하고 참선하고 도를 묻기 위하여 여러 곳을 돌아다니면서 경문을 논의하고 가는 곳마다 스승을 찾으면서 바랑을 메고 발우를 짊어진 채 주장자를 들고 치달리며, 물을 건너고 산을 오르면서 고달프게 오고가며, 몸을 태우고 팔을 지지면서 법을 위해서는 온몸을 잊고 살았지만 성인을 만나지 못하고 헛되이 수고만 하다가 목숨을 잃은, 일체 과거 오래된 비구와 비구니 등 대중의 혼령님을 …운운… 하소서.

　고향 떠나 천 리 밖에서 몇 봄이나 보냈는가?
　문득 구름처럼 해상을 떠돌며 노니는 사람이여
　부모는 다만 행각을 떠났다고 말했는데
　어찌 타향에서 외로운 혼이 될 줄 알았으랴.

일심으로 받들어 청하옵니다. 참다운 모습은 이름을 떠나 있고 법신法身은 자취가 없건만, 인연 따라 사라지고 나타나고 하는 것이 마치 거울 속에 모양이 나타났다가 없어지는 것과 같고, 지은 업業을 따라 천당에 가고 지옥에 떨어지는 것이 흡사 우물 속에 두레박이 오르내림과 같아 묘한 변화 헤아릴 수 없으니 환幻 같은 몸이 오는데 무슨 어려움이 있겠습니까? 각각의 먼저 돌아가신 부모로서 이름을 나열한 영가들을 오직 삼보의 힘을 받들어 비밀한 말씀에 의지하여 오늘 이때 …운운… 하소서.

모든 영가시여, 기한(목숨)이 다해 몸이 죽어
눈물을 닦으며 불쌍히 여기니 괴로운 날 길구나.
삼혼은 고요히 어디로 돌아가셨으며
칠백은 아득히 먼 고향으로 가시었느뇨?

香華請歌咏
修仁蘊德龍神喜。念佛看經業障消。
如是聖賢來接引。前庭高步上金橋。
一心奉請。位稱聖主。世號明君。創業垂統。乃爲繼祠之有休。體元保民。實遵祖宗之餘慶。雖謝雍熙之相。不無陟降之靈。唯我太祖康獻大王。與諸大君王后妃嬪御仙駕。惟願承三寶力。仗秘密語。今日今時云云。
天運循環動北風。聊將一箭得奇功。
松都城裏難中住。白岳山前築別宮。
奉請。捨家僧行。棄俗厄童。或挽父母。而遠去雲遊。或別親知。而叅禪問道。諸方論議。到處尋師。桃囊負鉢。而柱杖驅馳。涉水登山。而往來莘苦。致使燒身鍊臂。爲法亡軀。不遇聖人。徒勞喪命。一切往古鍊行僧尼等衆云云。
離鄉千里數幾春。便是雲遊海上人。

父母只言行脚去。豈知鄕外作孤魂。

一心奉請。實相離名。法身無迹。從緣隱現。若鏡相之有無。隨業升沈。如井輪之高下。妙變莫測。幻來何難。各各先亡父母列名靈*加。唯願承三寶。仗秘密語。今日今時云云。

諸靈限盡致身亡。洒淚悲怜苦日長。

三魂渺渺歸何處。七魄茫茫餓¹⁾遠鄕。

---

1) ㉑ '餓'는 '去'인 듯하다.(편자) ㉺ 『천지명양수륙재의범음산보집』에는 '餓'가 '去'로 되어 있는데, 후자가 의미에 맞다. 번역은 후자를 따른다.

자리를 받아 편안히 앉으시게 함

모든 불자들이여, 위에서 부처님께서 섭수하심을 받들어 법에 의지하여 가지加持하였습니다. 이미 구속됨이 없이 자리에 임하였으니, 부디 소요逍遙함을 얻어 자리에 나아가소서.

협주 아래에 편히 앉으시는 게송이 있으니 대중들은 말씀을 따라 뒤에 합창한다.

제가 지금 가르침에 따라 꽃다운 자리 만들고
꽃과 과일 맛좋은 음식을 자리마다 올리오니
높고 낮은 지위에 따라 차례대로 앉으시어
온전한 마음으로 부처님 말씀 자세히 들으소서.

옴 마리 …운운….

협주 차 세 잔에 발우 하나를 준비하여 종실宗室 앞에 두 그릇을 올리고 좌우의 고혼단孤魂壇에 (한 그릇을) 올린다.

受位安座

諸佛子。上來承佛攝受。仗法加持。既無因繫以臨筵。願獲逍遙而就座。

【下有安坐之偈。大衆隨言後和。】

我今依敎設華筵。花果珍羞列座前。

大小依位次第坐。全心諦聽演金言。

唵麼利云云。

【茶三器一盃。獻宗室前二器。進左右孤魂壇。】

차를 올리는 게송

지금 강심수로 달인 미묘한 차를 가져다가
고통받는 외로운 영혼께 널리 보시합니다.
가슴속 만 곡斛의 때를 깨끗이 씻어 버리고
바람이 하늘에 가득한 구름 걷듯 상쾌하소서.

협주 요즘은 증명단證明壇에도 공양을 진상하는데 잘못이다. 왜 그런가 하면 청청하는 의식을 한 끝에는 증명공덕證明功德은 이 공양을 받는다고 하지 않았기 때문이다.
이 단壇에 4청請을 하고 나서는 곧 '부처님 몸…가득하시어(佛身充滿偏)'로 시작되는 게송을 하고, '시방세계 부처님께 귀명합니다(南無十方佛) …운운…'을 하는 것이 옳다. 그 나머지 의식은 모두 본문에 나와 있는 대로 '…운운…' 하고 진행하면 된다.
또 여러 지방 산문의 법당에서 진행하는 정실례正實禮를 보면 유치由致와 청사請詞의 글은 다 없애고 다만 '부처님 몸…가득하시어 …운운…'만 하고 마친다. 이 시식施食의 법규는 곧 진실로 진관사眞判事와 정관당靜觀堂의 견고하고 확실한(牢實) 제도이다.

茶偈

今將妙藥江心水。普施孤魂受苦倫。

洗滌胃中塵萬斛。歘如風捲滿雲天。

【今證明壇進供誤也。何者。請末證明功德。而不云受此供養矣。此壇四請用之。則越佛身充滿*徧。而自南無十方佛云云可也。其餘則皆如本文云云。又諸方山堂。正實禮。則由致請詞之文。盡除而但云。佛身充滿云云畢。此施食之規。乃眞判事與靜觀堂牢實之制也。】

성도재를 올릴 때 작법하는 규범

협주 유나維那는 종두鐘頭를 시켜 대중들 앞에서 목욕을 하고 옷을 단정하게 하라고 알리게 하고, 7일 밤 3경更 이후에 종두가 향로전香爐殿 작은 종을 치고, 다음에는 널리 청하는 의식(普請)을 평상시 하는 것과 같이 진행한다. 대중들이 모여서 임시로 설산소雪山所와 니련하측泥蓮河側을 만들고 신고晨鼓를 치고 대종大鍾 36망치를 치고 다시 점종點鍾 7망치를 친다. 판수判首가 진행하는 의례는 평상시 하는 것과 같이 하고 바라를 울린다.

成道齋作法規式

【維那使鍾頭。告大衆。皆沐浴整衣。而七日三更後。鍾豆¹⁾擊香爐殿金如常。普請大衆集。假作雪山所泥蓮河側。晨鼓大鍾卅六搥點鍾七搥。判首禮如常鳴鈸。】

---

1) ㉿ '豆'는 '頭'인 듯하다.(편자)

향의 공덕을 찬탄함

정각의 산 가운데 한 조각 향은
향 가운데 제일인 가장 높은 산이네.
해마다 이 밤에 향로에 살라
본사이신 석가세존께 공양합니다.

협주 조용하고 한가하면 '향찬香讚·등찬燈讚·화찬花讚과 게송'을 하고 '삼귀의三歸依…운운…' 하면 되고, 바쁘고 촉박하면 '삼지심三至心'만 하고, 고향비告香偈인 '자세히 살펴보건대 …운운…'을 한 다음 '요령을 흔들며 하는 게송(動鈴偈)'과 여러 축원인 '우러러 고하건대 …운운…'을 한다. 삭발削髮하는 의식을 겸하면 '마갈국청摩竭國請 …운운…'을 하고, 그 아래 삼청三請은 생략하고 '가엾이 많은 불보를 청하는 편(無邊佛寶請) …운운…'을 한 다음 '받들어 맞이하여 욕실에 이르게 하는 편(奉迎赴浴)'을 한다.

가만히 생각하오니 본래의 서원에 따라 불쌍히 여기는 마음을 일으키시고 권형權衡을 보이시어 부감赴感하시니, 이에 성문聲聞은 뒤를 따르며 옹호하고 보살菩薩은 앞에서 인도하는 이와 같은 삼보께서 이미 이 도량에 강림하셨습니다.

협주 대중들은 성발聲鈸 의식을 하고 받들어 맞이하여 욕실에 이르게 한다. 세 번 악기를 울리고 '길을 깨끗하게 하는 주(淨路呪)'를 낭송한다. 유나는 단壇 앞에 꿇어앉아 있고, 시자侍者는 위패를 받쳐들고 가서 유나에게 건네준다. 그리고 욕실의 휘장을 걷어 올리고 대중들은 주위를 빙 둘러 에워싼다. 어산魚山은 입실入室偈인 '비람원 안에서(毗藍園內) …운운…' 하는 게송을 읊고, '관욕을 찬탄하는 게송(讚歎灌浴)'을 읊는다. 여기에서 '삼가 욕실을 장엄하고 특별히 향을 넣어 끓인 목욕물을 준비해 놓았습니다. 아래 목욕할 때 읊는 게송이 있으니, 대중들은 말을 따라 합창하소서'를 한 다음 '구룡찬九龍讚 …운운…'을 한다.

저희가 지금 목욕시키는 석가세존은
바른 지혜와 공덕으로 장엄되셨고
오탁 중생들로 하여금 고통을 여의게 하고
여래의 청정한 법신을 증득케 하시네.

나모 사만다 못다남 옴 아아나 삼마마 사바하

협주 '성인을 인도하여 제자리에 돌아가게 하는 편(引聖歸位)'을 진행한다.

가만히 생각하오니 부디 향기로운 욕실을 떠나 지금 청정한 불단에 나아가 도량 높은 자리에 앉으시어 두루 공양을 드시옵소서.

협주 세 차례 악기를 울리고 제자리로 돌아간다. 그때 '자리를 드리는(獻座) …운운…'을 한 다음 유미죽乳味粥을 받들어 올리고 '차를 올리는 게송(茶偈) …운운…, 공양주供養呪'를 한다. 다음에 팔상례八相禮를 하면서 일일이 공경스럽게 절을 올린다. 그리고 나서 '회향하는 주(回向呪) …운운…, 능엄주楞嚴呪 일곱 번을' 한다. 바라를 울리고 다음에 '정각正覺 …운운…'으로 시작되는 의식을 진행하면, 대중들은 단상에 차를 올리는 것이 매우 옳다.
옛 현인賢人이 "삭발削髮 의식을 겸할 경우라면, 동자童子가 계戒를 받을 때 반드시 금강계단金剛戒壇에 이르러 …운운…, 계단戒壇이 없으면 사방 벽에 8금강金剛과 4보살菩薩의 명호名號를 써서 붙이고, 대중들이 정성스러운 마음으로 21번을 낭송하면 계단으로 변화된다. …운운…"이라고 하였다.
가사袈裟는 미리 함실銜室에 준비해 둔다. 함실의 사실은 태종太宗이 가사를 전해 받은 공덕에 나타나 있다. …운운…. 또 제석단帝釋壇에 이정移呈하는데 게사誡師가 '…운운…, 큰 성인에게 귀의(歸依大聖) …운운…'을 하고, 나아가 물그릇을 받들고 말석에서부터 게사 앞에까지 이르면 어산魚山이 삭도를 잡고 읊는 게송 읊는다.

喝香讚

正覺山中一片香。香中第一㝡高岡。
年年此夜爐中爇。供養本師釋迦尊。
【從容則香燈花讚與偈。三歸依云云。忙迫則三至心。告香偈。詳夫云云。動鈴偈。諸呪。仰告云云。箕削髮則摩竭國請云云。其下三請除之。而無邊佛寶請云云。奉迎赴浴。】

切以從本願以興悲。示權衡而赴感。玆者聲聞後擁。菩薩前驅。如是三寶。已降道場。
【大衆聲鈸。奉迎赴浴。三動樂淨路呪。維那跪壇前。侍者奉牌。授維那。擧揮帳。圍大衆邊。魚山入室偈。毗籃園內云云。讚歎灌浴。玆者謹嚴浴室。特備香湯。下有灌沐之偈。大衆隨言後和。次九龍讚云云。】

我今灌沐釋迦尊。正智功德莊嚴聚[1]
五濁衆生令離苦。當證如來淨法身。
那謨。三滿哆。母駄喃。唵。誐誐那。三麽麽。莎訶。
【引聖歸位。】

切以請離香浴。當赴淨壇。高坐道場。普沾香供。
【三動樂還位時。獻座云云。奉乳味粥。茶偈云云。供養呪。次八相禮一一敬拜。而回向呪云云。楞嚴呪七*偏。鳴鈸。次正覺云云。大衆前進茶可可。古賢云。兼削髮則童子受戒時。須到金剛戒壇云云。無戒壇則四壁書八金剛四菩薩名號。付壁。大衆誠心。誦三七*偏。則變成戒壇云云。袈裟預呈銜室。呈銜室之事。實現太宗傳受袈裟之功云云。又移呈帝釋壇。而誡師云云。歸依大聖云云。乃至奉水器。從末至戒師前。則魚山執刀頌。】

1) ㉘『천지명양수륙재의범음산보집』에는 '取'가 '聚'로 되어 있는데, 의미상으로는 '聚'가 맞을 듯하다.

[어산]삭도를 잡고 읊는 게송

보배 궁전 주인공이 일찍이 꿈속에 들어
무명초만 무성하니 몇 해나 기른 것인고?
이제 금강의 칼 아래 떨어지고 나니
무한한 광명이 대천세계 비추네.

협주 게사는 삭도削刀를 들고 "최후에 남은 한 오라기 결발結髮을 …운운…"이라고 말한다.
'한 오라기 결발'이란 삼계三界와 구지九地의 번뇌를 말하는 것으로서 견도見道와 수도修道에서 끊어야 할 81품品 중에 제9지地의 마지막 품의 명칭이다.
'소결小結 …운운…'이란 스님이 될 법명法名을 받은 뒤에 장삼長衫을 입는 것이 매우 옳다는 말이다. 그런데 요즘은 그렇게 하지 않고 스님이 될 법명을 받기 전에 가사부터 입으니 무슨 방법으로 금하겠는가?
'내지乃至 …운운…, 공덕승功德勝 …운운…'을 진행한다.
'사미沙彌를 맨 끝자리에 앉게 하고 그의 부모가 반대로 사미에게 절을 하게 하는 것(許座而父母反拜)'은 스님이 되는 도덕道德을 기뻐하는 의미에서이다.
유례儒禮에 관례冠禮를 치르는 날 어머니를 뵈면 어머니가 절을 하고 형을 뵈면 형이 절을 하는 경우와 같은 맥락으로, 요즘 사람이 출가하여 부처님을 섬기는 것도 이와 같은 의미이다.
부처님께서 도를 이루신 뒤에 시라국室羅國에서 교화敎化 …운운…, 부왕父王이 편지를 써서 사신에게 주어 보내어 나라에 돌아올 것을 명하고, 칙령勅令을 내려 도로를 깨끗하게 장식케 하였으나, 부처님께서는 '내가 걸어서 왕성王城에 들어가면 모든 석자釋子들이 교만한 마음을 일으키게 될 것이다. 응당 신통 변화로 나라에 들어가리라'고 생각하셨다.
그리하여 성문聲聞은 공중으로 솟아오르고 부처님은 땅에서 1자쯤 떨어져서 몸으로 허공을 능멸하며 왕성에 이르니 사람들이 "아버지가 아들에게 예를 올려야 하나, 부처님이 아버지에게 예를 올려야 하나?"라고 말하였다.
왕이 아들을 보자 위의와 형상(儀相)이 세속 사람들과는 전혀 달랐다. 머리와 얼굴을 땅에 대어 부처님의 발아래 예를 올렸다. 사람들은 차마 보지 못하고 "어찌하여 아비가 아들에게 예를 올린단 말인가?"라고 말하였다. 왕이 "너희들은 그런 말을 하지 마라. 당초에 태자는 태어나자마자 아무도 부축해 일으켜 주지도 않았건만 사방을 각각 7걸음씩 걸었다. 내가 문득 예를 올리고 난 뒤에 섬부수(剡部樹)라는 나무 아래에 앉았는데 해가 어느새 정오를 훌쩍 지나갔다. 그러자 모든 나무들은 그림자가 동쪽으로 기울었는데 섬부수 나무의 그림자만은 태자를 떠나지 않았다. 그래서 내가 그의 발에 예를 올리는 것이다."라고 말하였다.
그러나 지금 세 번 예를 올리고 자리에 나아가 앉는 것은 왕이 다시 부처님의 발에 예를 올리고 얼굴을 향하여 앉아서 모든 사람들에게 "이 네 번째 절은 절을 하는 사람은 아들이 도를 공경하는 것을 사랑해서 올리는 절이다."라고 말한 것을 의미한다. 그런데 요즘 사람들은 도리어 반대로 절을 하니 이와 같은 …운운….
위의威儀는 인배引拜와 유나維那가 연輦을 모시고, 어산魚山은 '사방을 돌아보아도 아무도 없어 법을 전하지 못하다가(四顧無人法不傳) …운운…' 하는 게송을 읊는다. 풍악을 울리고 영산회상의 법당에 나아가 위패를 편안하게 안치하고 '세존께서 도량에 앉으시니(世尊坐道場) …운운…, 대자례大慈禮 …운운…, 모든 중생들을 이롭게 하시어(爲利諸有情) …' 하는 게송의 순서로 진행한다. 공양을 올릴 때에 '법계를 깨끗이 하는 주(淨法界呪), 향기로운 음식을 진열한(香羞羅列) …운운…' 하는 의식을 진행하여 마친다.
비록 섣달 초8일을 맞이했다 하더라도 성도재成道齋는 올리지 않고 다만 삭발만 하는 경우, 여러 가지 주呪와 '거불擧佛' 의식 그리고 '불러 청하는 주(召請呪) …운운…'만 한다.

가만히 생각하오니, 달은 넓은 하늘에서 빛나되 달그림자가 천 강의 물에 떨어지듯이 능인能仁(석가모니 부처님)께서 세간에 나오셔서 지혜를 만 가지 무리의 근기에 투입하셨습니다. 이러한 까닭으로 강물이 깨끗해야 가을 달이 비치고 신심을 내어야 모든 부처님께서 강림하십니다. 여래께서는 참되고 진실한 지혜로 모든 중생들을 가엾게 여기시어 부디 간절히 예를 올리는 마음을 아시어 자비를 드리우사 증명하여 주시옵기를 일심으로 우선 3청을 펼치나이다.

　가없는 불보佛寶와 바닷속에 간직되어 있는 금문金文과 십지十地의 삼현三賢과 오과五果 사향四向의 성현님들을 일심으로 받들어 청하옵나니, 새로 처음 마음을 낸 동자들을 애달프고 불쌍하게 여기시고 부디 자비로써 도량에 강림하시어 그 공덕을 증명하여 주시옵소서. 내지乃至 …운운….

협주 이와 같이 변화한 삭발 의식은 산당山堂에서는 다 없애고, 다만 엄정게嚴淨偈를 한 끝에 '시방 …운운… 받들어 청하나이다' 하는 의식만 진행한다.

◆【漁山】執刀頌

寶殿主人曾作夢。無明草茂幾多年。

今向金剛鋒下落。無限光明照大千。

【戒師執刀云。最後一結云云。一結者。三界九地煩惱。見修所斷八十一品中。第九地末品名。小結云云。受僧名後。着長衫可可。今不然。僧名前着之。何以禁。乃至云云。功德勝云云。許座而父母反拜者。悅其道德也。儒禮冠日。見母母拜。見兄兄拜。今人出家事佛如此也。佛成道後。在室羅國。敎化云云。父王裁書。遣使歸國。勅令饒道。佛念行步入城。則諸釋起慢也。應以神變入國。聲聞湧空中。佛去地一尺許。以身凌空而至。人謂父禮子耶。佛禮父耶。王見子儀相非世。頭面禮佛足。人不忍見。何尊父禮子耶。王曰。汝等勿爲是言。當初太子。無人扶起。四方各行七步。我便禮後。剡部樹下坐。日已過午。諸樹影東。剡部影不離太子。我禮其足。今第三禮趣座。王復禮佛足。對面坐。告諸人曰。此第四拜。拜者。愛子敬道。今人反拜如是云云。威儀引拜。維那侍輦。魚山四顧無人法不傳云云。動樂。靈山會上。進法堂位牌安座。世尊坐道場云云。大慈禮云云。爲利諸有情。進供時。淨法界呪。香羞羅列云云畢。雖當臘月八日。不爲成道齋。而但爲削髮。則諸呪擧佛召請呪云云。】

切以長空。影落千江之水。能仁出世。智投萬彙之機。是以江水淨而秋月臨。信心生而諸佛降。如來眞實智。悲愍諸衆生。願知我虔誠。垂慈作證明。一心先陳三請。一心奉請。無邊佛寶。海藏金文。十地三賢。五果四向。哀愍新發。意童子等。惟願慈悲。降臨道場。證明功德。乃至云云。

【如此削髮繫華禮。山堂則盡除。而但嚴淨偈下。奉請十方云云。】

선법을 설할 때의 작법 절차

협주 여러 날 동안 큰 불사를 하려면 대중 법회가 있기 전날 재식齋食을 마친 뒤에 대중들이 여러 요사寮舍에 흩어져 있으면 종두는 향로전香爐殿 쇠종 3망치를 친다. 그러면 화상和尙은 세수하고 양치질을 한 다음 옷을 정갈하게 입고, 큰 종 18망치를 치면 지신地神은 여러 신들에게 전해 알린다.
"속히 와서 도량을 시위하여 보호하시오. ⋯운운⋯."
종두鐘頭는 화상 앞에 나아가 "때가 너무 늦었습니다."라고 말한다. 사미沙彌 두 사람을 시켜 방장실方丈室로 들어가 모시고 서 있게 하고 찰중察衆과 영도領道는 위의威儀를 갖추고서 방장 앞에 이르러서 고동을 울리고 바라를 울린 뒤에 부처님을 찬양하는 게송(讚佛偈)을 한다.

說禪作法節次

【累日大作佛事。則衆會前日齋食後。大衆散在諸寮。鍾頭擊香爐殿金三捶。則和尙盥漱整衣。大鍾十八捶。則地神傳報諸神曰。速來。侍護道場云云。鍾頭進和尙前云。時斯晩矣。使沙彌二人。入方丈侍立。察衆領道者。威儀赴方丈前。鳴螺鈸。】

부처님을 찬양하는 게송

진점겁 전에 정각을 이루시고
중생 제도 발원한 지 몇 천 회를 지냈는가?
참으로 깨끗한 세계에서 만류해도 머물지 않으시고
자비심 일으키고 지혜를 운영하여 중생 위해 오셨다네.

협주 '부처님은 넓고 큰(佛開廣大) ⋯운운⋯' 하는 게송을 읊고 화상은 의륜방편상意輪方便想을 운행하고, 중번中番은 강생게降生偈인 '왕궁에 탄강하자마자 본래 인연 보이시고(纔降王宮示本緣) ⋯운운⋯' 하는 게송을 읊는다. 유나維那는 방장 앞에 나아가 절하고 읍揖을 하고 문을 세 번 두드려 노크를 한다. 그러면 좌판수左判首와 우판수右判首는 각각 한쪽씩의 대문을 잡고 문을 연다. 화상이 신륜방편身輪方便을 운행한다는 생각을 하면서 문밖으로 나와 사방으로 각각 7걸음을 걸은 뒤에 다시 방장실로 들어간다. 그러면 당좌堂佐는 목어木魚를 치되 차츰 소리를 줄여 가며 5통通을 치는 것이 옳다.

그때 화상은 묵묵히 자리에 단정히 앉는다. 부처님께서 정각당正覺堂에서 『대화엄大華嚴』을 설할 때에 중생들은 귀머거리처럼 봉사처럼 잠자코 있는다. 그것은 법을 비방했다가 지옥에 들어간 사람이 파다頗多하기 때문이다. ···운운···. 부처님은 법신法身인 노사나의 몸을 감추고 화신化身의 양量을 나타내어 '21일 뒤에는 설산雪山에 들어가야겠다' 생각하고는 설산에 들어가서 6년 동안 고행苦行을 한 끝에 명성明星을 보고 도를 이루었다. ···운운···. 허공신(空神)은 여러 신들에게 도량에 모두 모이라고 알린다.
삼번三番이 합동으로 다음 게송을 읊는다.

부처님께서 세상에 나오심은 아주 드문 일

우담바라 피는 것보다 더하옵니다.

오늘 이 도량에 앉아 계시니

모든 하늘들이시여, 속히 와서 위로하소서.

협주 도리천주忉利天主는 부처님의 발에 공경스럽게 예를 올리고 법라法螺 12지름를 울린다.

유나는 방장 앞에 나아가 절하고 읍한다. 화상은 다시 의륜방편상意輪方便想을 운행하고, 당좌堂佐는 목어를 세 차례 우레 소리처럼 울리고 종을 21번 친다.

찰중은 방장실로 들어가 절하고 읍한 다음 "중생을 제도하실 때가 이미 왔습니다." 하고 아뢴다. 화상은 다시 신륜방편상身輪方便想을 운행한다.

세존께서 이 세간에 나오셨으니
많은 겁 지나가도 만나기 어려운 일
제가 오늘 자비한 어머니를 만났으니
해탈하는 법을 들려주소서.

협주 기사記事가 방장실에 들어가 읍하고 "중생들을 제도하기 위하여 부디 자애로운 마음으로 불쌍히 여겨 주십시오." 하고 말한다. 화상은 고개를 끄덕일 뿐이다. 당좌가 점종點鍾 7망치를 치고 참주參柱는 북 8망치를 친다. 삼광천三光天은 부처님의 발에 절을 한다. 삼번三番은 함께 다음 게송을 읊는다.

비유하면 해맑은 보름달이
모든 강물에 널리 나타나 있는 것 같네.
그림자 형상이 아무리 한량없이 많아도
본래의 달은 애당초 둘이 아니네.

협주 상번上番은 '세존이 당시에 설산에 들어가(世尊當入雪山中) …운운…' 하는 게송을 읊는데 4구절의 끝에 모두 풍악을 울린다. 중번中番은 '높고 높이 우뚝 솟아 감춤 없이 드러나니(巍巍落落裸裸), 천지간에 홀로 걷는데(獨步乾坤) …운운…' 하는 게송을 읊고, 중번은 또 '만약 산중에서(若也山中) …운운…' 하는 게송을 읊는다. 삼번三番이 함께 '…천릿길 떠나시니(移行千里) …운운… 돌아가는 길에 정만 잊으면 곧 정토에 이른다네(歸道情忘到淨邦)' 하는 게송을 읊고, '거영산회상擧靈山會上 …운운…' 하는 의식을 진행한 다음 일체 위의威儀는 죽 늘어서서 사람들과 함께 음악을 울리면서 사자좌師子座 앞에 이르면 음악을 중지한다.
중번은 다음 게송을 읊는다.

讚佛偈

塵點劫前成正覺。度生發願幾千廻。
眞淨界中留不住。興悲運智爲機來。
【佛開廣大云云。和尙運意輪方便想。中番降生偈。纔降王宮示本緣云云。維那進方
丈前拜揖。打門三搥。左右判首。各執一隻開門。則和尙運身輪方便之想。出門外。

四方各行七步之後。還入方丈。則堂佐擊木魚殺五通。

○○○○○‥‥‥　　　○○○○○‥‥‥
○○○○○‥‥‥
○○○○○‥‥‥

和尙默然端坐者。佛正覺堂中。說大華嚴時。衆生如聾若盲。謗法故。入地獄者。頗多云云。佛隱捨那身而現化身量。思惟三七日後。入雪山六年苦行後。見明星成道云云。空神以報諸神。咸集道場。三番。】

諸佛出希有。甚於優曇花。

今日坐道場。諸天速來慰。

【忉利天主。敬禮佛足。鳴螺十二旨。

○○○○○○
○○○○○○

維那進方丈前拜揖。和尙再運意輪方便想。堂佐擊木魚。以三雷聲格三七搥。

○○○○○○
○○○○○○○
○○○○○○○

察衆入方丈拜揖云。度生時已至。和尙再運身輪方便想。】

世尊出世間。浩刼難値遇。

今我得慈母。願聞解脫法。

【記事入方丈門揖曰。爲度衆生。願垂慈愍。和尙點頭已耳。堂佐點鍾七搥。參柱擊八搥。三光天禮佛足。三番云。】

比如淨滿月。普現一切水。

影像雖無量。本月不曾二。

【上番。世尊當入雪山中云云。四句下。皆動樂。中番。巍巍落落淨淨裸裸。獨步乾坤云云。中番若也山中云云。三番移行千里云云。歸道情忘到淨邦。擧靈山會上云云。一

切威儀列立。與人同樂。至師子座前。止樂。中番。】

법상에 오르기를 청하는 게송

이 걸림 없는 해탈의 평상에 올라
평등한 지혜 청정한 광명으로

협주 삼번이 함께 다음 게송을 읊는다.

미진을 돌이켜 비추어보니 법계는 공한 것
대대로 이어온 최상의 선이로구나.

협주 상번은 '오묘한 보리좌를(妙菩提座) ···운운···, 화상께서 앉자마자(和尙坐已) ···운운···' 하는 게송을 읊으면, 화상은 법상에 오른다. 중번中番이 차를 올리는 게송(茶偈)인 '이제 감로 맛의 차로(今將甘露茶), 화상님 전에 받들어 올리오니(奉獻和尙前) 굽어···살피시어(俯鑑) ···운운···' 하는 게송을 읊는다. 종두가 쇠종 3망치를 치고 법천주梵天主는 법을 설해 주기를 청한다.
삼번三番은 다음 게송을 읊는다.

목마를 때 냉수를 생각하듯이
굶주린 이 좋은 음식 생각하듯이
우리들도 이와 같아서
감로 법 듣기를 바랍니다.

협주 상번上番은 다음 게송을 읊는다.

登床偈

登此無碍解脫床。平等智惠淸淨光。

【三番。】

返照微塵空法界。代代相承上上禪。
【上番。妙菩提座云云。和尙坐已云云。和尙登床。中番茶偈。今將甘露茶。奉獻和尙前。府鑑云云。鍾頭擊鍾三搥。梵天主請法。三番。】

如渴思冷水。如飢思美食。
我等亦如是。願聞甘露法。
【上番。】

법을 설하는 게송

내가 이제 너희 위해 미묘한 법 설하니
너희들 모든 사람은 의심을 내지 마라.
듣는 사람마다 지금 부처가 될 것이니
지극한 마음으로 자세히 들으면 환희하리라.

협주 삼계三界의 모든 천주天主들은 모두 도량에 와서 법 설하시는 말씀을 들으려 한다. 그때 대도大都 등은 잡인들을 엄금하여 차례를 어기고 잡된 질문을 하는 것을 막고 깨끗한 납승衲僧들만 법과 같이 위의를 갖추고 차례차례 앞으로 나아가 질문하게 한다.

첫 번째 질문자가 여쭙는다.
"어떤 것이 제1구입니까?"
화상和尙은 묵묵하게 앉아만 있는다.
두 번째 질문자가 여쭙는다.
"어떤 것이 제2구입니까?"

화상은 불자拂子만을 들어 보인다.
세 번째 질문자가 여쭙는다.
"어떤 것이 제3구입니까?"
화상은 몸을 움직여 보인다.
첫 번째 질문했던 사람이 다시 들어가 질문한다.
"제1구의 의미가 어디에서 나온 것입니까?"
화상은 대답한다.
"삼요三要의 도장(印)을 찍었으나 붉은 글씨는 그 간격이 좁아서 숨어 있으니, 주인과 나그네가 나누어지는 것을 용납하지 않는다."
그 질문을 한 사람이 말한다.
"법왕이시고 법왕이시며 매우 큰 법왕이십니다."
게송을 읊는다.
"보신도 화신도 참이 아니니 허망한 인연인 줄 알라. …운운…."
두 번째 질문했던 사람이 다시 질문한다.
"제2구의 의미가 어디에서 나온 것입니까?"
화상은 대답한다.
"묘희(妙喜: 문수)가 어찌 무착無着 선사의 물음을 용납하겠는가마는 방편(漚和)상 어찌 뛰어난 근기(무착)를 저버릴 수 있으랴."
그 질문을 한 사람이 말한다.
"법왕이시고 법왕이시며 매우 큰 법왕이십니다."
게송을 읊는다.
"구름 걷히니 가을 하늘에 뜬 달이 못에 박혀 있구나. …운운…."
세 번째 질문했던 사람이 다시 질문한다.
"제3구의 의미가 어디에서 나온 것입니까?"
화상은 대답한다.
"무대 위에 꼭두각시 조종하는 것을 잘 보아라. 밀었다 당겼다 하는 것이 모두 그 속에 사람이 있어서 하는 것이다."
그 질문을 한 사람이 말한다.
"법왕이시고 법왕이시며 매우 큰 법왕이십니다."
【이와 같이 찬탄하는 말을 하고 물러난다.】
게송을 읊는다.

젊어서부터 돌아다녀 먼 곳에 익숙하니
몇 번이나 형산을 돌고 소상강을 건넜던가.
어느 날 아침에 고향 땅을 밟으니
비로소 도중에 보낸 세월 긴 줄을 깨달았네.

네 번째 질문했던 사람이 법상 앞으로 나아가 선상禪床을 세 번 친다. 그리고는 법상을 세 바퀴 빙 돌고 나서 여쭙는다.
"어떤 것이 임제종臨濟宗의 가풍家風입니까?"
"맨손에 한 자루의 칼을 들고 부처도 조사도 죽이는 것이다."
"어떤 것이 조동종曹洞宗의 가풍입니까?"
"권도로 오위五位를 열어 다섯 가지 근기를 위해 설법하는 것이다."
"어떤 것이 운문종雲門宗의 가풍입니까?"
"칼날에 길이 있고 철벽에는 문이 없는 것이다."
"어떤 것이 위앙종潙仰宗의 가풍입니까?"
"스승이 부르면 제자가 화답하고 아버지와 아들이 한 집에 살고 있는 것이다."
"어떤 것이 법안종法眼宗의 가풍입니까?"
"말 속에 칼이 있고 글귀 속에 칼날이 숨어 있는 것이다."
"조사께서 서쪽에서 오신 뜻이 무엇입니까?"
"앞으로 가까이 오너라. 너에게 말해 주겠노라."

"어떤 것이 사선四禪이며 팔정八定입니까?"

"너는 대통으로 세상을 보고 있구나."

"선문禪門의 요지要旨가 어떤 것입니까?"

"평등平等을 종지로 삼는 것이다."

"달마 대사는 아무 문자를 성립하지 않았는데 무슨 법을 설하여 사람들에게 보여 주셨습니까?"

"풍습을 관찰하고 중생들을 교화하였다."

"필경畢竟의 일은 어떤 것입니까?"

"본래 아무 차별이 없다."

또 교학敎學하는 사람이 여쭙는다.

"어떤 것이 마음입니까?"

"마음이 곧 부처이니라."

"어떤 것이 부처입니까?"

"부처가 바로 중생이다."

"무엇이 법신法身입니까?"

"비로자나毗盧遮那이다."

"무엇이 보신報身입니까?"

"노사나盧舍那이다."

"무엇이 화신化身입니까?"

"우리 석가釋迦이시다."

"어떤 것이 화엄의 제1구입니까?"

"만약 누구든지…깨달아 알고자 하면(若人欲了知) …운운…."

"어떤 것이 사제법四諦法입니까?"

"그것은 바로 성문법聲聞法이다."

"어떤 것이 12인연因緣입니까?

"연각법緣覺法이다."

"어떤 것이 육바라밀(六度)입니까?"
"그것은 바로 보살법菩薩法이다."
"모든 경의 방편方便은 어떻습니까?"
"『화엄경』은 모습을 여의는 것으로써 방편을 삼았고, 『대품경』은 무소득無所得으로 방편을 삼았으며, 『금강경』은 머무름이 없는 것으로써 방편을 삼았고, 『원각경』은 환幻을 여의는 것으로써 방편을 삼았으며, 『법화경』은 방편을 열어 실제에 들어가는 것으로써 방편을 삼았고, 『열반경』은 진상眞常으로써 방편을 삼았다."
"어떤 것이 해탈解脫입니까?"
"그 누가 너를 얽어맬 수 있겠느냐?"
"어떤 것이 열반의 즐거움입니까?"
"생멸의 법이 멸하면 곧 적멸로써 낙을 삼게 된다."
"어떤 것이 중생을 제도하는 일입니까?"
"평등한 성품 가운데에는 본래 중생을 제도할 일이 없다."

협주 이때 화상은 법을 전할 보살을 찾고 법음梵音은 다음 비송을 읊는다.

영취산에서 꽃을 들어 상근기에 보이시니
눈먼 거북이가 떠다니는 나무토막을 만난 것 같네.
음광(가섭)이 빙그레 웃지 않았더라면
끝없는 맑은 바람 누구에게 전했을까?

협주 세존께서 꽃을 들어 대중들에게 보이자 대중들 중에 오직 가섭迦葉 한 사람만이 빙그레 웃음을 지었다. 화상이 가섭을 불러 앉아 있던 자리를 반쯤 내어 주면서 앉게 하자 아무 말이 없이 잠자코 앉는다. 기사記事가 가섭 앞에 나아가 "부디 법령法令을 받자와 중생들을 제도하여 주십시오."라고 한다.
여기서부터 뒤로는 묻는 것마다 모두 가섭이 결답決答하는 것이 옳다. 참주叅柱는 백추白搥를 치고 당좌堂佐는 "삼가 대중들에게 알리니 법왕의 법당을 자세히 살피고 정근하면서 원종

지념圓種智念에 다 함께 나아갑시다."라고 한다. 다음에 법상에서 내려오시비 하는 종을 치고, 중번은 법상에서 내려오시비 하는 비송(下床偈)인 '사람들이 부처님 법의 의미를 듣고(人聞佛法意), 초연招然 ....운운...' 하는 비송을 읊는다. 화상은 선상에서 내려와서 방장실로 돌아간다. 그때 시자侍者는 '천 길 낚싯줄을 곧게 아래로 드리우니(千尺絲綸直下垂) ....운운...' 하는 비송을 풍송하고, 대중들은 모두 가람단伽藍壇 작법을 할 장소로 이동한다.

說法偈

我今爲汝微妙法。汝等諸人勿有疑。

聞則人人當作佛。至心諦聽大歡喜。

【三界諸天主。咸來道場。欲聞說法。時大都等。嚴禁雜人。倒次雜問。而洒洒衲僧。如法威儀。次次進問。】

初問者云。如何是第一句。和尙默然而坐。二問者云。如何是第二句。和尙擧拂子示之。三問者云。如何是第三句。和尙動身示之。初問者再入問云。第一句意甚麽生。和尙答云。三要印開朱點窄。未容擬議主賓分。其問者云。法王法王大法王。頌曰。報化非眞了妄緣云云。二問者云。第二句意甚麽生。和尙云。妙喜豈容無着問。漚和爭負絶流機。其問者云。法王法王大法王。頌曰。雲捲秋空月印潭云云。三問者再入云。第三句意作麽生。和尙云。看取棚頭弄傀儡。抽牽全借裏頭人。其問者云。法王法王大法王。【如是讚許而退。】頌云。

自少來[1] 慣遠方。幾回衡岳渡瀟湘。
一朝踏[2] 着家鄕路。始覺途中日月長。
四問者。進於床前。擊禪床三搥。繞床三匝而問曰。如何是臨濟宗家風。和尙答云。赤手單刀。殺佛殺祖。問。如何是曹洞宗家風。和尙云。開權五位爲說五根。問。如何是雲門宗家風。答。釰鋒有路。鐵壁無門。問。如何是僞仰宗風。答。師資唱和。父子同家。問。如何是法眼宗風。答。言中有劍。句裏藏鋒。問。如何是祖師西來意。答。近前來。向爾道。問。如何是四禪八定。答。汝是管見。問。禪門要旨如何。答。平等爲宗。問。達摩不立文字。說何法爲人示。答。觀風化物。問。畢竟事如何。答。本無差別。又敎學者問。如何是心。答。心是佛。問。云何佛。答。佛是衆生。問。云何法身。答。毗盧遮那。問。云何報身。答。盧舍那。問。云何化身。答。我是釋迦。問。云何花嚴第一句。答。若人欲了知云云。問。云何四諦法。答。是聲聞法。問。云何十二因緣。答。緣覺法。問。云何六度。答。是菩薩法。問。諸經方便。答。花嚴以離相爲方便。大品無所得爲方便。金剛無住爲方便。圓覺以離幻。法花以開權入實爲方便。涅槃以眞常爲方便。問。如何是解脫。答云。誰能汝縛。問。云何涅般樂。答。生滅滅已。寂滅爲樂。問。云何度生之事。答云。平等性中。本無衆生可度之事。

【於是和尚。求傳法菩薩。梵音云。】

靈鷲拈花示上機。肯同浮木接盲龜。
飲光不是微微笑。無限淸風付與誰。
【世尊擧拈花。以示衆中。唯迦葉一人。破顏微笑。和尙招之。分座而與坐。默然端坐。則記事進迦葉前云。願承法令。爲度衆生。自此後問問。皆迦葉決答爲可。眔柱白搥。堂佐云。恭白大衆。諦觀法王法堂。勤精進同圓種智念。次下床搥。中番下床偈。人聞佛法意。招然云云。和尙便下禪床。歸方丈時。侍者誦云。千尺絲綸直下垂云云。大衆皆歸伽藍壇作法處犮。】

---

1) ㉮ '來' 뒤에 한 자字가 빠진 듯하다.(편자) 2) ㉮ '蹽'은 '踏'인 듯하다.(편자)

저녁 때 향을 사르고 닦는 작법

협주 종두는 '널리 청하는 의식'을 평상시 하는 것과 같이 하고 종을 친다.

昏時焚修作法
【鍾頭普請。如常擊金。】

향의 공덕을 찬탄함

삼업을 함께 닦고 삼보에 예 올리며
오륜(오체)을 땅에 던져 오륜을 관찰하네.
육근을 움직이지 않으면 육진이 사라지고
팔식을 완전히 잊으면 팔덕이 원만하리.
제가 지금 시방의 부처님께 두루 예 올리오니
항하의 모래처럼 많은 죄장 모두 소멸되네.

협주 혹은 두 번 해도 좋다. 중번은 다음 게송을 풍송한다.

喝香讚
三業同修三寶禮。五輪着地五輪觀。
六根不動六塵滅。八識頓忘八德圓。
我今普禮十方佛。恒沙罪障皆消滅。
【或再稱亦可。中番偈。】

등을 찬탄함

한 법당에 보배 촛불 부처님 앞에 놓였는데
마치 밝은 달이 온 하늘을 비추듯 하네.
오늘밤 부처님 단 앞에 밝은 저 촛불
진공의 이마 위를 그지없이 비추네.
제가 지금 시방의 가르침에 두루 예 올리오니
항하의 모래처럼 많은 죄장 모두 소멸되네.

협주 혹은 두 번 해도 좋다. 삼번이 함께 다음 게송을 풍송한다.

燈讚
一堂寶燭在佛前。猶如朗月照周天。
今夜佛前壇現燭。眞空頂上照無邊。
我今普禮十方法。恒沙罪障皆消滅。
【或再稱亦可。三番。】

꽃을 찬탄함

내가 본래 이 땅에 온 것은
법을 전하여 헤매는 중생 구제하려 함이네.
꽃 한 송이에 다섯 개의 잎[2]이 피어났으니
그 결과가 저절로 이루어졌네.

---

2 꽃 한 송이에 다섯 개의 잎 : 달마 스님이 일화一華에 해당하고, 그 뒤를 이은 혜가·승찬·도신·홍인·혜능 다섯 분이 오엽五葉이다.

제가 지금 시방의 승가님께 두루 예 올리오니

항하의 모래처럼 많은 죄장 모두 소멸되네. ···운운···

협주 사달타沙怛陁이면 '능엄회상楞嚴會上 ···운운···'을 하고, 천수千手면 '원통회상圓通會上 ···운운···'을 하며, 『금강경』이면 '반야般若 ···운운···'을 한다.
바라를 울리고 축원祝願을 한다.
새벽 분수(晨朝焚修)를 할 때에는 종두가 의례를 평상시 하는 것과 같이 한다. 바쁘고 시간이 촉박하면 '예불송禮佛頌 ···운운···, 고향게告香偈 ···운운···, 천수 ···운운···, 엄정게嚴淨偈 ···운운···'을 하고 단청불單請佛인 '시방의···받들어 청하옵나니(奉請十方) ···운운···'을 하고 공양을 올린 뒤에 '축원 ···운운···'으로 진행한다.

花讚

吾本來玆土。傳法救迷情。

一花開五葉。結果自然成。

我今普禮十方僧。恒沙罪障皆消滅云云。

【沙怛陁則楞嚴會上云云。千手則圓通會上云云。金剛經則般若云云。鳴鈸祝願㳄。晨朝焚修時。鍾頭禮如常。忙迫則禮佛頌云云。告香偈云云。千手云云。嚴淨偈云云。單請佛。奉請十方云云。進供祝願云云。】

점안 의식문

협주 옛 현인들이 모아 놓은 책을 자세히 살펴보다가 기묘奇妙한 문장을 찾게 되었으므로 여기에 기록해 둔다. 널리 청하는 의식(普請)은 평상시 하는 것과 같이 하고 쇠종을 친다. 8금강金剛과 4보살菩薩의 명목名目을 사방 벽에 써 붙이고 대중들이 정성스러운 마음으로 21번을 암송暗誦하는 것이 좋다. 점종點鍾 7망치를 치고 바라를 울린다.

此點眼儀文

【詳察古賢之集。搜得奇妙之文。書之。普請如常。擊金。八金剛四菩薩名目。書之四壁。大衆誠心。誦之三七*偏爲可。點鍾七槌。鳴鈸。】

향의 공덕을 찬탄함

전단향 나무로 중생의 모습을 만들고
여래와 보살의 모습도 만들어
비록 천만 가지 얼굴이 다 다르지만
그 향기를 맡아 보면 다 같은 전단향의 향기라네.

협주 '향게香偈, 등게燈偈, 화게花偈 ⋯운운⋯' 하는 의식을 진행한다. 시간이 촉박하면 '3지심至心'의 의식을 진행한다. 시간이 허락되면 '삼귀의三歸依'의 의식을 법대로 진행한다. 격상擊象하고 바라를 울리고 '합장게合掌偈, 고향게告香偈'의 의식을 진행하고, 나아가 불상을 만들게 된 인연을 설하여 보인다. ⋯운운⋯ 그리고는 아래 게송을 읊는다.

喝香讚

栴檀木做衆生像。及與如來菩薩形。

萬面千頭雖各異。若聞熏氣一般香。

【香燈花偈云云。時促則三至心。從容則三歸依如法。擊象鳴鈸。合掌告香偈。乃至

說示造像起緣云云。乃至。】

법신영

법신의 성품 바다 삼계를 초월하니
미묘한 작용 5근을 갖춤에 무슨 방해 있으랴?
담적하고 응연하여 항상 또렷이 깨어 있어
인간이나 천상 모두에게 은혜 입히네.

法身詠
法身性海超三界。妙用何妨具五根。
湛寂凝然常覺了。人間天上總沾[1]恩。

---
1) ㉧ '沾'은 '霑'인 듯하다.(편자)

보신영

원만한 인과를 여여하게 증득한
의보와 정보의 장엄 상호가 서로 다르나
결국에는 하늘의 보좌에 올랐다가
보리수 아래서 금빛 몸 나타내셨네.

報身詠
因圓果滿證如如。依正莊嚴相好殊。
究竟天中登寶座。菩提樹下現金軀。

화신영

도솔천과 야마천이 선서(부처님)를 맞이하고
수미산과 타화자재천에서 여래를 뵈옵는데
같은 때와 회중에서 한 가지로 이와 같이 나투심이
달이 천 개의 강에 동시에 나투듯 의심하지 마소서.

化身詠
兜率夜摩迎善逝。須彌佗化見如來。
同時同會同如此。月印千江不可猜。

아촉영

동방의 아촉불은 온갖 동요가 없이
반야궁 안에서 자성을 지키시고
항상 편안한 마음으로 환희국에 머무시니
금강경지金剛鏡智가 수미산과 같으시네.

阿閦詠
東方阿閦無群動。般若宮中自性持。
常住安心歡喜國。金剛鏡智似須彌。

보성영

남방의 보성여래 부처님은
항상 보광반야궁에 머무시네.

복덕과 장엄을 다 갖추시고
원만하게 밝은 성지로 중생들 깨우치네.

寶性詠
南方寶性如來佛。常住普光般若宮。
福德莊嚴皆具足。圓明性智接群蒙。

자재영

미타는 반야궁에 의지하여 계시면서
미묘하고 자재한 관찰로 신통을 놓으시네.
비록 그러나 늘 삼마지에 머물면서
지혜 운행과 자비 나툼이 한 몸처럼 동일하네.

> **협주** 성취불成就佛을 청하는 의식을 한 끝에 '원강願降 ····운운····'을 하고 꽃을 뿌리고 풍악을 울린다.

自在詠
位寄彌陀般若宮。妙觀自在放神通。
雖然常住三麼地。運智與悲一體同。
【成就佛請下。願降云云。散花動樂。】

[다음에]가영

북방에 평안하게 계시는 지혜의 구름
구름 일어 비 내리듯 중생들 이롭게 하고

바다가 모든 보주를 품어도 장애가 없듯이
반야의 궁전 가운데 지혜의 달이 밝았도다.

【次】歌咏

珍重北方智海雲。雲能將雨利群生。
海含諸寶深無碍。般若宮中智月明。

사보살 가영

사방의 네 분 큰 보살은
항상 금강반야궁에 계시며
5부 다라니의 모든 거룩하신 대사
불법을 항상 지켜 원통을 증명하시네.

협주   그때 새로 조성한 부처님을 청하는 의식을 한 끝에 '원강 ···운운···'을 하고 그 부처님의 가영歌咏을 하는 것이 옳다. 그 다음에 옹호청擁護請을 한다.

四菩薩歌咏
四方四大諸菩薩。常住金剛般若中。
五部陁羅諸聖士。護持佛法證圓通。
【其時爲造新佛請下。願降云。其佛歌咏爲可。次擁護請。】

[그다음]가영

범천왕과 제석천과 사천왕은
불법의 문중에서 굳게 서원하시고

천만 세 동안을 초제에 나열해 서서
자연스런 신통 묘용으로 금선을 옹호하네.
천만 세 동안을 초제에 나열해 서서
자연히 신문에서 금선을 옹호하네.

[협주] '강생게降生偈 …운운…, 오색사진언五色絲眞言'을 할 때 화원畫員이 색종이로 연꽃잎을 만들어 5자 쯤 되는 장대 끝에 꿰어 5색실을 그 장대에 매고, 그 장대의 실을 잡아당겨 불상의 손끝에 걸어 놓는다. 만약 탱화로 된 부처라면 물그릇에 맨다. 그리고 그 실을 잡아당겨 시주施主의 손끝에 걸고 나머지 실은 결계도량에 두루 미치게 하고 '오불례五佛禮 …운운…'을 큰소리로 창唱한다. 다음에 음악을 울리는 의례를 진행한다.

혁혁한 우레 음성을 떨쳐
모든 귀머거리의 귀를 열어 주시네.
영산회상에서 일어나지도 않으셨으니
구담은 오고감이 없기 때문이라네.

[협주] 점필법點筆法은 ·옴唵·아阿·훔吽 3글자 외에 오족진언五族眞言이 있으며, 또 준제准提 9자字도 있고 또 금강왕오여래金剛王五如來와 1불佛 16보살菩薩의 이름도 있다.

옴(ॐ: 唵)

[협주] 무진안無盡眼을 부를 때 정수리 위에 안착시킨다.

아(अ: 阿)

[협주] 천안千眼을 부를 때 입 안에 안착시킨다.

훔(हूं: 吽)

협주 십안十眼을 부를 때 흉중胸中에 안착시킨다.

캄(𑖎; 坎)

협주 육안肉眼을 부를 때 눈 아래에 안착시킨다.

함(𑖮; 唅)

협주 천안天眼을 부를 때 눈동자에 안착시킨다.

람(𑖨; 囕)

협주 혜안慧眼을 부를 때 눈 위에 안착시킨다.

밤(𑖪; 鑁)

협주 법안法眼을 부를 때 눈썹 위에 안착시킨다.

암(𑖀; 暗)

협주 불안佛眼을 부를 때 미간眉間의 백호白毫 위에 안착시킨다.

【其】歌咏
梵王帝釋四天王。佛法門中誓願堅。
列立招提千萬歲。自然神問[1)]護金仙。
列立招提千萬歲。自然神問護金仙[2)]。

【降生偈云云。五色絲眞言時。畫員以有色花紙。作蓮花葉。貫五尺竿頭。以五色絲係之。其竿像佛。則掛之手端。而畫佛則係於水器耳。引取施主手端掛之。餘絲徧界道場。而唱五佛禮云云。以動樂例。】

赫赫雷音振。群聾盡歡開。

不起靈山會。瞿曇無去來。

【點筆法。唵阿吽三字之外。有五族眞言。又准提九字。又金剛王五如來。一佛十六菩薩之名。】

唵。【呼無盡眼時。安頂上。】

阿。【呼千眼時。安口中。】

吽。【呼十眼時。安胷中。】

坎。【呼肉眼時。安眼下。】

哈。【呼天眼時。安眼睛。】

覽。【呼慧眼時。安眼上。】

鑁。【呼法眼時。安眉上。】

暗。【呼佛眼時。安眉間白毫上。】

1) ㉠ 問은 用이다.(『작법귀감』) 2) ㉡ 이 두 구句는 연문衍文인 듯하다.(편자)

또 준제 9자를 안착시키는 법과 그 뜻풀이

하(訶)

협주 두 발에 안착시킨다. '하訶' 자는 일체의 법法은 원인도 없고 결과도 없다는 의미를 지니고 있다. 풀이하면 '하訶'는 바로 여래如來의 절증문絶證門이니 다 증득하고 난 때에는 선후先後가 없다. 반야般若는 근본도 아니요 지말枝末도 아니다. 그런 연유로 이를 '원인도 없고 결과도 없다'고 이름을 붙인 것이다.

사바(娑婆)

협주 두 정강이(兩脛)에 안착시킨다. '사바娑婆' 자는 일체의 법이 평등하여 언설言說이 없다는 의미이다. 풀이하면 '사바娑婆'는 바로 여래의 대정문大定門이다. 대정大定은 아무 모습도 없고 근본도 없는 것이니, 명자名字도 없고 모습도 없어서 비유조차 끊어진 상태이다. 그런 연유로 '아무 언설言說도 없다'고 이름 붙인 것이다.

데(ᜪ; 提)

협주 양 겨드랑이(兩腋)에 안착시킨다. '데(提)' 자는 일체의 법은 취하거나 버릴 것이 없다는 의미이다. 풀이하면 '데(提)'는 바로 여래의 몰량문沒量門이다. 몰량의 마음은 선도 없고 악도 없는 것이니, 선도 악도 없을 때에는 차별도 없다. 그런 연유로 '취하거나 버릴 것이 없다'고 이름 붙인 것이다.

쥰(ᜫ; 准)

협주 배꼽 가운데(臍中) 안착시킨다. '쥰(准)' 자는 일체의 법은 동등할 것이 없다는 의미이다. 풀이하면 '쥰(准)'은 바로 여래의 과량문過量門이니 무슨 분별이 있겠는가? 등정중등等正中等하나니 무등등無等等의 마음은 본래 계산할 것이 없다. 그런 연유로 '무등각無等覺'이라고 이름 붙인 것이다.

예(ᜬ; 曀)

협주 두 어깨兩肩에 안착시킨다. '예曀' 자는 일체의 법은 깨끗함도 없고 더러움도 없다는 의미이다. 풀이하면 '예曀'는 바로 여래의 본정문本靜門이다. 근본이 고요한 마음은 새로 고요하게 해야 할 대상도 없는 것이니 마음을 새로 고요하게 할 것이 없으면 그 뒤에 더 이상 보아 알 것도 없다. 그런 연유로 '다시 깨끗함도 없고 더러움도 없다'고 이름 붙인 것이다.

추(ᜭ; 注)

협주 심장부(心)에 안착시킨다. '추(注)' 자는 일체의 법은 생겨남도 없고 멸하여 없어짐도 없다는 의미이다. 풀이하면 '추(注)'는 바로 여래의 지정문至靜門이다. 이는 저 허공은 동動하거나 변하지 않나니, 동함이 없는 마음은 늘어나고 줄어드는 일도 없다. 그런 연유로 '생겨남도 없고 멸하여 없어짐도 없다'고 이름 붙인 것이다.

례('ㄹ; 隷)

협주 목(頭)에 안착시킨다. '례隷' 자는 일체의 법은 아무 모습도 없고 얻을 것도 없다는 의미이다. 풀이하면 '례隷'는 바로 여래의 진상盡相이다. 삼신三身은 영원히 사라져서 허공과 같나니, 허공의 자성自性은 분별할 수 없는 것이다. 그런 연유로 '얻을 것이 없다'고 이름 붙인 것이다.

자(ㄱ; 左)

협주 두 눈에 안착시킨다. '자左' 자는 일체의 법은 생겨남도 없고 멸하여 없어짐도 없다는 의미이다. 풀이하면 '자左'는 바로 여래의 묘각문妙覺門이다. 삼신은 청정淸淨하여 비로소 광명을 내나니 광명은 적조寂照하여 나고 사라짐이 없다. 그런 연유로 '생겨남도 없고 멸하여 없다'고 이름 붙인 것이다.

옴(ᅑ; 唵)

협주 정수리 위에 안착시킨다. '옴唵' 자는 삼신三身이라는 의미이며, 또한 일체의 법은 본래 생겨남이 없다는 의미이기도 하다. 풀이하면 '옴唵' 자는 바로 여래의 극선문極善門이다. 삼신은 원만하여 이치와 일이 다 맑으니, 공空과 색色이 진眞에 이르면 생겨남도 멸하여 없어짐도 없다. 그런 연유로 '본래 생겨남이 없다'고 이름 붙인 것이다.
또 상념想念을 안포安布한 연후에 생각을 집중하여 각 안眼에 대한 주呪를 108번 염념하는 것이 좋다. 정수리 위 '옴唵' 자는 보리菩提는 동요하지 않음이요, 입 안 '아阿' 자는 생겨남이 없는 반야般若이며, 흉중胸中 '훔吽' 자는 사류법계四六法界를 관함이다. 또 '옴唵' 자는 백만건곤百萬乾坤을 일시에 삼켜 버리는 것이요, '아阿' 자는 산하대지山河大地와 삼라만상(萬象森羅)과 만행萬行이 다 깨달음이다. '훔吽' 자는 한 찰나도 동요하지 않고 근원으로 돌아가 본래의 집에 이르는 것이다.
또 "사람마다 범자梵字와 한자漢字를 알지 못하고 시득始得하면 바로 외도인外道人이다."라고 하였다. 범자는 글자마다 점점마다 모두가 사리舍利이기 때문에 범서梵書를 배워서 설한 대로 하나하나 봉행奉行하여 시득해야 한다.

又准提九安兼義解

ᄒᆞ訶

【安兩足두발。訶字。一切法。無因無果義也。解云。訶是如來絶證門。盡證之時無先

後。般若非本亦非末。由是名爲無因無果。】

𑖭娑ㆄ바
【安兩脛두허틱。娑婆字。一切法平等。無言說義也。解云。娑婆是如來大定門。大定無相。本無無名無相絶比喩。由是名爲無言說。】

𑖝提뎨
【安兩腋두녑。提字。一切法無取捨義也。解云。提是如來沒量門。沒量之心。無善惡。無善惡時無差別。由是名爲無取捨。】

𑖕准쥰
【安臍中빅곱데。准字。一切法無等義也。解云。准是如來過量門。有何分別。等正中等。無等等心本無計。由是名爲無等覺。】

𑖞㘒예
【安兩肩두엇게。㘒字。一切法無淨無垢義也。解云。㘒是如來本靜門。本靜之心無新靜。心無新靜不見後。由是更稱無淨無垢。】

𑖡注추
【安於心모음。注字。一切法無生無滅義也。解云。注是如來至靜門。此彼虛空不動轉。無動之心無增減。由是名爲無生無滅。】

𑖨㘒례
【於頸목。㘒字。一切法無相無所得義也。解云。㘒是如來盡相。三身永滅同虛空。虛空自性無分別。由是稱名無所得。】

𑖭左자
【安兩眼두눈。左字。一切法不生不滅義也。解云。左是如來妙覺門。三身淸淨始生光。光明寂照無生滅。由是名爲不生不滅。】

𑖌唵
【安頂上머리우。唵字。三身意。亦一切法本不生義也。解云。唵字是如來極善門。三身圓滿理事淸。空色至眞無起減。由是名爲本不生。又想安布然後持。須念各眼一百八遍[1])可也。頂上唵字。則菩提不動也。口中阿字。則不生般若也。胸中吽字。

則觀四六法界也。又唵字。則百萬乾坤一時吞也。阿字則山河大地。萬象森羅。萬行覺也。吽字。則一念不動還源之到家也。又云人人不知梵字漢字。始得是外道人也。梵字者。字字點點。皆舍利故。可學梵書如說。一一奉行始得矣。】

---

1) ㉑ '遍'은 '篇'인 듯하다.(편자)

또 금강왕여래의 나열법

🕉 금륜왕여래
🕉 보현보살
🕉 일정보살
🕉 금강장보살
🕉 문수보살
🕉 월정보살
🕉 석가여래
🕉 노사나불
🕉 허공장보살
🕉 아미타여래
🕉 약사여래
🕉 미륵여래
🕉 자혜보살
🕉 정진보살
🕉 출현지보살
🕉 광망보살
🕉 견고력보살
🕉 금강쇄보살
🕉 보인수보살

ἤ 지장보살

ࣿ 관세음보살

ॐ 대세지보살

새로 그려 완성한 탱화, 주조하여 완성한 불상, 목조로 만들어 완성한 불상과 다시 수리한 아무 부처님과 아무 보살님 각각 존상尊相을 갖추신 분께 귀명합니다.

협주 그다음에 법주法主는 5안眼을 창唱한다. 무진안無盡眼에 이르렀을 때까지 증명證明은 혼매함이 없이 관상觀想한다. 마음속으로 붓을 놀려 법대로 글씨를 쓴다. '옴唵' 자에서부터 '압暗' 자에 이르기까지 8글자와 또 준제准提 9글자와 또 금강왕여래金剛王如來 등 22글자까지 하나하나 쓴다. 무진안無盡眼 아래에 중단위中壇位에 들어갈 명목名目과 5통通의 5력力을 자세하게 칭송하고 중단에는 점안 의식문(點眼儀文)을 사용하지 않는 것이 옳다.
어산魚山은 '새로운 아무가 완성한, 아무 왕과 아무 종관從官 등 각각 존상尊相을 갖추신 분께 귀명합니다. ……운운……' 하는 의식을 진행하고 나서 '개안광명진언開眼光明眞言'을 겸하여 읊는 것이 옳다. 혹은 수륙재水陸齋를 지낼 때에 이것을 사용하기도 한다. 5단위壇位를 갖추어 겸하고 있으면 점안례點眼禮를 하는 것도 가능하다. 상단의 불상佛相은 만들지 않고 오직 홀로 중단만을, 혹은 그림을 그리거나 혹은 수리 보완하여 마련한 자리라면 상단의 의식문은 제외하고 마땅히 중위中位의 의식문만 하는 것이 옳다.
관불灌佛 의식을 하는데 '구룡찬九龍讚, 목욕게沐浴偈, 시수게施水偈 ……운운……'의 순서로 의식을 진행한다. 이어서 '관수灌水, 분시分施, 시주施主'에서 마지막 부분에 이르기까지의 의식에 대하여 어떤 책에는 "시수주施水呪를 하고 다음에 자리 드리는 의식을 평상시 하는 것과 같이 하며, '안상안장엄진언安相安莊嚴眞言 ……운운……'을 한다."라고 하였는데 그 말도 또한 일리가 있다.
그러나 요즘 시대 본문本文의 문세文勢는 그렇지 않다. 요즘의 본문은 '안상장엄安相莊嚴'을 하고 자리를 드리는데 이는 바꾸지 못할 방법이 되고 말았다. 명철한 사람은 잘 살펴보고 자세히 알았으면 한다.
본문에는 먼저 차를 올리고 뒤에 예를 올리라 했는데 이것도 상도常道인 것 같다. 그러나 요즘 시대에 논리를 따지는 사람들은 먼저 예를 올리고 나중에 차를 올린다고 하니 그 예법이 매우 옳은 것 같다.
대중들은 점다點茶하고 손 씻고 세수한 뒤에 부처님 상相을 우러러보아야 한다. 잠시 휴식을 취한 뒤에 공양을 올릴 때에는 '법계를 깨끗이 하는 진언(淨法界呪)'을 하고 바라를 울리고 공양 권하는 의식을 평상시 하는 것과 같이 하고 나서 축원을 하는 것이 옳다.

又列金剛王如來

- 金輪王如來
- 普賢菩薩
- 日精菩薩
- 金剛藏菩薩
- 文殊菩薩
- 月精菩薩
- 釋迦如來
- 盧舍那佛
- 虛空藏菩薩
- 阿彌陀如來
- 藥師如來
- 彌勒如來
- 慈惠菩薩
- 精進菩薩
- 出現知菩薩
- 光網菩薩
- 堅固力菩薩
- 金剛鏁菩薩
- 寶印手菩薩
- 地藏菩薩
- 觀世音菩薩
- 大勢至菩薩

南無新造成鑄成畫成修補某佛某菩薩。各具尊相。

【次法主唱五眼。至無盡眼時。證明。不昧觀想。心中弄筆。如法書之。自唵至暗八字。又准提九字。又金剛王如來等二十二字。一一書之。無盡眼下。入中壇位名目與五通五力。仔細稱之。則不用中壇點眼儀文爲可。魚山。南無新某成某王某從官等。各 具尊相云云。開眼光明眞言。兼稱可也。或水陸齋時用之之。使五壇位具兼。則爲點 眼禮亦可。不爲上壇佛相。而唯獨辨中壇。或畫或修補。則除上壇儀文。而宜用中位 儀文。爲之可也。灌佛九龍讚。沐浴偈。施水偈云云。灌水分施。施主乃至。又一本 云。施水呪。次獻座如常。安相安莊嚴眞言云云。其言亦有理。然今時本文。文勢不 然。今本文則安相莊嚴云。獻座。此不易之道。哲者。察以詳知本文。先恭[1]後禮。此 亦常道。然今時追論者。先禮後茶。其禮甚可。大衆點茶盥漱。瞻敬佛相。暫時休歇。 進供時。淨法界呪鳴鈸。勸供如常。祝願可也。】

---

1) ㉮ '恭'은 '茶'인 듯하다.(편자)

불상을 이운할 때 작법 규범

협주 영상을 그리는 장소가 매우 가까우면 전날 미리 모셔다가 안치하고 점안點眼부터 시작하면 되기 때문에 이운移運하는 의례는 하지 않아도 된다. 그러나 영상을 만든 장소가 매우 멀면 그곳에서 이미 점안을 하고 난 뒤에 법당으로 이운하기 때문에 반드시 이운하는 의례를 해야 한다.

법회 대중이 영상을 만든 곳에 일제히 모여서 한결같이 위의를 갖추어 나열해 선다. 큰 종 18망치를 치고 점종點鍾 7망치를 치면 증명證明과 법주法主는 좌우로 나누어 선다. 법라를 불고 바라를 울리면 어산魚山은 여러 신장들로 하여금 '옹호하게 하는 게송(擁護偈)'을 창唱한다.

佛像移運作法規式

【畫像處至近。則預前安邀點眼爲始故。不用移運之禮。造像處甚遠。則其處已爲點眼後。移運法堂故。須用移運之禮。法衆齊會造像處。一應威列立。大鍾十八搥。點鍾七搥。證明法主。分立左右。鳴螺鳴鈸。魚山唱諸神擁護偈。】

옹호하는 게송

팔부의 금강역사 도량을 옹호하니
허공신은 속히 와서 사대천왕께 알리시고
삼천세계 모든 천신 빠짐없이 모두 모여
지금 바로 불국토의 상서로움 도우소서.

협주 '증명은 모든 하늘의 신과 땅의 신과 허공의 신들이 모두 와서 도량을 위호慰護한다'는 관상觀想을 하고, 참주叅柱는 주杖를 3망치 치되 삼뢰성三雷聲처럼 친다. 종두는 점종點鍾 5망치를 치고 중번中番은 '부처님께서 세상에 출현하신 것을 찬미하는 게송(讚佛世出偈) …운운…, 오랜 진점겁 전에(塵點劫前) …운운…' 하는 의식을 진행한다.
다음에 활추活搥 5통通을 친다.

ㅣㅣㅣㅣㅣ○○○○○ ㅣㅣㅣㅣㅣ○○○○○
ㅣㅣㅣㅣㅣ○○○○○
ㅣㅣㅣㅣㅣ○○○○○ ㅣㅣㅣㅣㅣ○○○○○

다음에는 삼번三番이 함께 '세존께서 당시에 설산에 드시어(世尊當入雪山中) …운운…' 하는 게송을 읊는다. 대도감大都監은 지팡이를 잡고 잡인雜人들을 금지하고, 판수判首는 금판禁板을 잡는다. 일체 위의威儀와 인배引拜와 유나維那는 연輦을 모시고 대중들은 능엄주楞嚴呪를 풍송하며, 어산魚山과 영산靈山은 사람들과 함께 음악을 함께 연주하면서 법당 앞에 이르면 연에서 내리게 한다.

擁護偈

八部金剛護道場。空神速赴報天王。

三界諸天咸來集。如今佛刹補精[1]祥。

【證明想諸天地神空神咸來。慰護道場。衆柱打柱三搥。擊三雷聲。鍾頭點鍾五搥。

中番讚佛世出偈云云。塵點刼前云云。次活搥五通。

ㅣㅣㅣㅣㅣ○○○○○ ㅣㅣㅣㅣㅣ○○○○○
ㅣㅣㅣㅣㅣ○○○○○
ㅣㅣㅣㅣㅣ○○○○○ ㅣㅣㅣㅣㅣ○○○○○

次三番。世尊當入雪山中云云。大都監執杖。禁雜人。判首執禁板。一切威儀引拜。維那陪輦。大衆誦楞嚴呪。魚山靈山。與人同樂。至法堂前下輦。】

---

1) ㉠『천지명양수륙재의범음산보집』에는 '精'이 '禎'으로 되어 있는데 후자가 맞다.

법상에 오르(기를 청하)는 게송

두루 사자좌에 오르시어

시방세계에 함께 임하소서.

꿈틀대는 모든 중생들을

극락정토로 인도해 주옵소서.

登床偈

遍登獅子座。共臨十方界。

蠢蠢諸衆生。引導蓮花界。

【다음에】부처님을 앉으시게 하는 게송

모든 부처님이시여, 연화좌에 드시어

일천 잎사귀 보련대에 강림하소서.

보살과 연각 그리고 성문 대중이시여

부디 큰 자비를 버리지 마옵소서.

> **협주** 공경히 3배의 예를 올리고 부처님을 찬미하는 게송(讚佛偈)인 '세존께서 도량에 앉으시니(世尊坐道場) …운운…'을 하는데, 혹은 대자례大慈禮를 하기도 하고 혹은 영산靈山이 '지극한 마음으로(至心) …운운…' 하는 의식을 하기도 한다. 차를 올리고 '차를 올리는 게송(茶偈) …운운…' 하는 게송을 읊는다. 불상佛像을 완상翫賞한 뒤에 공경히 예를 올리고 물러난다. 혹은 공양을 올리기도 하는데, 그 의식은 평상시 하는 것과 같이 하고 축원을 하는 것이 가능하다.

【次】坐佛偈

請入諸佛蓮花座。降臨千葉寶蓮臺。

菩薩緣覺聲聞衆。惟願不捨大慈悲。

【敬禮三拜。讚佛偈。世尊坐道場云云。或大慈禮云。或靈山至心云云。進茶茶偈云云。翫佛像後。敬禮而退。或進供如常。祝願爲可。】

시주를 맞이하는 자리의 예법

협주 사미대沙彌臺가 결단結壇되었으면 향과 꽃과 등촉燈燭과 일체 위의威儀가 가지런하게 정리한 뒤에 시주를 한 집에서 떡과 국수 등 제물을 장만하여 가지고 오면, 현성賢聖 대중을 청하는 의식을 기두起頭로 시작한다.

    시방세계의 모든 현성들과
    범왕 제석 그리고 여러 하늘들과
    가람 팔부의 신기 등을 받들어 청하오니
    자비를 버리지 마시고 법회 자리에 강림하소서.

施主逢筵之禮

【結壇沙彌臺。香花燈燭。一切威儀定齊。施主家。具辦餠糆食來。則請賢衆起頭。】

奉請十方諸賢衆[1]。梵王帝釋及諸天。
伽藍八部神祇等。不捨慈悲臨法筵。

---

1) ㉚『천지명양수륙재의범음산보집』에는 '衆'이 '聖'으로 되어 있다. 번역은 후자를 따른다.

[다음에] 자리를 드리는 진언

    이제 저희들이 경건하게 보배 자리 베풀어
    일체 모든 거룩한 신께 두루 드리오니
    부디 번뇌와 망상의 마음 없애고
    속히 해탈 보리과를 원만하게 하소서.

옴 가마라하 …운운…

이 청정 미묘한 향기로운 음식을
시방의 모든 성현 대중과
가람신과 팔부 신장님께 올리오니
자비를 버리지 마시고 이 공양 받으소서.

나마 살 …운운…

【次】獻座眞言
我今敬設寶嚴座。普獻一切諸聖神。
願滅塵勞妄想心。速圓解脫菩提果。
唵。迦麼羅賀。云云。
願此淸淨妙香饌。供養十方諸聖衆。
及與伽藍八部神。不捨慈悲受此供。
曩謨。薩。云云。

【다음에】탄백

아육 대왕은 오직 암마륵과菴摩勒果[3]를
경건한 마음으로 절에 보내 스님들께 시주했네.
하늘의 제왕이나 인간의 임금 되기를 구해서가 아니요
다만 보리 큰 도가 원만해지기만 염하셨네.

---

3 암마륵과菴摩勒果 : 아마륵, 아마륵과와 같음. 인도 지방에 나는 과수의 이름. 무구無垢
라 번역.

【次】歎白

阿育大王唯勒果。虔心送寺施僧前。

不求天帝及人主。但念菩提大道圓。

【다음에】공양을 물리는 진언

옴 살바 …운운…

협주　다음에 대중들과 시주는 점다點茶를 한 뒤에 위의가 나열해 선다. 시주는 모자를 벗고 허리띠를 고른 뒤에 연에 태우고 인배引陪는 쌍쌍의 사미들로 하여금 향로와 등촉을 들게 하여 좌우左右로 나누어 나열해 서게 한다. 시주는 꽃을 들고 연輦 앞에 서서 때가 되면 씩씩하게 앞으로 나가며 악기를 연주하는 의례를 진행한다.

대부大婦 두 사람은 오직 방석 하나만을

지극한 마음으로 환희하며 시주하였네.

부처님께서 대중에게 말씀하시기를 매리녀昧離女가

보시하는 사람 중에 제일이라 하셨네.

협주　삼귀의三歸依의 의례를 진행하고 가영을 한다.

지금 이 염부제에는

진귀한 보배 장식 많이 있으니

좋은 복전에 이것을 보시하면

그 과보 저절로 얻어지리.

나는 이 보시의 공덕으로써

저 천제석이나

범왕이건 또 인간의 왕이건

이 세상의 온갖 즐거움 구하지 않네.

그러한 따위의 과보들

나에겐 모두 필요 없나니[4]

하루 빨리 불도를 이루어

이 세상 존경과 우러름 받고

일체 지혜를 이룩하여

이 세간의 좋은 벗이 되고

가장 제일가는 길잡이 되리.

> **협주** 종로中路에 나아가 겨상擊像과 요잡繞匝 의식을 진행하면서 정중庭中에 이르면 음악을 멈춘다. 그리고는 '주상삼전하수만세主上三殿下壽萬歲'를 외치고 악기를 가동한다. 그리고는 '아무 시주施主 아무 보체保體의 액운이 소멸되고 …운운…' 하는 축원을 세 번을 설하고 '나라는 태평하고 백성들 편안하며 법륜은 항상 구르게 하소서(國泰民安法輪轉). 마하반야바라밀摩訶般若波羅密'을 한다.

【次】退供眞言

唵。薩縛。云云。

【次大衆及施[1)]。點茶後。威儀列立。施主脫冠帶載輦。引拜[2)]。雙雙沙彌。執香爐燈燭。分立左右。施主擧花。立於輦前。時旺而進。以動樂例。】

大婦二人唯一氎。至心歡喜施其衣。

佛言大衆眛離女。布施人中第一機。

【以三歸依例揮咏。】

今此閻浮提。多有珍寶飾。

---

4 이 게송은 『잡아함경雜阿含經』 제25권에 나오는 게송이다. 이 글귀 아래 '이 보시의 공덕으로써(以是施功德)'라는 한 구절이 여기에 빠져 있어 게송의 짝이 맞지 않는다.

施與良福田。果報自然得。

以此施功德。不求天帝釋。

梵王及人主。世界諸妙樂。

如是等果報。我悉不受用。

疾得成佛道。爲世所尊仰。

成得一切智。世間作善友。

道師最第一。

【進於中路。擊像繞匝。至庭中止樂。而主上三殿下壽萬歲。動樂。某施主。某人保體。厄消除云云。三說。國泰民安法輪轉。摩訶盤若波羅密。】

---

1) ㉔ '施' 뒤에 '主'가 빠진 듯하다.(편자) 2) ㉠ '拜'는 혹 '陪'나 '禮'가 되어야 할 듯하다.

다비식의 송종 법규

협주 이 의식은 곧 『석문상의(釋門喪儀: 석문상의초)』와 『승가례(僧家禮: 승가예의문)』와 『제문요초諸文要抄』의 말에서 초집抄集하여 다비茶毘 본문에 아울러 기록한 것이다.
큰 사찰의 「고상례告喪禮」에 "병이 든 스님의 입적入寂을 열반涅槃·원적圓寂·귀적歸寂·귀진歸眞·멸도滅度·천화遷化·순세順世라고 한다."라고 하였는데 다 똑같은 의미이다. 누워서 임종했을 경우에는 곧 오른쪽 옆구리를 자리에 대고 머리는 북쪽으로 하고 얼굴은 남쪽을 향하게 한 다음 이불로 덮어야 하며, 앉아서 임종을 하셨으면 얼굴을 남쪽으로 향하게 되돌려 앉혀야 한다. 사자使者를 위한 음식상을 차려 놓고 종이로 만든 신을 드리는 것이 매우 옳다. 천화遷化한 슬픔을 주지住持에게 고하면, 주지는 종두鐘頭를 시켜 추병推柄을 거꾸로 잡고 종머리를 세 차례 두드려서 슬픈 소식을 대중들에게 알리게 하고 통문通文을 만들어 여러 사찰에 사람을 보내 알린다.
돌아가신 분의 연세가 70세가 넘었으면 "아무 당堂 대사가 아무 날에 갑자기 천년天年에 순응하셨다."라고 하고, 60세 이하이면 "아무 대사가 천년天秊을 버리셨다."라고 해야 한다.
부고를 받으면 각 사찰에서는 각각 「보현행원품普賢行願品」을 지니고 시신이 있는 장소로 찾아와야 한다. …운운…. 그런데 요즘은 이런 법을 살피지 못해서 상을 당한 사람에게 도리어 질책을 가하거나 장례에 쓸 나무를 베는 데 값을 받으며, 상을 당한 집안의 음식이나 탐하여 먹고 상을 당한 집안의 술을 함부로 마시며, 종일토록 방자하게 흠뻑 취해서는 허튼 수작이나 부리고 부조扶助할 마음 같은 것은 전혀 없으니 참으로 통탄하고 통탄할 일이다. 인생이 태어나면 누구나 반드시 죽음이 있게 마련이니 누군들 이런 일을 당하지 않겠는가?
붕등신崩騰神[5]이 있는 곳에 법사法師가 앉으면 큰 흉한 일이 따른다. 붕등신은 봄 석 달(1~3월)에는 신申방과 유酉방 사이에 있고 여름 석 달(4~6월)에는 해亥방과 자子방 사이에 있으며, 가을 석 달(7~9월)에는 인寅방과 묘卯방 사이에 있고 겨울 석 달(10~12월)에는 사巳방과 오午방 사이에 있다.

茶毘送終規式

【此式。乃釋門喪儀僧家禮諸文要妙[1)]之言。抄集。與茶毘本文并錄。大刹寺告喪禮云。病僧入寂。謂之涅槃。圓寂。歸寂。歸眞。滅度。遷化。順世。其意一也。卧亡則右脇着席。北首面南。以衾覆之。坐亡則面南回坐。爲使者設食。鞋紙獻之可可。哀告于住持。住持使鍾頭。倒持推柄。打鍾頭三下。以報大衆。爲通文巡諸刹。亡者七十

---

5 붕등신崩騰神 : 죽은 사람 몸의 세포가 무너져 내리면서 바깥으로 살기殺氣가 뿜어져 나온다고 하는데 그 살기를 불교에서는 붕등신이라 한다.

已上。則某堂大師。某日奄順天。年六十已下。某大師。以棄天秊。各持行願品。來詣屍所云云。今不察是法。返債伐木價。貪食喪看酒飯。終日狂妄。全無扶助之心。可嘆可嘆。人有生必有死。誰無如此之事。崩騰神處。法師坐。則大凶。春三在申酉間。夏三在亥子。秋²⁾在寅卯。冬三在巳午。】

1) ㉠ '妙'는 '抄'의 오자인 듯하다. 2) ㉺ '秋' 뒤에 '三'이 빠진 듯하다.(편자)

삭발(시신의 머리를 깎음)【본문】

새로 원적圓寂에 드신 【○○영가시여.】

태어나실 때는 어느 곳으로부터 왔고
죽어 가실 때에는 어느 곳으로 가십니까?
태어남은 한 조각 뜬구름 이는 것 같고
죽음은 한 조각 뜬구름 사라지는 것 같습니다.
뜬구름의 자체는 본래 실상이 없나니
나고 죽고 가고 오는 것도 이와 같습니다.
홀로 한 물건이 있어 항상 뚜렷하게 드러나고,
맑고 자연스러워 생사를 따르지 않습니다.

【○○영가시여】 맑고 자연스러운 이 한 물건을 아십니까, 모르십니까? 펄펄 끓는 물에 삶기고 바람이 흔들어 천지가 무너져도 고요하고 태연하게 흰 구름 사이에서 항상 있는 것입니다. 이제 머리를 깎아서 무명無明을 다 끊어 없앴으니, 십사번뇌十使煩惱[6]가 무엇을 말미암아 다시 일어날 수 있겠

---

[6] 십사번뇌十使煩惱 : 탐욕·성냄·어리석음·교만·의심·신견身見·변견邊見·견취견見取見·계금취戒禁取見·사견邪見으로 인하여 생겨나는 번뇌를 말한다.

습니까?

한 조각 흰 구름이 계곡 입구를 막고 있으니, 얼마나 많은 돌아가는 새들이 모두 둥지를 잃고 헤매었던가?

削髮【本文】

新圓寂【某靈。】

生從何處來。死向何處去。

生也一片浮雲起。死也一片浮雲滅。

浮雲自體本無實。生死去來亦如然。

獨有一物常現露。湛然不隨於生死。

【某靈。】還會得湛底一物麼。鑊湯風搖天地壞。寥寥長在白雲中。今玆削髮。斷盡無明。十使煩惱。何由復起。一片白雲橫谷口。幾多歸烏[1]盡迷巢。

---
1) 㤛 烏는 鳥인 듯하다.

목욕(시신을 목욕시킴)【본문】

만약에 사람이 부처님의 경계를 알려고 하면
마땅히 그 뜻 바르게 하여 허공같이 하고
망상과 여러 갈래 세계를 멀리 여의며
마음이 가는 곳마다 걸림이 없게 해야 합니다.

【○○영가시여】 지금 그 마음을 허공과 같이 깨끗이 하셨습니까? 만일 그렇게 하시지 못하셨다면 다시 나의 덧붙이는 말(註脚)을 들으십시오. 이 정각正覺의 성품은 위로는 모든 부처님에서 아래로는 육범六凡에 이르기까지, 낱낱이 당당하고 낱낱이 갖추어져 있어서 티끌마다 위로 통하고 물건마다 위에 나타나서 닦아 이루기를 기다리지 않고도 분명하고 밝게 드러

날 것입니다. 보았습니까? 들었습니까? 이미 또렷또렷하게 보았고 이미 역력하게 들었다면 필경에 이 보고 듣는 자가 도대체 누구입니까?
부처님 얼굴은 마치 깨끗하고 맑은 둥근달과 같고, 또한 천 개의 해가 빛을 뿜어내는 것과도 같습니다.
이제 여기에서 목욕을 하여 환 같고 허망한 티끌 같은 때를 씻어 내어 금강金剛처럼 견고하여 무너지지 않는 몸을 얻었습니다.
청정淸淨한 법신法身은 안과 밖이 없고, 생사生死에 오고감이 없는 한결같은 참되고 항상한 모습이로다.

沐浴【本文】

若人欲識佛境界。當正其意如虛空。
遠離妄想及諸聚[1]。令心所向皆無碍。
【某靈】還當淨其意如虛空麼。其或未然。更聽註脚。此正覺之性。上至諸佛。下至六凢。一一當當。一一具足。塵塵上通。物物上現。不待修成。了了明明。還見麼。還聞麼。旣了了見。旣歷歷聞。畢竟是介什麼。佛面猶如淨滿月。亦如千日放光明。今玆沐浴幻妄塵垢。獲得金剛不壞之身。淸淨法身無內外。去來生死一眞常。

---

1) ㉠『승가예의문』 등 다른 본에는 '聚'가 '趣'로 되어 있다.

세수(시신의 손과 얼굴을 씻음)【본문】

와도 온 곳 없는 것이 마치 밝은 달의 그림자가 일천 강물에 나타난 것 같고, 가도 가는 곳 없는 것이 마치 맑은 허공의 형상이 여러 세계에 나누어 나타나는 것과 같습니다.【○○영가시여】

　사대가 각기 흩어지면 꿈 한 번 꾸는 것 같고

육진과 심식은 본래가 빈 것
부처님과 조사들이 빛을 돌린 곳 알고자 하면
서산에 해지고 동녘에 달은 뜬다.

이제 여기에서 세수를 하였으니 이치를 밝게 가려서 시방十方의 부처님 법이 손바닥 안에서 밝게 그려질 것입니다.
작은 나무 하나 없는 눈에 가득한 푸른 산, 천 길 낭떠러지에서 손을 놓는 대장부로세.

洗手【本文】
來無所來。如朗月之影現千江。去無所去。似澄空而形分諸刹。【某靈。】
四大各離如夢幻。六塵心識本來空。
欲識佛祖回光處。日落西山月出東。
今玆洗手。取理分明。十方佛法。皎然掌內。滿目靑山無寸樹。懸崖撒手丈夫兒。

세족(시신의 발을 씻음)【본문】

날 때에도 적적하여 태어남을 따르지 않고
죽을 때도 당당하여 죽음을 따르지 않으며
나고 죽고 오고감에 간섭이 없고
바른 몸이 당당하게 눈앞에 있네.

이제 여기에서 발을 씻어 온갖 행行을 원만히 이루었고, 한 번 발을 들어 한 걸음 나가니 법운法雲에 초월해 올랐습니다.
다만 한 생각으로 무념無念에 돌아가서 높이 비로毗盧의 정상을 향해 걸어가시네.

洗足【本文】

生時的的不隨生。死去當當不隨死。
生死去來無干涉。正體當當在目前。
今玆洗足。萬行圓成。一步一擧。超登法雲。但能一念歸無念。高步毗盧頂
上行。

착군(속옷을 입힘)【본문】

사대四大가 이루어졌을 때도 저 한 점의 신령스러운 빛은 그 이룸을 따르지 않았으며, 사대가 무너졌을 때에도 저 한 점의 신령스러운 빛은 그 무너짐을 따르지 않았습니다.

나고 죽고 이루어지고 부서짐은 허공 꽃과 같은데
원수와 친함과 숙업이 지금 어디에 있는가?
이제 이미 있지 않아 찾아도 자취 없으니,
탄연하고 걸림 없어 허공과 같을 따름이로다.
많고 많은 세계와 티끌들이 모두 다 미묘한 본체이고
낱낱의 사물들이 모두가 내 집의 늙은 주인공이네.

이제 여기에서 속옷을 입었으니 육근六根의 문을 깨끗하게 보호하여서 부끄럽고 뉘우치는 마음으로 장엄하면 단번에 보리를 증득하게 될 것입니다.
만일 법어法語로 인하여 마음의 근본을 깨닫는다면 육진六塵이 원래 내 몸으로서 한 줄기 신령스러운 빛이로세.

着裙【本文】

四大成時。這一點靈明不隨成。四大壞時。這一點靈明不隨壞。
生死成壞等空花。冤親宿業今何在。
今旣不在覓無蹤。坦然無碍若虛空。
刹刹塵塵皆妙體。頭頭物物摠家翁。
今玆着裙。淨護根門。慚愧莊嚴。超證菩提。若得因言達根本。六塵元我一靈光。

착의(겉옷을 입힘)【본문】

올 때는 이것이 어떤 물건이었고 갈 때는 이것이 어떤 물건입니까? 갈 때나 올 때나 본래 한 물건도 없습니다.

　밝디밝은 참답게 머물 곳을 아시렵니까?
　푸른 하늘 흰 구름은 만 리를 통하네.

지금 겉옷을 입어 더러운 모습을 가렸으니 바로 이것은 여래如來의 유인柔忍이요, 바로 나의 원상元常입니다.

　우리 부처님께서 연등불을 뵙고
　여러 겁 동안 인욕선인이 되셨다네.

着衣【本文】

來時是何物。去時是何物。來時去時。本無一物。
欲識明明眞住處。靑天白雲萬里通。
今玆着衣。掩庇形穢。如來柔忍。是我元常。

我師得見燃燈佛。多劫曾爲忍辱仙。

착관(모자를 씌움)【본문】

보고 듣는 것은 허깨비 가림과 같은 것
삼계는 허공의 꽃과 같습니다.
들음 또한 가림이니 그 뿌리를 없애고
티끌을 녹여 깨달음이 원만 청정해지리.
고요함이 지극하면 그 빛이 두루 통하고
고요히 비추어서 허공 머금네.
문득 지금까지 살아온 세상을 되돌아보면
살아온 발자취가 꿈속의 일과 같도다.

이제 여기에서 관冠을 쓰셨습니다. 가장 높은 정문頂門인 수능엄삼매首楞嚴三昧는 온갖 성현들께서 모두 경유하셨던 것입니다.
인지因地의 법행法行을 닦아 마음에 물러섬이 없으면, 마침내 등묘각等妙覺을 올라감에 의심할 여지가 없으리.

협주 기記에는 "스님의 상중喪中에는 관대冠帶의 예가 없다. 혹 두건을 만들어 쓰기는 하는데 삼베 5자 2치를 가지고 뒷면을 2자 5치로 하고 앞면을 2자 8치로 하여 만들되 답정榻定 후에 양 끝을 반쯤 꿰맨다."라고 하였다.

着冠【本文】

見聞如幻翳。三界若空花。
聞復翳根除。塵消覺圓淨。
淨極光通達。寂照含虛空。

却來觀世間。猶如夢中事。

今玆着冠。最上頂門首楞嚴三昧。千聖共由。因地法行心不退。終登等妙也無疑。

【記云。僧喪中無冠帶禮。或頭巾布五尺二寸。後面二尺五寸。前面二尺八寸。榻定後。二邊半縫。】

정좌(시신을 바로 앉힘)【본문】

신령스러운 빛이 홀로 빛나니
육근 육진을 멀리 벗어나셨습니다.
본체가 참되고 항상함을 드러낸지라
문자에 구애를 받지 않습니다.
참된 성품은 물듦이 없어
본래부터 저절로 원만해졌다네.
단지 부질없는 인연만 여의면
곧 여여한 부처일 것입니다.

지금 여기에 바르게 앉으셨으니 이것이 법은 비었다 하는 것이며, 모든 부처님과 보살들이 토굴집으로 안주하는 곳입니다.

수승하게 장엄한 미묘한 보리의 자리에
부처님 앉으시자 어느새 정각을 이루셨네.
존귀한 영혼께서도 이와 같이 바르게 앉으시어
성불 인연 알 수 있도록 돌이켜 비추시네.

협주 7종사宗師면 감조실龕祖室에 안치한다. 『오삼집五杉集』에 "빈당殯堂 세 칸을 만들고 중간에 영자影子를 걸고 그 앞에 향로와 등촉을 안치하고 밤을 새운다. 작은 책상 하나를 놓아두고 도구道具를 안치한다. 동쪽 간의 제명위題名位에 '전불심등 부종수교 일국명현 제산대덕 ○○당 ○○ 대사의 널(傳佛心燈扶宗樹敎一國名現諸山大德某堂某大師之柩)'이라 쓰는데, 혹 좌선자坐禪者나 혹 염불사念佛師도 이와 같이 한다. 서쪽 한 간에는 향로를 안치하는데 이곳은 상을 당한 사람이 조문을 받는 곳이다. 만약 스님 중에 명성이 드러난 판사인判事人이면 외부에 대중을 수용할 만한 곳에다 방 세 간을 만들고 위와 같이 제명위를 쓰되, '도내 명현대덕 ○○ 대사의 널(道內名現大德某大師之柩)'이라고 하고, 또 학도인學道人이면 '봉불유촉 선교겸강 일국제산 명현대덕 ○○당 대사의 널(奉佛遺囑禪敎兼講一國諸山名現大德某堂土師之柩)'이라고 하며, 그 나머지 보통 스님이면 다만 '종사입산 단발염의 불구세연 청풍납자 산중노덕 ○○ 스님의 널(從師入山斷髮染衣不拘世緣淸風衲子山中老德某師之柩)'이라고 하면 된다."라고 하였다.

正座【本文】

靈光獨曜。迥脫根塵。

體露眞常。不拘文字。

眞性無染。本自圓成。

但離妄緣。卽如如佛。

今玆正坐。是爲法空。諸佛菩薩以爲窟宅。

妙菩提座勝莊嚴。諸佛坐已成正覺。

尊靈正坐亦如是。返照能知成佛因。

【七宗師則安龕祖室。五衫集云。作殯堂三間。中間掛影子。安爐燈燭。徹夜。安一床。置道具。東間。題名位云。傳佛心燈扶宗樹敎一國名現諸山大德某堂某大師之柩。或坐禪者。或念佛師。亦如是。西一間安爐。是喪者受吊所。若僧中名現判事人。則外越堂容衆處。作室三間。如上題名位云。道內名現大德某大師之柩。又學道人。則奉佛遺囑禪敎兼講。一國諸山名現大德某堂土[1)]師之柩。自餘平常僧。則但云從師入山斷髮染衣不拘世緣淸風衲子山中老德某師之柩。】

---

1) 원 '土'는 '大'인 듯하다.(편자) 역 '土'는 '大'의 오자인 것 같다.

안감효당지도

북北

영실靈室

반盤

	시반匙飯	잔盞	갱초羹醋	
	근면筋糆	적炙	병장餠醬	
서西		소蔬		동東
		채菜		
	과과餜果	과餜	과과果餜	
	집사執事	향로香爐	집사執事	
	삼헌三獻	초헌初獻	이헌二獻	

남南

고전古傳에 "'제祭'란 '살피다(察)'라는 뜻이요, '살피다(察)'라는 말은 '이르다(至)'라는 의미이니, 사람이 낸 마음이 신에게 이르는 것을 말한다."[7]라고 하였으며, "'전奠'은 '머무르다(停)'라는 뜻이요, '머무르다(停)'라는 말은 '오래(久)'라는 의미이다."[8]라고 하였다.

제사의 예는 졸폭猝暴으로 해서는 안 된다. 떡 상을 물리고 국수 쟁반을 올린다. 그리고는 차 한 잔을 올린다.

---

7 이상은 『상서尙書』「대전大傳」에서 인용한 것이다.
8 이상은 『석명釋名』에 나오는 말이다.

安龕孝堂之圖

```
                  北
                  靈室

                  盤
        匙飯     盞      羹醋
        糆筋     炙      餠醬
                  蔬
西                菜              東
        餜果     餜      果餜
        執事    香爐    執事
        三獻    初獻    二獻
                  南
```

古傳云。祭者。察也。察者。至也。生人之情。至於神也。奠者。停也。停者。久也。祭祀之禮。不得卒暴。退餠床。進糆盤。獻茶一杯。

안위게

만 점 청산은 사찰을 둘러싸고
한 줄기 붉은 해는 영대를 비추네.
【○○영가시여】
원만한 깨달음 미묘한 도량 단정히 앉은 곳에
참마음 어둡게 하지 마시고 연대로 향하소서.

협주 이 영좌靈座는 산골散骨을 한 뒤에 철수하는 것이 옳다.

安位偈

萬點靑山圍梵刹。一竿紅日照靈堂。

【某靈。】

圓覺妙場端坐處。眞心不昧向蓮胎。

【此靈座散骨後。輟之爲可。】

【본문】

나의 이 한 조각 향은
한 조각 마음에서 나온 것이니,
부디 이 향 연기 아래에서
근본 참되고 밝음이 피어나소서.

가만히 생각하오니, 생사가 바뀌는 것은 추위와 더위가 바뀌는 것과 같아서, 그 오는 것은 하늘에서 번개가 치는 것 같고, 그 가는 것은 큰 바다에 파도가 잠기는 것과 같습니다.
【○○영가시여】삶의 인연이 이미 다해서 큰 목숨이 잠시 옮겨 가는 것이니, 모든 작용은 무상無常한 것임을 알면, 곧 적멸寂滅로 즐거움을 삼게 될 것입니다. 공손히 대중들에 의지하여 엄숙하게 감실의 휘장 안으로 나아가소서. 모든 성현의 위대한 명호를 외우면, 맑은 혼이 정토淨土에 가게 될 것이니, 십념十念⁹을 염하는 대중들을 의지하소서. …운운…【진지상을 올린다.】

---

9 십념十念 : 수행의 과정에서 마음을 집중하여 떠올리거나 마음속에 간직하여 잊지 않아야 하는 열 가지.

【本文】

我此一片香。生從一片心。
願此香烟下。熏發本眞明。
切以生死交謝。寒暑迭遷。其來也。電擊長空。其去也。波澄大海。【某靈】
生緣旣盡。大命俄遷。了諸行之無常。乃寂滅而爲樂。恭依大衆。肅詣龕幃。
誦諸聖之弘名。薦淸魂於淨土。仰憑大衆。十念云云。【進飯床。】

【본문】

저의 이 한 발우의 음식은
향적찬[10]보다 못하지 않으니
부디 이 한 맛의 훈기로
선법의 즐거움으로 배부르소서.

【本文】

我此一鉢飯。不下香積飡。
願此一味熏。禪悅飽齆齆。

차를 올리는 게송

조주의 맑은 차 영전에 올리며
조금이나마 충정으로 작은 마음 표하오니
이 차를 마시고 삼계가 한바탕 꿈인 줄 아시면

---

10 향적찬 : 여래의 공덕에 의해서 만들어진 것이기 때문에 이것만으로도 사바세계의 중생이 몇 억 겁을 먹고도 남는다는 음식을 말한다. 『유마경』에 나오는 말이다.

편안한 마음으로 법왕의 성으로 곧장 이르리라.

협주 '『심경心經』···운운···' 한다. 요즘은 존승례尊勝禮를 쓰지 않는다.

茶偈
趙州淸茶進靈座。聊表冲情一片心。
俯飮却知三界夢。安心直到法王城。
【心經云云。今不用尊勝禮。】

【본문】

황매산黃梅山 아래에서 부처님과 조사가 전한 마음을 친히 전하고, 임제臨濟의 문중에서 영원히 인천人天의 안목眼目을 지었으니, 본래의 서원을 잊지 마시고 속히 사바세계에 돌아와서 다시금 큰일을 밝혀 중생들을 널리 이롭게 하여 큰 지혜로 장엄하소서.

협주 '시방삼세十方三世 ···운운···'을 한 다음 다담상을 철수한다.

【本文】

黃梅山下。親傳佛祖之傳心。臨濟門中。永作人天之眼目。不亡本誓。速還娑婆。再明大事。普利群生。莊嚴普智。
【十方三世云云。退恭1)啗床。】

---
1) '恭'은 다른 의례엔 '茶'로 되어 있다.(편자)

입감(시신을 관에 넣음)【본문】

대중들은 말해 보시오. 옛 부처는 어디로 갔고 오늘의 부처는 어디로 갔으며,【○○영가는】또 어디로 갔습니까? 어떤 물건이 감히 무너지지 않을 것이며, 이 누가 영원히 견고할 것입니까? 모든 사람들은 아시겠습니까?【○○영가와】삼세의 모든 부처님이 일시에 도를 이루고, 열 종류의 군생群生들이 같은 날 열반에 든 소식을. 혹 그렇지 않습니까?

눈 달린 돌사람이 일제히 눈물을 흘리고,
말없는 동자가 남몰래 슬퍼하네.

협주 추가로 보입(追入)한 것이다.
『오삼집五衫集』에 "빈당殯堂에 널(柩)을 안치한 다음에 혹은 3일 혹은 5일 혹은 7일에 사유闍維할 장소에 이르러 땅을 고르고 대를 만든다. 그 깊이는 석 자로 하고 그 안에 월덕방月德方에서 물을 떠다가 담은 그릇을 놓고 기름종이로 그 그릇을 덮고 돌 덮개를 그 위에 다시 덮는다. 그리고는 석 자 정도 높이로 흙을 쌓아올린다. 그 위에 다시 백탄白炭을 두껍게 쌓고 …운운…"이라 하였다.
혹은 이 물을 '봉골수奉骨水'라 말하기도 하고, 혹은 '명당수明堂水'라 말하기도 하며, 혹은 이 물을 '중방수中方水'라고 하기도 한다. '중방수'라는 말은 무슨 의미인지 자세히 알 수 없다.
오백 비구가 부처님께 여쭈었다.
"만약 비구는 스승이 죽어도 크게 소리 내어 곡哭을 해서는 안 됩니까?"
부처님께서 대답하셨다.
"크게 소리 내어 울어서는 안 된다. 머리를 숙이고 흐느껴 울면서 눈물을 흘려야 하며 다른 이야기를 해서도 안 된다."[11]
친 제자가 면 밖에서 왔으면 막幕 안에서 곡을 하되 "호우, 아 슬프구나! 내가 죄를 지었구나(呼吁蒼天罪我)."라고 하고, 학업을 받은 제자이면 장막 밖에서 곡을 하되 "아! 슬프구나. 내가 죄를 지었도다(蒼天罪我)."라고 한다.
남산南山 대사가 "스님을 조문할 때 돌아가신 사람보다 나이가 적으면 시신이 있는 곳까지 가서 예를 올려야 하고, 돌아가신 스님보다 나이가 많으면 절은 하지 않는다. 집상자執喪者가 '호푸, 애哀' 하고 조문을 하고 시신을 모신 곳에 이르러 '우호吁呼' 하고는 장례 치르는 일

---

11 『사분율산번보궐행사초四分律刪繁補闕行事鈔』 권하 「첨병송종편瞻病送終篇」 제26에 나오는 내용이다.

을 가르쳐 준다. …운운…. 석자釋子들은 마음과 형체가 속인과는 달라서 비록 상사喪事를 만났다 하더라도 곡기를 끊어서 기운을 손상하지 않기 때문에 본래부터 상장喪杖의 예가 없다. …운운…. 좋은 시간을 가려서 제사를 드린 뒤에 빈소를 철거하고 출감出龕한다."라고 하였다.

법사가 서는 방향은 다음과 같다. 봄 석 달(1~3월)에는 관은 왼쪽으로 나오고 법사는 오른쪽에 서며, 여름 석 달(4~6월)에는 관은 남쪽으로 나오고 법사는 북쪽에 서며, 가을 석 달(7~9월)에는 관은 왼쪽으로 나오고 법사는 오른쪽에 서며, 겨울 석 달(10~12월)에는 관은 오른쪽으로 나오고 법사는 남쪽에 선다.

다음에 '무상계無常戒'를 긴 번기에 쓴다.

入龕【本文】

大衆。且道。古伕也伊麽去。今伕也伊麽去。【某靈】也伊麽去。何物不敢毀。是誰長堅固。諸人還知麽。【某靈】與三世諸伕。一時成道。共十類群生。同日涅槃。其或未然。

有眼石人齊下淚。無言童子暗嗟嘘。

【追入。五衫集云。殯堂安柩後。或三日或七日。五到闍維所。平土爲塋。其深三尺。置月德方水器。紙覆。而以石盖之。積土三尺。白炭厚積云云。或云。是奉骨水。或云明堂水。或云是中方水。中方水之言。未詳。五百問佛。若比丘師亡。則大哭否。佛云。不得擧聲。而低頭哀泣。不言他詞。親弟資。自外來哭於幕內。呼吁蒼天罪我。受學弟子。哭於帳外。蒼天罪我。

南山云。吊僧。少於亡者。至尸所設拜而哭。長於亡者不拜。執喪者。乎哀問後。至尸所呼呼。而以教葬事云云。釋子心形異俗。雖遇喪事。不絶食醬。氣運不衰故。本無喪杖之禮云云。擇時致祭。破殯出龕。方。春三。左出法師右立。夏三。南出師北立。秋三。右出師左立。冬三。北出師南立。書無常戒。】

◆ 무상계

대저 무상계는 열반涅槃에 들어가는 중요한 문이고 고해苦海를 건너는 자비의 배입니다. 그러므로 모든 부처님께서도 이 계戒로 인하여 열반에 드셨고 일체중생들도 이 계를 의지하여 고해를 건넜습니다.

【○○영가시여】 그대는 오늘 육근六根과 육진六塵을 멀리 벗어나서 영혼의 알음알이만이 홀로 드러나 위없는 깨끗한 계를 받게 되었으니 어찌 다행한 일이 아니겠습니까?

【○○영가시여】 겁화劫火가 통연洞然하면 대천세계도 다 무너지고 수미산須彌山과 큰 바다도 다 마멸되어 남음이 없습니다. 하물며 나고 늙고 병들고 죽는 이 몸이 어찌 이를 멀리 벗어날 수 있겠습니까?

【○○영가시여】 머리카락·털·피부·살은 모두 흙으로 돌아가고, 대변과 소변은 모두 물로 돌아가며, 따뜻한 기운은 불로 돌아가고, 움직이는 기운은 바람으로 돌아가 사대四大가 제각기 흩어지면 오늘 이 허망한 몸이 장차 어디에 있겠습니까?

【○○영가시여】 사대四大(몸)는 허망한 것이며 임시로 있는 것이어서 사랑하고 아낄 만한 것이 못 됩니다. 그대는 시작이 없는 옛적부터 오늘에 이르기까지 【생生이 일어나는 이유】 무명無明을 연緣하여 행行이 일어나고, 행을 연하여 인식작용(識)이 일어나며, 인식작용을 연하여 명색名色이 일어나고, 명색을 연하여 육입六入이 일어나며, 육입을 연하여 촉觸이 일어나고, 촉을 연하여 수受가 일어나며, 수를 연하여 애愛가 일어나고, 애를 연하여 취取가 일어나며, 취를 연하여 유有가 일어나고, 유를 연하여 생生이 일어나며, 생을 연하여 늙음·죽음·근심·슬픔·고뇌(老死憂悲苦惱)가 일어납니다.

【닦아서 끊음】 무명만 없앤다면 행도 없어질 것이요, 행을 없애면 식이 사라질 것이며, 식이 사라지면 명색이 사라질 것이요, 명색이 사라지면 육입이 사라질 것이며, 육입이 사라지면 촉이 사라질 것이요, 촉이 사라지면 …운운….

【추가 보입한 것이다.】

일체의 작용이 있는 법은
꿈같고, 환 같으며, 물거품 같고 그림자 같으며,
이슬 같고, 또한 번갯불 같나니
모든 것을 마땅히 이렇게 관찰해야만 합니다.
만약 형상으로 나를 보려 하거나
음성으로 나를 구하려 하면
이 사람은 사도를 행함이니
여래를 볼 수가 없을 것입니다.[12]
모든 법은 본래부터
항상 스스로 적멸한 모습
불자가 이 도리를 실천하고 나면
내세에 부처가 될 것입니다.
모든 행은 무상한 것
이것이 생멸법입니다.
그러니 생멸의 법이 멸하면
곧 적멸로써 낙을 삼게 됩니다.

부처님의 계에 돌아가 의지하소서.
법의 계에 돌아가 의지하소서.
승가의 계에 돌아가 의지하소서.

과거의 보승寶勝 여래如來·응공應供·정변지正遍知·명행족明行足·선서善

---

12 이상은 『금강경』에 나오는 게송이다.

逝 · 세간해世間解 · 무상사無上師 · 조어장부調御丈夫 · 천인사天人師 · 불세존佛世尊께 귀경합니다.

【○○영가시여】 그대는 지금 오음五陰의 각루자殼漏子[13]를 벗어 버렸으니, 이 어찌 상쾌한 일이 아니며, 이 어찌 상쾌한 일이 아니겠습니까? 천당天堂과 불찰佛刹(극락)에 생각대로 가서 태어나는 법이니 쾌활快活하고 쾌활한 일입니다.

협주 12부처님의 명호名號는 번다繁多하기 때문에 제외하였다. 무상게無常偈를 세우고 다비사茶毘師가 설하는 것이 매우 옳은 일이다.

◆ 無常戒

夫无常戒者。入涅槃之要門。越苦海之慈航。是故一切諸佛。因此戒。已入涅槃。一切衆生。因此戒。能度苦海。【某靈】汝今逈脫根塵。靈識獨露。受無上戒。何幸如之。【某靈】刧火洞然。大千俱壞。須彌巨海。磨滅無餘。何況此身。生老病死。【某靈】毛髮皮肉。皆歸於地。大小便痢[1)]。皆歸於水。煖氣歸火。動轉歸風。四大各離。今日妄身。當在何處。【某靈】四大虛假。非可愛惜。汝從無始已來。至于今日。【生起】無明緣行。行緣識。識緣名色。名色緣六入。六入緣觸。觸緣受。受緣愛。愛緣取。取緣有。有緣生。生緣老死憂悲苦惱。【修斷】無明滅。行滅。行滅則識滅。識滅則名色滅。名色滅則六入滅。六入滅則觸滅。觸滅則云云。

【追入】

一切有爲法。如夢幻泡影。
如露亦如電。應作如是觀。

---

13 각루자殼漏子 : 속에 대소변을 담은 우리 육신의 껍질이라는 의미이다.

若以色見我。以音聲求我。

是人行邪道。不能見如來。

諸法從來本[2]。常自寂滅相。

伕子行道已。來世得作伕。

諸行無常。是生滅法。

滅[3]滅已。寂滅爲樂。

歸依佛陁戒。歸依達麽戒。歸依僧伽戒。

南無過去寶勝如來。應供正編[4]知。明行足。善逝。世間解。無上師。調御丈夫。天人師。伕世尊。【某靈】汝今盡脫五陰殼漏子。豈不快哉。豈不快哉。天堂伕利。隨意往生。快活快活。

【十二佛號繁多。故除之。立無常偈。茶毘師爲說可可。】

---

1) ⓐ '痢'는 '利'인 듯하다.(편자) 2) ⓐ '來本'은 '本來'인 듯하다.(편자) 3) ⓐ '滅' 앞에 '生'이 빠진 듯하다.(편자) 4) ⓐ '編'은 '徧'인 듯하다.(편자)

기감(관을 들고 밖으로 옮김)【본문】

묘각妙覺이 앞에 나타났으니 선열禪悅로 음식을 삼아 남북동서 어느 곳을 가도 쾌활快活하고 쾌활할 것입니다. 비록 이와 같으나 대중들에게 감히 묻겠습니다. 【○○영가는】 열반의 길머리에서 지금 어디에 있습니까?

곳곳의 푸른 버들가지에 말을 매었고,
집집마다 문 밖엔 장안으로 통하네.

협주 원불願佛을 연輦에 모시고 인로왕보살의 번기(引路幡)와 시신이 들어 있는 널(柩)을 겹쳐 잡는 것은 옳지 않다. 널을 들어 돌고, 영자影子는 향정자香亭子에 넣고 정중庭中을 돈다.

【○○영가시여】 영원히 사바세계를 하직하고 서방 정토에 가서 태어나 친히 아미타부처님을 뵈오면 그게 바로 극락입니다.

起龕【本文】

妙覺現前。禪悅爲食。南北東西隨處。快活快活。雖然如是。敢問大衆。【某靈】涅槃路頭。在麽處去。

處處綠楊堪繫馬。家家門外通長安。

【願佛入輦。引路幡柩重執不可擧。回影子。入香亭子。回庭中。】

【某靈。】永辭娑婆。往生西方。親見彌陁。是爲極樂。

널리 삼보님께 예배함【어산이 진행한다.】

상주하는 부처님께 널리 예 올립니다.
상주하는 가르침에 널리 예 올립니다.
상주하는 승가님께 널리 예 올립니다.

협주 하직하는 절을 한 다음에 원불願佛과 오방불명五方佛名을 연輦에 싣는다.

普禮三寶【魚山】

普禮常住佛。普禮常住法。普禮常住僧。

【下直拜後。願佛與五方佛名。載輦。】

행보찬

성현이 걸음 떼니 허공을 떨치고
세상 육신 이미 벗고 극락에 이르렀듯이
이제 망자 또한 이와 같아서
오음을 집착 않고 즐거운 곳 향하네.

협주 법라를 불고 발인가發引歌를 한 다음 갑교목龕橋木에 한 사람이 올라타서 '나무서방南無西方 …운운…'을 하면 대중들도 합창으로 따라서 '나무아미타불 …운운…' 하면서 앞으로 걸어 나간다.
봄 석 달(1~3월)에는 신神은 오른쪽에 서서 가고 법사는 왼쪽에 서며, 여름 석 달(4~6월)에는 신은 앞에 서고 법사는 뒤에 선다. 가을 석 달(7~9월)에는 신은 왼쪽에 서고 법사는 오른쪽에 서며, 겨울 석 달(10~12월)에는 신은 뒤에 서고 법사는 앞에 선다. 노제를 지내는 곳을 송혈정送歇亭이라고 말하는데, 거기에 상을 가져다 놓고 영자影子를 걸어 놓은 다음 차를 올린다. 혹은 '제문祭文 …운운…'을 하기도 한다.

전부터 전해 오는 불조佛祖의 전심傳心을 스님(上人)에게 부촉하오니, 아시겠습니까? 마음의 광명이 발현發現하면 하늘도 비추고 땅도 비추어 대천세계大千世界를 두루 덮을 것입니다. 【부디 극락세계에 가서 태어나시옵소서. …운운…】 일시에 도를 이루시기 바라나이다.

협주 다시 상여를 메고 염불念佛을 하면서 다비할 산에 이르는데, 이 산은 대헐지大歇地라고 말한다. 법사는 오른쪽으로 갈 때는 오른쪽에 앉고 앞으로 갈 때는 앞에 앉는다. 아래 의식은 비록 추모하는 것이라 하나 영가를 위한 설법이다.

색신色身은 비록 사라졌으나 법신法身은 항상 머물러 있습니다. 마음의 본체는 담연湛然하니 이를 대헐大歇의 자리라고 합니다.
진정하게 머물 곳을 아시려고 하거든, 건곤乾坤 만 리에 다 통하는 곳이네.
【○○영가시여】 성품의 근본은 넓고 커서 허공보다 수승하며 참다운 성품은

탁연卓然하여 법계法界를 초월합니다.
【○○영가시여】 만약 업장業障이 있으면 먼저 참회懺悔부터 해야만 합니다. 아래에 다라니가 있으니 삼가 지금 먼저 그것부터 염송하십시오.

다냐타야 옴 이리다라 사바하

협주 혹은 "오방불五方佛과 오법사五法師는 각각 제 방위에 서야 한다."라고 하였다. 그러나 다른 어떤 책에는 "다비사茶毘師 한 사람만은 홀로 중방中方에 서서 5불의 명호를 청하되 각각 삼청三請을 하고 제 방위에 걸어 놓아야 한다."라고 하였는데 그 말이 옳다.
아래 의식은 비록 추모하는 것이라 하나 영가를 위한 설법이다.

귀명하옵고 일심으로 받들어 청하오니, 중방 비로자나毘盧遮那 부처님을 우두머리로 하여 모든 부처님들과 여러 큰 보살마하살님들께서는 【○○영가】를 접인接引하여 황유리 세계로 인도하소서. 【대중들은 합창으로】 "아미타 부처님께 귀명합니다(歸命阿彌陀佛)."라고 하고 창한다.
귀명하옵고 일심으로 받들어 청하오니, 동방 약사여래藥師如來를 우두머리로 하여 모든 부처님들과 여러 큰 보살마하살님들께서는 【○○영가】를 접인하여 청유리 세계로 인도하소서. 【대중들은 합창으로】 "아미타 부처님께 귀명합니다." 하고 창한다.
귀명하옵고 일심으로 받들어 청하오니, 남방 보승여래寶勝如來를 우두머리로 하여 모든 부처님들과 여러 큰 보살마하살님들께서는 【○○영가】를 접인하여 적유리 세계로 인도하소서. 【대중들은 합창으로】 "아미타 부처님께 귀명합니다." 하고 창한다.
귀명하옵고 일심으로 받들어 청하오니, 서방 아미타불阿彌陀佛을 우두머리로 하여 모든 부처님들과 여러 큰 보살마하살님들께서는 【○○영가】를 접인하여 백유리 …운운….
귀명하옵고 일심으로 받들어 청하오니, 북방 부동존여래不動尊如來를 우두머리로 하여 모든 부처님들과 여러 큰 보살마하살님들께서는 【○○영가】를 접인하여 흑유리 세계로 인도하소서.【대중들은 합창으로】 "…귀명합니다." …운운….

협주 사방의 번기 아래에 각각 물그릇을 놓아두고 1백 걸음 밖에 미타단彌陁壇을 결성한다.

귀명하옵고 일심으로 받들어 청하오니, 서방 극락세계 대자대비하신 아미타 부처님께서는 바라옵건대 죽은 혼령으로 하여금 친히 모든 부처님과 여러 큰 보살님들을 뵈옵고 영원히 사바세계를 떠나서 보리를 증득하게 하여 주소서.

귀명하옵고 일심으로 받들어 청하오니, 서방 극락세계 대자대비하신 관세음보살님께서는 바라옵건대 죽은 혼령으로 하여금 친히 모든 부처님을 뵈옵고 문득 수기授記를 받아 정각正覺을 이루게 하여 주소서.

일심으로 받들어 청하오니, 서방 극락세계 대자대비하신 대세지보살大勢至菩薩님께서는 바라옵건대 죽은 혼령으로 하여금 친히 모든 부처님을 뵈옵고 문득 수기를 받아 진공眞空을 깨닫게 하여 주소서.

협주 자리 드리는 의식과 공양을 권하는 의식을 한 다음 산신제山神祭를 지낸다. 영실靈室에 영자影子를 걸고 제사를 지낸 뒤에 상을 물리고 상喪을 당한 사람은 명정名旌을 들고 선다.

行步讚

聖賢行步振虛空。已脫色身到淨邦。
如今亡者亦如是。不愛五陰向樂方。
【吹螺發引歌。卽上橋。南無西方云云。衆和云云。進步。春三。神右行。法師左。夏三。神前師後。秋三。神左師右。冬三。神後師前。路祭處謂送歇亭。安床。掛影子。進茶。或祭文云云。】

上來佛祖傳心。付囑上人。還會麼。心光發現。照天照地。遍覆大千。【願徃生云云。】一時成伏道。
【再擔喪與念佛到山。所謂大歇地。法師右行則右坐。前行前坐。下雖追爲靈說。】

色身雖滅。法身常住。心體湛然。是名大歇之地。欲識眞住處。乾坤萬里通。【某靈。】性本廣大勝虛空。眞性卓然超法界。【某靈。】若有業障。先當懺悔。下有陁羅尼。謹當先念。怛你陁也。唵。伊哩馱羅。莎訶。
【或云五方佛。五法師各立其方。然一本。茶毘師一人。獨立中方。請五佛名。各三請。掛其方。其言可。下雖追爲靈說。】

南無一心奉請。中方毘盧遮那佛爲首。諸佛諸大菩薩麽訶薩。接引【某靈】。黃琉璃世界中。【衆和】歸命阿彌陀佛。南無一心奉請。東方藥師如來伏爲首。諸佛諸大菩薩麽訶薩。接引【某靈】。靑琉璃世界中。【衆和】歸命阿彌陀伏。南無一心奉請。南方寶勝如來伏爲首。諸伏諸菩薩麽訶薩。接引【某靈】。赤琉璃世界中。【衆和】歸命阿彌陀伏。南無一心奉請。西方阿彌陀佛爲首。諸伏諸大菩薩麽訶薩。接引【某靈】。白琉璃云云。南無一心奉請。北方不動尊如來伏爲首。諸伏諸大菩薩麽訶薩。接引【某靈】。黑琉璃世界中。【衆和】歸命云云。
【四方幡下。各置水器。百步外。結彌陁壇。】

南無一心奉請。西方極樂世界。大慈大悲阿彌陁伏。願使亡靈。親見諸伏。諸大菩薩。永辭娑婆。超證菩提。一心奉請。西方極樂世界。大慈大悲觀音菩薩。願使亡靈。親見諸伏。便得授記。以成正覺。一心奉請。西方極樂世界。大慈大悲大勢至菩薩。願使亡靈。親見諸佛。便得授記。以悟眞空。
【獻座勸供。山神祭。靈室掛影子。進祭退床。喪者執名㫌立。】

반혼착어

참마음의 성체는 아득하여 헤아리기 어려워
달이 맑은 못에 떨어짐은 곧 자연현상이라네.
요령 흔들며 향 사르는 곳에 돌이켜 비추어
바른 눈 활짝 뜨고 금선을 향하시네.

가만히 생각하오니, 돌아가신 비구는 이미 인연을 따라 순적順寂하시어 곧 법에 의지하여 다비茶毘를 하였으니, 백 년의 큰 도를 수행하던 몸을 불사르고 유일한 길 열반涅槃의 문에 들어갔습니다. 우러러 천도로 각령覺靈을 돕는 대중들을 의지하소서.

협주 '십념十念 ……운운……' 하는 의식을 한다. 장작을 쌓아 마치면 요령을 흔들며 아래 의식을 진행한다.

위에서 성인의 명호를 칭양稱揚한 공덕으로 극락세계로 가는 도움이 될 것이니, 오직 지혜의 거울 분명하게 빛나고, 진풍眞風이 찬란한 보리菩提의 동산 속에 깨달음의 꽃을 피우고, 법성法性의 바다 속에 진로塵勞의 때를 씻어 버리소서.

返魂着語

眞心性體杳難測。月墮淸潭是自然。
返照振鈴香爇處。歡開正眼向金仙。
切以沒故比丘。旣隨緣而順寂。乃依法而茶毘。焚百年弘道之身。入一路涅槃之門。仰憑大衆。薦助覺靈。
【十念云云。積薪畢。振鈴。】

上來稱揚聖號。薦助徃生之路。唯願惠鑑分暉。眞風散彩。菩提園內。開敷覺意之花。法性海中。湯滌塵勞之垢。

거화(홰에 불을 붙이는 의식)【본문】

이 하나의 횃불은 삼독三毒의 불이 아니라, 바로 여래如來의 한 등불이요 삼매三昧의 불입니다. 그 빛은 밝고 밝아서 삼제三際를 두루 비추고, 그 불꽃은 빛나고 빛나서 시방세계에 통해 사무칩니다. 이 빛을 얻으면 하루아침에 모든 부처님과 똑같아질 것이며, 그 빛을 잃으면 만 겁劫토록 나고 죽음을 따르게 될 것입니다.【○○영가시여】회광반조廻光返照하여 무생無生을 확실하게 깨닫고, 뜨거운 번뇌의 고통을 벗어나 쌍림雙林의 즐거움을 얻으소서.

擧火【本文】

此一炬火。非三毒之火。是如來一燈。三昧之火。其光赫赫。遍照三際。其焰煌煌。洞徹十方。得其光也。等諸佛於一朝。失其光也。順生死之萬劫。【某靈】回光返照。頓悟無生。離熱惱苦。得雙林樂。

하화(불을 붙이면서 하는 의식) 때에 향하고 등지는 법【본문】

협주 정월·5월·9월에는 서쪽에 서서 (서쪽부터) 먼저 불을 붙이고, 2월·6월·10월에는 북쪽에 서며, 3월·7월·11월에는 동쪽에 서고 4월·8월·12월에는 남쪽에 선다.

下火時向背法【本文】

【正五九月。西立。先付火。二六十月。北立。三七十一月。東立。四八十二月。南立。】

【본문】

세 가지 인연이 어울리고 합하여 잠깐 존재를 이루었다가, 사대四大가 흩어져서 떠나니 홀연히 허공으로 돌아갔습니다. 몇 해 동안 허깨비 같은 고해苦海를 유랑하다가 오늘 아침에야 껍질을 벗어 버렸으니 경사스럽고 쾌활하기가 북쑥과 같습니다. 대중은 다시 말해 보시오.【○○영가】가 어디로 향해 갔습니까?

나무로 된 말을 거꾸로 타고 가다가 한번 뒤집어서 구르니,
크게 붉은 불꽃 속에서 찬바람이 일어나네.

협주 「행원품行願品(普賢行願品)」을 독송하는데, 혹은 『연화蓮花경經』을 독송하기도 한다. 불이 다 꺼질 때까지 기다렸다가 자리에서 흩을 때에 오방 번기는 다시 불 속에 넣어 태운다. 원불願佛을 모시고 절로 돌아와서 영자影子를 법당에 걸어 안주安住한다. 대사의 산소山所에 오가는 절차는 이와 같다. 평범한 스님으로서 모든 일을 갖추지 못하면 다만 위패位牌만 정자亭子에 태워 모시고 온다. 상을 당한 사람은 산신山神에게 읍揖하여 예를 올리고 절로 돌아와서 널리 예 올리는 의식을 진행하고 방에 들어가 안좌安坐한다.

【本文】
　三緣和合。甎時成有。四大離散。忽得還空。幾年遊於幻海。今朝脫殼。慶快如蓬。大衆且道。【某靈】向什麼處去。
　木馬倒騎翻一轉。大紅燄裡放寒風。
【行影¹⁾品。或蓮經。盡消後散座。五方幡燒之。願佛還寺。安住影子。掛其堂。大師則山所徍來如此。平常僧凡事不具。但位牌。入亭子。喪者揖山神還寺。普禮入室安坐。】

―――――――
1) ㉮ '影'은 '願'인 듯하다.(편자)

창의

협주 창의법이 비록 존재하긴 하지만 그 의식은 전부 상을 당한 사람에게 달려 있다. 마음을 다하여 스승이 쓰던 물건을 매매賣買하는 것이 옳다. 상을 당한 사람이 내려하지 않으면 하지 않는 것도 가능하다.

    이 향연을 인하여 이 자리에 내려오셔서
    창의唱衣를 보고 듣고 알아서 증명하소서.
    법신은 본래부터 항상 청정하여
    번뇌를 끊고 보리를 증득하며
    뜬구름 흩어지면 그림자도 남기지 않고
    남은 초마저 다 타고 나면 빛이 저절로 없어지네.

지금 여기에서 창의를 하는 이유는 무상無常을 나타내기 위함입니다. 우러러 대중들을 의지하소서.

협주 '십념十念 ⋯운운⋯'을 한다. 『밀암집密菴集』에는 "창고를 열어 스승이 쓰던 물건을 꺼내어 대중들 앞에 놓아두고 요령을 흔들고 영가를 위하여 다음과 같이 설한다."라고 하였다.

새로 원적圓寂하신 【○○영가】께서 살아 계실 적에 수용受用하셨던 【○○물건】들을 오늘 산승山僧이 모두 가지고 왔으니 그대는 아시겠습니까? 이 물건들을 대중 앞에 회시回示하나이다.〔경쇠를 치면서 가지고 온 물건들을 내려놓는다.〕
새로 원적하신 【○○영가여】 살아 계실 적에 수용하셨던 【○○물건】들을 대중 앞에 보이니 이 창의하는 소리를 들으시는 이는 지금 또한 잊지 말아야 할 것입니다.〔경쇠를 치면서 가지고 온 물건들을 내려놓는다.〕
새로 원적하신 【○○영가】께서 살아 계실 적에 수용하셨던 【○○물건】들을 단지 저들이 보는 앞에 보이나이다. 외롭게 밝고 역력하시니, 아! 창의하는 소리를 들을 수 있는 자는 영지靈知가 어두워지지 않고 밤낮으로 항상 밝을 것입니다.【경쇠를 치면서 가지고 온 물건들을 내려놓는다.】

새로 원적하신 【○○영가】께서 살아 계실 적에 수용하셨던 【○○물건】들이 보이십니까? 본심本心은 담연湛然하여 천지天地에 밝고 밝으며 고금古今에 빛납니다.

【○○영가시여】 살아 계실 적에 수용하셨던 【○○물건】들을 알아보시겠습니까?

물건을 대하여 물속의 달처럼 무심하시면 번뇌는 본래 공한 것이라 거울처럼 맑아지네.

【협주】 경쇠를 치면서 가지고 온 물건들을 내려놓아 대중들에게 회사하여서 그 경매 값이 확고하게 결정되면 고사庫司에게 송부送付하여 간직하게 한다.

唱衣

【唱衣法雖存。全在喪者。心盡。賣師物可可。喪者不肯。則不爲可可。】

因此香烟降筵席。證明唱衣見聞知。
法身本來恒淸淨。斷除煩惱證菩提。
浮雲散而影不留。殘燭盡而光自滅。
今玆估唱。用表無常。仰憑大衆。
【十念云云。密菴集云。開庫出師物。置大衆前。振鈴。爲靈說之云。】

新圓寂【某靈】。生前受用【某物】。今日山僧。信手拈來。汝今知否。回示大衆前。【扣磬放下。】新圓寂。【某靈】生前受用【某物】。大衆前。聽此唱衣者。今亦不亡。【扣磬放下。】新圓寂【某靈】生前受用【某物】。只這目前。孤明歷歷。能聽唱衣者。靈知不昧。晝夜恒明。【扣磬放下。】新圓寂【某靈。】生前受用【某物】。
還見麼。本心湛然。暉天鑑地。曜古騰今。【某靈。】生前受用【某物】。還知麼。
對物無心如水月。煩惱本空似鑑明。
【扣磬放下。回示衆。其價牢定後。送付。庫司藏之。】

【본문】

위에서 창의를 염송念誦한 공덕으로【○○영가시여】육근六根과 육진六塵을 멀리 벗어 버리고 삼계를 초월하여 벗어나, 일천一千 성현이 가신 바른 길을 밟고 일승一乘의 미묘한 도량에 유희遊戱하소서.

넓은 하늘에 처음 밝은 달이 뜰 때요, 바위 밑에서 원숭이 울음 그칠 때【비록 글을 올려 영가를 위해 설하긴 했지만】혼령의 근원은 맑고 고요하니 중생들과 모든 부처님이 본래 원평圓平합니다. 색신色身은 마침내 흙과 물과 불과 바람으로 되돌아갔으나 텅 비고 고요한 영명한 지각知覺만은 겁劫을 지나도 항상 존재하나니, 지금 이 사실을 잊지 않는 이라면 본래가 저절로 구족具足하여 도량에서 흔들리지 않으리니, 이것이 바로 극락極樂입니다.【○○영가시여】영식靈識은 홀로 드러나, 무너지고 사라지는 일이 없네.

협주 『누각기樓閣記』에 "사람이 죽으면 그 시체를 잡목雜木이 빽빽하게 우거진 곳에서 태우고, 3일 후에 빨지 않은 삼베로 다섯 자쯤 되게 주머니를 만들어 동쪽을 향한다. 버드나무로 만든 절굿공이와 버드나무 젓가락과 백탄白炭 3말을 준비하고 뼈를 주워서 높은 산봉우리 정상에 올라가 큰 반석磐石 위에 놓는다. 나무젓가락으로 뼈를 집어 향탕수香湯水에 씻어 백탄 위에서 태운다. 이때「행원품行願品」을 독송한다. 참기름 3숟가락을 뼛가루에 붓고 솔로 풀방석 위에 바른다. 그다음 판판한 돌 위에 세우고 풀방석을 불에 태운다. 뼛가루와 참기름을 섞어서 반죽하여 큰 콩 크기만 한 환丸을 만든다. 그 환을 푸른 연못 안의 고기들에게 먹인 뒤에 '이 공덕으로 ○○영가여, 곧바로 서방 극락세계에 이르거나, 혹은 다시 사람으로 태어나 출가하여 법왕法王의 몸이 되거나, 만약 속인이 될 경우 제왕帝王이 되어 나라를 잘 보호하고 백성들을 편안하게 하며 부처님의 법을 보호하고 지녀서 복과 지혜가 모두 완전하게 하소서'라고 한다. 물고기에게 보시하지 않을 경우 뼈를 가루로 만들어서 나누어 다섯 봉지로 만들어서 다섯 방향으로 바람에 날려 보내는 것이 옳다."라고 하였다. 아래 글은 비록 추모하는 것이긴 하나 영가를 위하여 설하는 것이다.

【동쪽을 향하여 서서, ○○영가시여】 모든 뼈는 궤산潰散하여 불로 돌아갔거나 바람으로 돌아갔지만, 한 물건만은 영원히 영명하여 하늘을 뒤덮고 땅을 덮습니다. 【○○영가시여】 아시겠습니까? 그대가 만일 한 물건의 본체를 알려고 하거든 푸른 산 우거진 숲이 바로 고향입니다.

【남쪽을 향하여 서서, ○○영가시여】 영골靈骨은 바람에 날려 남북으로 흩어졌으니 어느 곳에서 진인眞人을 볼 수 있을지 모를 것입니다. 【○○영가시여】 살았을 적에도 착각을 했고 죽은 뒤에도 착각을 하니 세세생생世世生生에 또다시 착각을 하겠구려. 만일 지금 무생無生의 이치를 깨달아 알면 착각과 착각은 원래 착각이 아니랍니다.

【서쪽을 향하여 서서, ○○영가시여】 네 가지 요소(四大: 흙·물·불·바람의 요소)를 임시로 빌려서 형상으로 삼았으나 마음은 본래 형상이 없는 법 경계를 따라 존재할 뿐입니다. 【○○영가시여】 만약 마음도 없는 것이요 몸 또한 없는 것임을 깨달아 알면 이와 같이 알고 난 뒤에 어느 곳을 향해 가시렵니까?

【북쪽을 향하여 서서, ○○영가시여】 몸뚱이는 실속이 없는 것임을 알면 바로 부처님의 몸이요, 환幻과 같은 것임을 깨달아 알면 그게 바로 부처님의 마음입니다. 【○○영가시여】 신체身體가 다 타서 흩어졌으니 그 어느 것이 주인입니까? 밝은 달 맑은 바람은 무심無心할 따름입니다.

【중앙을 향하여 서서, ○○영가시여】 부처가 몸을 보지 않음을 알면 그게 바로 부처이니, 자성의 마음 외에 따로 부처가 없습니다. 【○○영가시여】 지혜로운 이는 죄의 성품이 공空한 줄을 알 수 있을 것입니다. 재는 넓은 들에 날렸으니 골절骨節이 그 어디에 있습니까?

【本文】
上來唱衣念誦功德。【某靈。】逈脫根塵。超出三界。驀踏千聖之路。遊戲一乘之場。海天明月初生處。岩樹啼猿正歇時。【雖進文爲靈說。】靈源湛寂。衆生諸佅本來圓平。色身終歸地水火風。空寂靈知歷却常存。今亦不亡者本自具足。不動道場是名極樂。【某靈。】靈識獨露無壞滅。

【樓閣記云。雜木密處。燒三日後。不洗布五尺作囊向東。楊木磨子。楊節。白炭三斗。拾骨。上高峯盤石。香水洗骨燒之。行願品。眞油三勺。瀉灰以茅似。□塗席。立石燒之。吹灰。眞油交合。轉灰作丸如豆。施淸淵飼魚。以此功德。靈加[1]直徃淨土。或還到人生便得出家。作法王。若爲俗人。爲帝王。保國安民。護持佛法。福惠兩全。不施魚。則粉骨分爲五封。飄風五方可可。下文雖追爲靈說之。】

【向東方。某靈*加。】百骨潰散。歸火歸風。一物長靈。盖天盖地。【某靈。】還會麼。如今欲識一物體。鬱鬱靑山是古鄕。【向南。某靈。】靈骨風飄南北走。不知何處見眞人。【某靈。】生前錯死後錯。世世生生又重錯。如今了得無生理。錯錯元來終不錯。【向西。某靈。】四大假借以爲形。心本無形因境有。【某靈。】若了無心亦無身。如是了知向什麼處去。【向北。某靈。】見身無實是佅身。了知如幻是佅心。【某靈。】身體燒散誰是主。無心明月與淸風。【向中。某靈。】佛不見身知是佛。自性心外別無佛。【某靈。】智者能知罪性空。灰飛大野。骨節何安。

---

1) ㉓ '加'는 '駕'가 되어야 한다.(편자) 이하도 같다.

본토로 환귀하게 하는 진언

옴 바자라 사다모

협주 다비문茶毘文은 처음부터 끝까지 법에 의거한 것이니, 그렇다면 영가가 불속에서 색신은 본래 공한 이치라는 것을 깨달아서, 놀라지 않고 적정寂靜에 안주하여 극락세계에 태어날 것이다. 뜨거운 고통을 느끼지 않으면 상을 당한 사람에게도 그 복이 한량없이 많을 것이다. 그러나 법을 따르지 않으면 영가가 그 고통을 견디지 못하고 불속에서 뛰쳐나와 물을 찾아 들어갈 것이니, 그렇게 되면 만 겁을 지나도 물귀신의 신세를 벗어나지 못한다. 그렇게 되면 상을 당한 사람까지도 한 조각의 공덕도 없을 뿐만 아니라 도리어 재앙을 부르게 될 것이다. …운운…. 경을 설하는 법주法主는 상품上品 12, 중품中品 8, 하품下品 4의 순서로 한다. 상을 당한 사람은 대중들 앞에 각 삼배를 올리고 보시는 각 한 필匹씩의 삼베로 하고 축원을 하여 마친다.

還歸本土眞言

唵。鉢嚼羅。莎怛慕。

【茶毘文。自初至末依法。則靈*加火裏。悟色身本空理。不驚安寂。生極樂。不知炎苦。則喪者福無邊。不依法。靈駕不勝其苦。跳出火中。覔水入。歷萬刼。不離水鬼。然則喪者。片無功德。返招災殃云云。說經法主。上品十二。中品八。下品四。喪者大衆前。各三拜。布施。各一匹布施。祝願。】

산좌송

영각의 법신은 대천세계에 두루 가득하고
마음 빛은 밝고 밝아 인천을 비추네.
모든 인연 영원히 끊고 이별한 뒤에
보련대에서 소요하며 앉고 눕고 하소서.

협주 다비문에 의하여 법대로 의식을 진행하면 헛되지 않다.
『재설기齋設記』에 "상복에는 세 가지가 있으니 첫째는 정복正服이요, 둘째는 의복義服이며, 셋째는 강복降服이다."라고 하였다.
『백호통白虎通』에 "제자의 마음이 스승에 대하여 이전부터 공경하고 존중했으면 스승이 병들어 돌아가셨을 적에 애모哀慕하는 마음이 막중할 것이니 이를 강복降服이라고 말한다. 효자孝子는 슬퍼하는 마음이 자극하기 때문에 13개월이 지나야 조금씩 슬픔이 덜어진다. 그런 까닭에 그때 지내는 제사를 소상小祥이라고 말한다. 성복成服의 정情이 25개월이 되어야만 없어지기 때문에 그때 지내는 제사를 대상大祥이라고 말한다. 상을 당한 사람은 갓과 의복에 물을 들여야 하는데 거친 삼베에 황갈黃褐색을 들이는 것은 좀 이상하다."라고 하였다.

散座頌

靈覺法身徧大千。心光洒落照人天。

永訣諸緣辭別後。逍遙坐臥寶蓮臺。

【茶毗文如法則不勞。齋設記云。有三種喪服。一正服。二義服。三降服。白虎通云。弟子心於師前。有敬尊病死則哀慕之心重。是謂降服。孝子哀心。至十三月漸除。故謂之小祥。成服之情。至廿五月除。謂大祥。喪者冠服染。麁布黃褐。稍異常。】

이 오복도는【여러 의식집에 준한 것이다.】

- 승가와 속가의 숙叔과 친전법손親傳法孫은 모두 소공小功인 5개월 동안 복을 입는다.
- 의지사依止師와 세전수학사世傳受學師와 친전법제자親傳法弟子는 조부모祖父母와 똑같은 주년복(周年服: 1년)을 입는다.
- 어릴 때부터 그 측근을 떠나지 않고 모셨던 전심수업사傳心受業師는 훈육訓育하신 은혜가 깊기 때문에 부모와 똑같은 3년 동안 복을 입는다.
- 증계사證戒師와 갈마사羯摩師와 승가나 속가의 형제는 모두 대공大功인 9개월의 복을 입는다.
- 수업을 받은 형제와 교수사敎授師와 의형제義兄弟는 모두 상喪을 따른다. 상喪을 따른다는 말은 편의를 따른다는 의미이다.

> **협주** 이 오복도는 모두 선성先聖께서 만들어 놓은 제도이다. 그 가운데 의지사依止師에 대한 언급은 비록 옛날 현인賢人의 말씀이기는 하나 자세히 알 길이 없다. 왜 그런가 하면 사랑해 길러 주신 마음이 매우 소중한데 어찌하여 전법제자傳法弟子와 같은 기년朞年복을 입는다는 말인가?
> 『요람要覽』(釋氏要覽)에 "사리는 곧 계戒와 정定과 혜惠의 훈습薰習으로 이루어진 물질이다. 이는 무너지지 않는다는 뜻이다. ……운운……. 두 종류의 사리가 있으니, 하나는 전신사리全身舍利이고 다른 하나는 쇄신碎身사리이다. 또 3종류의 사리가 있으니, 첫째는 흰색 골사리(白色骨舍利)이고, 둘째는 붉은색 육사리(紅色肉舍利)이며, 셋째는 검은색 발사리(黑色髮舍利)

이다. 오직 부처님의 사리만이 다섯 가지 색깔의 신변神變이 있어서 일체의 사마邪魔가 훼손할 수 없다. 탑塔이란 범어로는 고현高現 또는 솔도파窣堵波라 하고 이곳(중국) 말로는 무덤(墳)이라 한다. 혹은 부도浮圖라 하기도 하는데 이는 형상을 모아 세워서 나타내는 것이다. …운운…. 탑에는 세 가지 의미가 있으니, 첫째는 사람의 훌륭한 점을 표창하기 위함이요, 둘째는 다른 사람들로 하여금 믿음을 내게 하기 위함이며, 셋째는 은혜를 보답하기 위함이다.

또 탑에는 등급等級이 있나니, 만약 초과初果을 얻은 이는 1급級, 2과를 얻은 이는 2급, 3과를 얻은 이는 3급, 4과를 얻은 이는 4급으로 만드는데, 이는 3계界를 초월하였음을 나타낸 것이다. 벽지불辟支佛은 탑을 11급으로 만드나니 무명無明 1등급만 초월하지 못했기 때문이며, 여래如來는 탑을 13급으로 만드나니 이는 이미 12인연을 다 초월하셨기 때문이며 …운운…, 범부 비구比丘로서 덕망이 있는 이는 다 탑을 세워 주어야 하는데 급級은 없이 할 것이며, …운운…"이라 하였다.

『승가율僧祇律』에 "계율을 잘 지닌 비구나 법사法師나 사찰 경영을 잘한 비구로서 명성과 덕망이 있으면 모두 탑을 꼭 세워 주어야 한다. …운운…"이라고 하였다.

오백 비구가 부처님께 여쭈었다.

"비구는 스승이 돌아가시면 바로 탑을 세워 드려야 합니까?"

부처님께서 대답하셨다.

"반드시 자기 재물을 써서 해야 하고 스승의 재물이나 시주를 받은 재물로 해서는 안 된다. …운운…."[14]

나아가 입감入龕할 때와 철야(經夜)를 할 때와 발인發引을 할 때와 불사를(上燒) 때에 제문祭文을 통용通用하는데 이들을 통합하여 간략하게 기록하면 다음과 같다.

유세차 ○○년 ○○월 ○○일에 제자 ○○는 삼가 차와 과일 등 제물을 올리고 감히 ○○당 대사의 영전에 밝게 고하옵니다.

아! 슬픕니다. 존위尊位께서 영靈으로 변하시어 서로의 위치가 자비하신 말씀이 영원히 막혀 버린 관계로 되었기에 통탄할 일입니다.

아! 슬픕니다. 시봉侍奉은 아무 연유도 없이 진공眞空처럼 적막寂寞하게 지내온 지가 마치 어젯밤 꿈과 같거늘, 온갖 인연을 다 버리시고 연대蓮臺로 향해 가시어 마치 금선金仙처럼 한가히 지내게 되었으니, 제자 ○○ 등은 살아 계실 때에는 삼평三平처럼 시봉을 잘하지 못하였으며 돌아가신 뒤에는 정란丁蘭 같은 효행으로 은혜를 갚지 못하니, 하늘을 우러르고 땅

---

[14] 『사분율산번보궐행사초四分律刪繁補闕行事鈔』 권하「첨병송종편瞻病送終篇」 제26에 나오는 내용이다.

을 두드려도 저 자신의 마음은 마냥 망망茫茫할 따름입니다. 부족하나마 정갈한 음식을 괴어 올리고 진실한 마음을 표하오며, 부디 흠향歆饗하시기를 엎드려 바라옵니다.

다비작법茶毗作法을 마침.

此五服圖【准諸集】

僧俗叔於與親傳法孫。皆小功五月服。依止師世傳受學師親傳法弟子。與祖父母。同周年服。自少不離左右。傳心受業師。訓育恩深故。與父母。同三年喪。證戒師與羯摩師。僧俗兄弟。皆大功九月。受業兄弟敎授師。義兄弟。皆隨喪。隨喪。隨便也。

【此五服圖。皆先聖之式。其中依止師之言。雖古賢之言。未詳。未詳。何者。愛養之心尤重。奈何與傳法弟子同朞年。要覽云。舍利乃戒定惠功勳。此不壞之義云云。有二種舍利。一全身舍利。二碎身。又有三種舍利。一白色骨舍利。二紅色肉舍利。三黑色髮舍利。唯佛舍利。有五色神變。一切邪魔不能毁。塔。梵云高現。又云窣堵波。此云墳也。或浮圖。此聚相立表云云。塔有三義。一表人勝。二令他生信。三報恩。又等級。若初果人一級。二果二級。三果三級。四果四級。表超出三界。辟支佛塔十一級。未超無明一支。如來塔十三級。已超十二因緣云云。凡夫比丘。有德望者。皆立塔無級云云。僧祇云。持律者。法師者。營事者。名現僧。皆立塔無級云云。五百問佛。比丘師亡。則立塔否。佛云須用自物。不用師物與施物云云。乃至入龕時。經夜時。發引時。上燒臺時。通用祭文合略云。】

時維歲次。某年月日。弟子某等。謹以茶果珍羞之奠。敢昭告于某堂大師之靈前。哀乎。尊位終天之變。嘆慈音永隔之相位。嗚呼哀哉。侍奉無由。眞空寂寞。如昨日之夢。萬緣頓捨。散步蓮臺。若金仙之閑。弟子某等。生前未做。似三平侍者之能。死後不報。似丁蘭之孝。仰天扣地。自懷茫茫。聊將精浪。用表眞情。伏惟尙饗。

茶毗作法終畢。

발문

또 개연慨然한 말이 있으므로 그것을 여기에 기록해 둔다. 이는 명철한 사람에게 보이려 함이니 잘 생각해서 살펴보는 것이 옳을 것이다. 지금 색장방문色掌榜文의 형세가 지난 과거 시대와는 특이特異하다.

『경덕록景德錄』에 보면 "백장百丈 대사가 정인방淨人榜을 두어 직분을 나누고 판국을 나열했는데 밥을 짓는 사람은 반두飯頭라 하고, 반찬을 장만하는 사람을 채두菜頭라 하며, 국을 끓이는 사람을 시두豉頭라 말했는데 다른 데에서는 모두 이를 본받아 그렇게 사용하고 있다. …운운…"라고 하였다.

이로써 미루어 보면 세상 사람들의 하는 짓거리가 반쯤은 틀렸으니 정말 통탄할 노릇이며 진정 개탄스러운 일이로다. 어느 시대에 누가 처음으로 반찬을 장만하는 사람을 숙두熟頭라고 말했으며 국을 끓이는 사람을 채두菜頭라고 말했기에 지금까지도 그 말이 그치지 않고 그대로 사용되는지 모르겠다.

서사書寫한 사람 고언성高彦聖

跋文[1]

又有慨然之言。書之於此。以示明哲者思察爲可也。如今色掌榜文勢。與右時異特矣。景德錄。百丈大師。置淨人榜分。司列局云。主飯者。因爲飯頭。主菜者。因爲菜頭。主羹者。謂之豉頭。他皆倣此云云。以此推之。則世人之所爲爲半誤也。可嘆。可咄哉。何代誰者。始言造菜者。謂之熟頭。而主羹者。謂之菜頭。至今不息也。書寫高彦聖。

---
1) ㉾ '발문' 두 글자는 역자가 붙인 것이다.

나란 사람은 본래 고갈孤渴한 사람이다. 마음속에 부처님 법의 바다를 찾을 생각으로 처음에는 화엄종華嚴宗의 대사인 임성당任性堂의 처소를 찾아가서 그곳에서 거의 6~7년을 지내면서 가르침의 밥 한 수저를 먹었으나 아직도 기곤飢困한 정情을 제거하지 못했다. 그래서 그 뒤에 임제종臨濟宗 대사이신 벽암당碧岩堂의 처소로 찾아가 전후 10여 년을 지내다 보니 겨우 선다禪茶 반잔을 마시게 되었다. 그런데도 오히려 목말라 애타는 마음을 그치게 할 수가 없어서 머리를 숙이고 토굴로 들어가 이 몸이 마치기를 기한하고 상유桑楡(만년)를 보냈으나 아무것도 성취한 게 없이 일생을 공허하게 보냈다.

잠시 옛 성현의 말씀을 살펴보면 근기根器에는 3등분이 있는데 분수를 따라 담론하는지라, 나와 같은 품성稟性은 곧 위로는 활구活句를 참상參詳하는 데에 미치지 못하고 부처님의 법을 유통流通하는 일에도 참예하지 못하며, 아래로는 승려들의 무리에 외람되이 끼었으니 내가 할 수 있는 일은 어산魚山의 글귀나 따오는 재주에 불과하다. 과거에 임성당에게 갔을 적에 범음梵音의 규범에 대해 질문하여 올바르고 진실한 법을 알고자 하였으며, 범패로 유명하신 여러 지방의 스님들께 그 하는 바를 추문推問하였으나, 그들이 하는 것은 대부분 형상을 흉내 내는 데 가까운 종류들이었다. 온전히 아는 이를 만나지 못해서 부질없이 탄성만 자아낸 지가 여러 해 되었다.

그러다가 홀연히 산수山水를 떠돌아다니는 객승을 만났는데 그 객승은 바로 정관당靜觀堂의 문인으로서 옥천玉泉의 여향餘響을 제대로 익힌 사람이었다. 나도 역시 정관당의 법손法孫인지라, 그런 까닭으로 여러 날 동안 스님과 토론吐論을 했는데 서로 의기가 투합投合하였다. 너무도 기뻐하던 끝에 우리는 또, 청량산靑凉山 행행行 대사가 『자기仔夔』 본문과 「산보문」 33단壇을 7주야 동안 진행하도록 만든 의식문을 얻게 되었다. 붓을 들 즈음에 다시 지식이 풍부한 이들을 두루 찾아다니면서 질문을 하곤 하여 모든 사람들의 마음에 딱 맞을 만한 가사歌詞가 되도록 힘쓰고, 또 벽암당 앞에 나아가 재차 질문을 하여 의심된 부분을 결단한 뒤에 붓을 뽑아 책을 기록하고는 이 책의 명칭을 『오종범음五種梵音』이라고 하였다.

이 책 속에 문법이 여러 곳이 올바르지 못하고 어긋나 있었기 때문에 두 곳으로 옮겨 다니면서 편집하였다. 이 책을 편집할 때에 혼자서 사람들이 찾지 않는 깊숙한 곳에서 몸을 움츠리고 작업을 하였으므로 서로 담론하여 질정할 벗조차 없었고 게다가 판각을 잘 하는 사람도 만나지 못해서 글자체가 아름답지 못하다. 그렇게 이 책이 만들어진 것이다.

때는 순치順治 18년(1661) 신축辛丑 벽암 문인 지선智禪이 전라도 무주茂朱 땅 적상산赤裳山에 있을 때 개판開板하여 진안鎭安 땅 중대사中臺寺로 옮겼다.

余也者。素是孤渴之人。志求法海。初進華嚴宗大師任性堂之所。已經六七載。聊食敎浪一匙。尙未能除去飢困之情。而後謁臨濟宗大師碧岩堂之處。過前後十餘年。僅飮禪茶半杓。猶不尅止息渴熱之心。而縮首土堀。限過桑楡。無所成一。虛喪一生。俄而思察古賢之言。根有三等。隨分之談。若吾之禀性。則上未及於活句叅詳中。不預於佛法流通。下濫厠於似僧之倫。愚之所爲。不過魚山摘句之才。徃造任性之時。兼問梵音之䂓。欲識正實之式。推問諸方名現梵唄之所爲。其爲也。幾近摸象之類。不遇純識之人。空嘆者有年矣。忽然逢瓵山水飄逸之客。客乃靜觀堂門人。能習玉泉餘響者也。吾亦靜觀堂法孫故。累日吐論。其意㳺合。大悅之餘。又得靑凉山行大師之所尙。仔蘷本文。與刪補卅三壇。分爲七晝夜之文。秉筆之際。還憶遍質智者。務契衆心之詞。又進碧岩堂之前。再問決疑然後。抽毫書之曰五種梵音云爾。此集內文法。累處不正。差之故。移於二處。再爲書之。書之時。獨縮幽仄之處。無與質之友。而又不遇善刻。字體不美。以致其然也。時維順治十八年辛丑。碧岩門人智禪。在全羅道茂朱地赤裳山開板。移在鎭安地中㙜寺。

부록 2
| 附錄二* |

---

* ㉑ '附錄二' 세 자字는 편자가 보입하였다.

…일 죽어서 지옥에 들어가 고통 받던 …운운…, 꿈에 아내와 지혈智血에게 부탁하여 "신통을 얻어 명부冥府에 갔더니 지혜가 거기까지 알려졌는데, 그곳 광경이 종소리가 지부地府에 떨치자 고통을 받던 사람들이 모두 고통에서 해탈하였다. …운운…, 종의 입구가 아래로 지부를 향하고 있는 것이 어찌 부질없이 그렇게 된 것이겠는가?"라고 하였다.

또 오대五代의 당나라 임금인 석경당昔敬唐의 전기를 열람해 보면 쇠종을 치는 데 따르는 영험靈驗이 명백하다. …운운…. 비로전毘盧殿부터 예불을 한 뒤에 다음은 영산전靈山殿, 그 다음에는 동쪽의 약사전藥師殿, 서쪽의 극락전極樂殿·설법전說法殿, 삼십삼조사전卅三祖師殿·십육나한전(十六殿)·오백나한전(五百殿)·미륵전彌勒殿·관음전觀音殿·지장전地藏殿·동승당東僧堂·서선당西禪堂, 그리고 또 유리계단琉璃戒壇[이는 또한 삭발削髮을 하는 곳], 다음은 단림檀林이라 부르는 식당食堂의 순으로 부처님께 절을 한 다음, 상주常住하는 부처님 앞에 공양 올리는 의식을 평상시 하는 것과 같이 하고, 권공勸供 의식을 한다. 막제莫啼 때에 당종堂鍾 18망치를 치고 정오正午 때에 공양 올리는 의식을 평상시 하는 것과 같이 한다. …운운…. 상종常鍾 18망치를 치고 정유시正酉時(저녁 6시)에 향로전香爐殿 소종 3망치를 치고 혼고昏鼓를 친다.

  18망치의 종소리 떨어지니
  듣는 이 황황하여 18계界가 풀리네.
  화택의 문 열려 지옥을 벗어나고
  삼도의 고통 여의고 서방으로 향하네.

'지옥을 깨뜨리는 진언(破地獄眞言) …운운…' 하고, 3시時 쇠종을 각각 18망치씩 치는 것으로 한정하는데, 그 이유는 다시 십팔계를 깨뜨리고 십종지十種智를 이룩하여 팔해탈八解脫을 증득한다는 의미이다. …운운…. 종각鐘

閣의 쇠종 3망치를 치고 다음에는 단림檀林이라 부르는 곳에 부처님께 절을 한 뒤 차례대로 영산전에 이르기까지 절을 한다. 그런 뒤에 대법당大法堂의 쇠종 1지늠를 쳐서 내린다. 그러면 모든 요사에서 일시에 경쇠 소리로 응수하고 예불을 한다. 종각과 금구禁口와 순당巡堂의 쇠종을 3망치 친다. 예전에는 세 곳의 중생들이 모두 다 불도에 회향回向 …운운… 한다.

> 曰¹⁾死入地獄受苦云云。夢託妻與智血云。得通冥府聞智。鍾聲振地府。受苦者。皆解脫云云。鍾口向下地府之事。豈徒然哉。又閣五代唐主昔敬唐之傳。則擊金靈驗明白云云。自毘盧殿禮佛後。次靈山殿。次東藥師殿。西極樂殿說法殿。卅三祖師殿。十六殿。五百殿。彌勒殿。觀音殿。地藏殿。東僧堂。西禪堂。亦是琉璃戒壇【此亦剃髮處】。次稱檀林。是食堂。拜佛後常住前。進供如常。勸供。莫啼時。堂鍾十八搥。正午時。進供如常云云。常鍾十八搥。正及酉時。香爐殿金三搥。昏鼓。
> 鍾聲拍落十八搥。聞者惶惶三六解。
> 火宅門開離地獄。三途離苦向西方。
> 破地獄眞言云云。三時擊金各各十八搥爲限者。再破十八界。成十種智。能得八解脫云云。鍾閣金三搥。次稱檀林拜佛後。次次至靈山殿拜後。大法堂金擊下一旨。則諸寮一時應磬禮佛。則鍾閣禁口巡堂金三搥。昔三處衆生。悉皆回向佛道云云。

1) 원 '曰' 앞에 결락이 있는 듯하다.(편자)

도량을 건립하는 규제

부처님을 안치한 곳을 불당佛堂이라고 말하지 않고 법당法堂이라고 말하는 것은 부처님마다 다 법문을 듣고서 정각正覺을 이루셨기 때문이니 존귀한 법으로 이름을 삼은 것이다.

道場建立規制

安佛所。不曰佛堂而云法堂者。佛佛悉聞法文。能成正覺故。以尊法爲名也。

부처님을 안치하는 법칙

법당이 세 칸이면 주불主佛 1좌를 모시나니 중도中道의 의미를 나타내는 것이며, 좌우에 보처補處는 모두 보살菩薩의 입상立象을 안치하나니 진제眞諦와 속제俗諦 이제를 나타내는 의미를 지니고 있다. …운운…. 나아가 법당이 5칸이면 세 분 여래와 네 분 보살을 모시되 모두 입상으로 하고, 7칸이면 다섯 분의 여래와 육광보살六光菩薩을 모시며, 9칸이면 일곱 분의 여래와 팔대보살八大菩薩을 모신다. 정중庭中의 다보탑多寶塔에 원증법문圓證法門의 부처님을 안치한 것은 삼계三界에 있는 도중途中을 나타낸 것이다.

安佛法則

法堂三間則主佛一座。表中道。左右補處。皆菩薩立象。表眞俗二諦云云。乃至五間。則三如來四菩薩。皆立象。七間則五如來。六光菩薩。九間則七如來。八大菩薩。庭中多寶塔。圓證法門之佛。在三界途中之表也。

찾아보기

가연영迦延咏 198
가영歌詠 89, 90, 116, 117, 118, 124, 128, 139, 249, 250
가오加午 217
개계문開啓文 205
개전주開錢呪 123
거화擧火 296
걸수찬게乞水讚偈 52
결수문結手文 27, 124
결수작법結手作法 116
결한영結恨咏 175
경전을 거두는 게송(收經偈) 65
경전을 펼칠 때 하는 게송(開經偈) 63
고언성高彦聖 308
고혼영孤魂咏 179
공양을 물리는 진언(退供眞言) 266
관음보살을 찬탄하는 게송(觀音讚偈) 51
괘전주掛錢呪 123
구통영具通咏 170
금강【수제】金剛【水際】 162
금강왕여래의 나열법(列金剛王如來) 257
기감起龕 289
기도영其徒咏 163
꽃다발과 음악을 공양함(花鬘妓樂供養) 75
꽃을 찬탄함(花讚) 42, 244

널리 공양을 올리는 진언(普供養眞言) 78
널리 삼보님께 예배함(普禮三寶) 213, 290
널리 회향하는 진언(普回向眞言) 78
노래로 읊음(歌詠) 87

다비식의 송종 법규(茶毘送終規式) 269
단오端午 216
달마영達摩咏 145
도량을 건립하는 규제(道場建立規制) 314
도찬都讚 151
동자童子 199
등각영等覺咏 146
등을 찬탄함(喝燈) 41, 244

마당 안으로 들어가는 게송(入庭中偈) 213
명부도영冥部都咏 164
명부영冥府咏 99
명왕게冥王偈 126
목욕沐浴 93, 94, 100, 103, 165, 226, 271
묘각영妙覺咏 146
무상계無常戒 285

문 밖에 나가서 받들어 전송함(出門外奉送)
　133
문을 여는 게송(開門偈)　212
미륵영彌勒咏　143
미타영彌陀咏　144

ㅂ

반혼착어返魂着語　295
법보를 찬탄함(法寶讚)　45
법보에 대한 가영(法寶歌咏)　92
법상에 오르기를 청하는 게송(登床偈)　38,
　235, 262
법상에서 내려오는 게송(下床偈)　141
법신 가영法身謌詠　142
법신영法身詠　247
법을 설하는 게송(說法偈)　141, 236
법을 청하는 게송(請法偈)　64
법을 청함(請法)　140
법회를 여는 연유(由致)　85, 206, 218
벽암당碧岩堂 각성覺性　6, 21
변성주變成呪　123
보성영寶性詠　248
보신 가영報身謌詠　143
보신영報身詠　247
보한영報恨咏　177
본토로 환귀하게 하는 진언(還歸本土眞言)
　302
부처님을 안치하는 법칙(安佛法則)　315
부처님을 앉으시게 하는 게송(坐佛偈)　263
부처님을 찬양하는 게송(讚佛偈)　32, 231
부처님의 개안을 찬미하는 게송(佛開眼讚)
　34

불무영不務咏　176
불상을 이운할 때 작법 규범(佛像移運作法
　規式)　261
불순영不順咏　177

사가행영四加行咏　147
사공영四空咏　169
사공천四空天　107, 153
사명일에 총림에서 혼령을 맞아 시식하는
　법규(叢林大刹四名日迎魂施食之規)　211
사보살 가영四菩薩歌咏　250
사선천영四禪天咏　153
사자使者　89, 109, 129, 135, 199, 269
사직【성황】社稷【城隍】　160
삭도를 잡고 읊는 게송(執刀頌)　228
삭발削髮　270
산좌송散座頌　303
살해영殺害咏　173
삼도영三途咏　179
삼보에 귀의하는 것을 찬탄함(三歸依讚)
　44
삼선영三禪咏　154
삼세불영三世佛咏　145
선법을 설할 때의 작법 절차(說禪作法節次)
　231
성도재를 올릴 때 작법하는 규범(成道齋作
　法規式)　225
성인을 인도하여 자리로 돌아가시게 함(引
　聖歸位)　95, 166, 226
성전주成錢呪　122
세수洗手　272

세족洗足 273
세주영世主咏 169
수제영水際咏 171
수호영守護咏 157
숙원영宿寃咏 174
승가영僧伽咏 149
승려의 재를 지낼 때(僧齋時) 187
승보를 찬탄함(僧讚) 47
시식을 하는 게송(施食偈) 120
시왕도영十王都詠 203
시왕에 대례를 올리고 공양할 때(大禮王供時) 191
시왕을 절하고 전송하는 글(王拜送文) 133
시주를 맞이하는 자리의 예법(施主逢筵之禮) 264
신도영神道詠 99
신부도영神部都咏 164
심궁영尋窮咏 161
심중영深重咏 178
십신영十信咏 149
십악영十惡咏 172
십주영十住咏 148
십지영十地咏 147
십행영十行咏 148
십향영十向咏 147

아난영阿難咏 150
아촉영阿閦詠 248
악독惡毒 198
안감효당지도安龕孝堂之圖 279
안위게安位偈 280

약사영藥師咏 144
약차영藥叉詠 158
업인영業因咏 171
여래(친예)如來(親詣) 162
영산작법靈山作法 27, 31, 181
영산회중백팔상당수靈山會中百八上堂數 79
예불송禮佛頌 188
예수문預修文 27
예수문의 지전과 원장을 만드는 법(預修文造錢願狀法) 121
오거천영五居天咏 153
오복도五服圖 304
오통영五通咏 156
옹호하는 게송(擁護偈) 261
왕공가영王供歌咏 204
욕계영欲界咏 155
욕실에 들게 하는 게송(入室偈) 94, 100, 103, 125
운수단 의식을 할 때(雲水壇時) 206
위령【가외】威靈【可畏】 163
유공영遊空咏 156
육재영六齋詠 160
의복과 향과 등을 공양함(衣服香燈供養) 77
이선영二禪天 154
인간 세계에 강생하는 게송(降生偈) 34
인도영人道咏 178
인종영因從咏 161
인중영因中咏 175
일체 현성영一切聖賢咏 150
입감入龕 284

자리를 드리는 진언(獻座眞言) 57, 264
자리를 받아 편안히 앉으시게 함(受位安座) 222
자성 마음의 향을 공양함(自性心香供養) 77
자재영自在詠 249
재면영纔免詠 176
저녁 때 향을 사르고 닦는 작법(昏時焚修作法) 243
절하고 감로차를 올림(拜獻甘露茶) 74
점안 의식문(點眼儀文) 246, 258
정대게(頂戴) 63
정조착어正朝着語 216
정좌正座 277
제3일재를 올리기 전 중단에 올리는 작법 의식(第三日齋前作是中壇) 151
조전진언造錢眞言 122
주집【음양】主執【陰陽】 159
준제 9자를 안착시키는 법과 그 뜻풀이(准提九安橐義解) 253
중례문中禮文 27, 131
중례작법中禮作法 13, 82
중례작법 시련위의규식中禮作法侍輦威儀規式 82
중례작법을 할 때 당사방 집사자가 모든 인연을 총찰하는 규식(中禮作法時 堂司房 執事者 摠察諸緣 規式) 84
증명영證明詠 168
지반문志磐文 27
『지반문』의 12단을 3주야 동안 배치하는 차례와 법규(志磐十二壇三晝夜排置次第 規式) 135

지선智禪 20, 22, 310
지장영地藏詠 160
지지영持地詠 157
직거영職居詠 170

차를 받들어 올림(奉茶) 167
차를 올리는 게송(茶偈) 57, 97, 105, 223, 282
착관着冠 276
착군着裙 274
착의着衣 275
참회하는 게송(懺悔偈) 88, 105
창의唱衣 298
천부도영天部都詠 164
천선 가영天仙歌詠 98
천장영天藏詠 152
청계淸溪 23
초선천初禪天 155
초청한 신의 자리 차례(請座次第) 135

탄백歎白 265
태산泰山 197

판관判官 198
편안히 앉게 하는 주(安坐呪) 215

품류영稟類咏 172

하늘과 선인께 고하는 게송(告天仙偈) 101
하원[수궁]下元[水宮] 159
하화 때에 향하고 등지는 법(下火時向背法) 296
할등게喝燈偈 41
함원영含寃咏 174
합장게合掌偈 48
행보찬行步讚 291
향게香偈 40
향과 꽃으로 운심하게 하는 게송(香花運心偈) 61

향과 꽃으로 청하며 노래를 읊음(香花請歌詠) 52
향과 꽃으로 초청함(香華請歌咏) 219
향을 찬탄함(喝香) 85, 187, 243, 246
향의 공덕을 찬탄함(喝香讚) 40, 205, 225, 243, 246
향화게香花偈 60
헌전진언獻錢眞言 124
형창영螢窓咏 177
화계花偈 42
화신영化身咏 143, 248
화청和請 200
확탕영鑊湯咏 171
황년영荒年咏 173
후토영后土詠 158

한글본 **한국불교전서**

조·선·출·간·본

조선1 작법귀감
백파 긍선 | 김두재 옮김 | 신국판 | 336쪽 | 18,000원

조선2 정토보서
백암 성총 | 김종진 옮김 | 4X6판 | 224쪽 | 12,000원

조선3 백암정토찬
백암 성총 | 김종진 옮김 | 4X6판 | 156쪽 | 9,000원

조선4 일본표해록
풍계 현정 | 김상현 옮김 | 4X6판 | 180쪽 | 10,000원

조선5 기암집
기암 법견 | 이상현 옮김 | 신국판 | 320쪽 | 18,000원

조선6 운봉선사심성론
운봉 대지 | 이종수 옮김 | 4X6판 | 200쪽 | 12,000원

조선7 추파집·추파수간
추파 홍유 | 하혜정 옮김 | 신국판 | 340쪽 | 20,000원

조선8 침굉집
침굉 현변 | 이상현 옮김 | 신국판 | 300쪽 | 17,000원

조선9 염불보권문
명연 | 정우영·김종진 옮김 | 신국판 | 224쪽 | 13,000원

조선10 천지명양수륙재의범음산보집
해동사문 지환 | 김두재 옮김 | 신국판 | 636쪽 | 28,000원

조선11 삼봉집
화악 지탁 | 김재희 옮김 | 신국판 | 260쪽 | 15,000원

조선12 선문수경
백파 긍선 | 신규탁 옮김 | 신국판 | 180쪽 | 12,000원

조선13 선문사변만어
초의 의순 | 김영욱 옮김 | 4X6판 | 192쪽 | 11,000원

조선14 부휴당대사집
부휴 선수 | 이상현 옮김 | 신국판 | 376쪽 | 22,000원

조선15 무경집
무경 자수 | 김재희 옮김 | 신국판 | 516쪽 | 26,000원

조선16 무경실중어록
무경 자수 | 성재헌 옮김 | 신국판 | 340쪽 | 20,000원

조선17 불조진심선격초
무경 자수 | 성재헌 옮김 | 신국판 | 168쪽 | 11,000원

조선18 선학입문
김대현 | 성재헌 옮김 | 신국판 | 240쪽 | 14,000원

조선19 사명당대사집
사명 유정 | 이상현 옮김 | 신국판 | 508쪽 | 26,000원

조선20 송운대사분충서난록
신유한 엮음 | 이상현 옮김 | 신국판 | 324쪽 | 20,000원

조선21 의룡집
의룡 체훈 | 김석군 옮김 | 신국판 | 296쪽 | 17,000원

조선22 응운공여대사유망록
응운 공여 | 이대형 옮김 | 신국판 | 350쪽 | 20,000원

조선23 사경지험기
백암 성총 | 성재헌 옮김 | 신국판 | 248쪽 | 15,000원

조선24 무용당유고
무용 수연 | 이상현 옮김 | 신국판 | 292쪽 | 17,000원

조선25 설담집
설담 자우 | 윤찬호 옮김 | 신국판 | 200쪽 | 13,000원

조선26 동사열전
범해 각안 | 김두재 옮김 | 신국판 | 652쪽 | 30,000원

조선27 청허당집
청허 휴정 | 이상현 옮김 | 신국판 | 964쪽 | 47,000원

조선28 대각등계집
백곡 처능 | 임재완 옮김 | 신국판 | 408쪽 | 23,000원

조선29 반야바라밀다심경략소연주기회편
석실 명안 엮음 | 강찬국 옮김 | 신국판 | 296쪽 | 17,000원

| 조선30 | 허정집
허정 법종 | 성재헌 옮김 | 신국판 | 488쪽 | 25,000원

| 조선31 | 호은집
호은 유기 | 김종진 옮김 | 신국판 | 264쪽 | 16,000원

| 조선32 | 월성집
월성 비은 | 이대형 옮김 | 4X6판 | 172쪽 | 11,000원

| 조선33 | 아암유집
아암 혜장 | 김두재 옮김 | 신국판 | 208쪽 | 13,000원

| 조선34 | 경허집
경허 성우 | 이상하 옮김 | 신국판 | 572쪽 | 28,000원

| 조선35 | 송계대선사문집·상월대사시집
송계 나식·상월 새봉 | 김종진·박재금 옮김 | 신국판 | 440쪽 | 24,000원

| 조선36 | 선문오종강요·환성시집
환성 지안 | 성재헌 옮김 | 신국판 | 296쪽 | 17,000원

| 조선37 | 역산집
영허 선영 | 공근식 옮김 | 신국판 | 368쪽 | 22,000원

| 조선38 | 함허당득통화상어록
득통 기화 | 박해당 옮김 | 신국판 | 300쪽 | 18,000원

| 조선39 | 가산고
월하 계오 | 성재헌 옮김 | 신국판 | 446쪽 | 24,000원

| 조선40 | 선원제전집도서과평
설암 추붕 | 이정희 옮김 | 신국판 | 338쪽 | 20,000원

| 조선41 | 함홍당집
함홍 치능 | 성재헌 옮김 | 신국판 | 348쪽 | 21,000원

| 조선42 | 백암집
백암 성총 | 유호선 옮김 | 신국판 | 544쪽 | 27,000원

| 조선43 | 동계집
동계 경일 | 김승호 옮김 | 신국판 | 380쪽 | 22,000원

| 조선44 | 용암당유고·괄허집
용암 체조·괄허 취여 | 김종진 옮김 | 신국판 | 404쪽 | 23,000원

| 조선45 | 운곡집·허백집
운곡 충휘·허백 명조 | 김재희·김두재 옮김 | 신국판 | 514쪽 | 26,000원

| 조선46 | 용담집·극암집
용담 조관·극암 사성 | 성재헌·이대형 옮김 | 신국판 | 520쪽 | 26,000원

| 조선47 | 경암집
경암 응윤 | 김재희 옮김 | 신국판 | 300쪽 | 18,000원

| 조선48 | 석문상의초 외
벽암 각성 외 | 김두재 옮김 | 신국판 | 338쪽 | 20,000원

| 조선49 | 월파집·해붕집
월파 태율·해붕 전령 | 이상현·김두재 옮김 | 신국판 | 562쪽 | 28,000원

| 조선50 | 몽암대사문집
몽암 기영 | 이상현 옮김 | 신국판 | 348쪽 | 21,000원

| 조선51 | 징월대사시집
징월 정훈 | 김재희 옮김 | 신국판 | 272쪽 | 16,000원

| 조선52 | 통록촬요
엮은이 미상 | 성재헌 옮김 | 신국판 | 508쪽 | 26,000원

| 조선53 | 충허대사유집
충허 지책 | 성재헌 옮김 | 신국판 | 296쪽 | 18,000원

| 조선54 | 백열록
금명 보정 | 김종진 옮김 | 신국판 | 364쪽 | 22,000원

| 조선55 | 조계고승전
금명 보정 | 김용태·김호귀 옮김 | 신국판 | 384쪽 | 22,000원

| 조선56 | 범해선사시집
범해 각안 | 김재희 옮김 | 신국판 | 402쪽 | 23,000원

| 조선57 | 범해선사문집
범해 각안 | 김재희 옮김 | 신국판 | 208쪽 | 13,000원

| 조선58 | 연담대사임하록
연담 유일 | 하혜정 옮김 | 신국판 | 772쪽 | 34,000원

| 조선59 | 풍계집
풍계 명찰 | 김두재 옮김 | 신국판 | 438쪽 | 24,000원

| 조선60 | 혼원집·초엄유고
혼원 세환·초엄 복초 | 윤찬호 옮김 | 신국판 | 332쪽 | 20,000원

| 조선61 | 청주집
환공 치조 | 성재헌 옮김 | 신국판 | 416쪽 | 23,000원

| 조선62 | 대동영선
금명 보정 | 이상하 옮김 | 신국판 | 556쪽 | 28,000원

| 조선63 | 현정론·유석질의론
득통 기화·지은이 미상 | 박해당 옮김 | 신국판 | 288쪽 | 17,000원

| 조선64 | 월봉집
월봉 책헌 | 이종수 옮김 | 신국판 | 232쪽 | 14,000원

| 조선65 | 정토감주
허주 덕진 | 김석군 옮김 | 신국판 | 382쪽 | 22,000원

| 조선66 | 다송문고
금명 보정 | 이대형 옮김 | 신국판 | 874쪽 | 41,000원

| 조선67 | 소요당집·취미대사시집
소요 태능·취미 수초 | 이상현 옮김 | 신국판 | 500쪽 | 25,000원

| 조선68 | 선원소류·선문재정록
설두 유형·진하 축원 | 조영미 옮김 | 신국판 | 284쪽 | 17,000원

| 조선69 | 치문경훈주 상권
백암 성총 | 선암 옮김 | 신국판 | 348쪽 | 21,000원

| 조선70 | 치문경훈주 중권
백암 성총 | 선암 옮김 | 신국판 | 304쪽 | 19,000원

| 조선71 | 치문경훈주 하권
백암 성총 | 선암 옮김 | 신국판 | 322쪽 | 20,000원

| 조선72 | 월저당대사집
월저 도안 | 김두재 옮김 | 신국판 | 504쪽 | 26,000원

신·라·출·간·본

| 신라1 | 인왕경소
원측 | 백진순 옮김 | 신국판 | 800쪽 | 35,000원

| 신라2 | 범망경술기
승장 | 한명숙 옮김 | 신국판 | 620쪽 | 28,000원

| 신라3 | 대승기신론내의약탐기
태현 | 박인석 옮김 | 신국판 | 248쪽 | 15,000원

| 신라4 | 해심밀경소 제1 서품
원측 | 백진순 옮김 | 신국판 | 448쪽 | 24,000원

| 신라5 | 해심밀경소 제2 승의제상품
원측 | 백진순 옮김 | 신국판 | 508쪽 | 26,000원

| 신라6 | 해심밀경소 제3 심의식상품 제4 일체법상품
원측 | 백진순 옮김 | 신국판 | 332쪽 | 20,000원

| 신라7 | 해심밀경소 제5 무자성상품
원측 | 백진순 옮김 | 신국판 | 536쪽 | 27,000원

| 신라8 | 해심밀경소 제6 분별유가품 상
원측 | 백진순 옮김 | 신국판 | 480쪽 | 25,000원

| 신라9 | 해심밀경소 제6 분별유가품 하
원측 | 백진순 옮김 | 신국판 | 340쪽 | 20,000원

| 신라10 | 해심밀경소 제7 지바라밀다품
원측 | 백진순 옮김 | 신국판 | 568쪽 | 28,000원

| 신라11 | 해심밀경소 제8 여래성소작사품
원측 | 백진순 옮김 | 신국판 | 434쪽 | 24,000원

| 신라12 | 무량수경연의술문찬
경흥 | 한명숙 옮김 | 신국판 | 800쪽 | 35,000원

| 신라13 | 범망경보살계본사기 상권
원효 | 한명숙 옮김 | 신국판 | 272쪽 | 17,000원

| 신라14 | 화엄일승성불묘의
견등 | 김천학 옮김 | 신국판 | 264쪽 | 15,000원

| 신라15 | 범망경고적기
태현 | 한명숙 옮김 | 신국판 | 612쪽 | 28,000원

| 신라16 | 금강삼매경론
원효 | 김호귀 옮김 | 신국판 | 666쪽 | 32,000원

| 신라17 | 대승기신론소기회본
원효 | 은정희 옮김 | 신국판 | 536쪽 | 27,000원

| 신라18 | 미륵상생경종요 외
원효 | 성재헌 외 옮김 | 신국판 | 420쪽 | 22,000원

| 신라19 | 대혜도경종요 외
원효 | 성재헌 외 옮김 | 신국판 | 256쪽 | 15,000원

| 신라 20 | 열반종요
원효 | 이평래 옮김 | 신국판 | 272쪽 | 16,000원

| 신라 21 | 이장의
원효 | 안성두 옮김 | 신국판 | 256쪽 | 15,000원

| 신라 22 | 본업경소 하권 외
원효 | 최원섭·이정희 옮김 | 신국판 | 368쪽 | 22,000원

| 신라 23 | 중변분별론소 제3권 외
원효 | 박인성 외 옮김 | 신국판 | 288쪽 | 17,000원

| 신라 24 | 지범요기조람집
원효·진원 | 한명숙 옮김 | 신국판 | 310쪽 | 19,000원

| 신라 25 | 집일 금광명경소
원효 | 한명숙 옮김 | 신국판 | 636쪽 | 31,000원

| 신라 26 | 복원본 무량수경술의기
의적 | 한명숙 옮김 | 신국판 | 500쪽 | 25,000원

| 신라 27 | 보살계본소
의적 | 한명숙 옮김 | 신국판 | 534쪽 | 27,000원

| 신라 28 | 집일 경론소기
원효 | 원과 외 옮김 | 신국판 | 374쪽 | 22,000원

| 신라 29 | 무량수경의소 외
법위·태현·의상·신방·혜초 | 한명숙 옮김 | 신국판 | 424쪽 | 24,000원

고 · 려 · 출 · 간 · 본

| 고려 1 | 일승법계도원통기
균여 | 최연식 옮김 | 신국판 | 216쪽 | 12,000원

| 고려 2 | 원감국사집
충지 | 이상현 옮김 | 신국판 | 480쪽 | 25,000원

| 고려 3 | 자비도량참법집해
조구 | 성재헌 옮김 | 신국판 | 696쪽 | 30,000원

| 고려 4 | 천태사교의
제관 | 최기표 옮김 | 4X6판 | 168쪽 | 10,000원

| 고려 5 | 대각국사집
의천 | 이상현 옮김 | 신국판 | 752쪽 | 32,000원

| 고려 6 | 법계도기총수록
저자 미상 | 해주 옮김 | 신국판 | 628쪽 | 30,000원

| 고려 7 | 보제존자삼종가
고봉 법장 | 하혜정 옮김 | 4X6판 | 216쪽 | 12,000원

| 고려 8 | 석가여래행적송·천태말학운묵화상경책
운묵 무기 | 김성옥·박인석 옮김 | 신국판 | 424쪽 | 24,000원

| 고려 9 | 법화영험전
요원 | 오지연 옮김 | 신국판 | 264쪽 | 17,000원

| 고려 10 | 남명천화상송증도가사실
□련 | 성재헌 옮김 | 신국판 | 418쪽 | 23,000원

| 고려 11 | 백운화상어록
백운 경한 | 조영미 옮김 | 신국판 | 348쪽 | 21,000원

| 고려 12 | 선문염송 염송설화 회본 1
혜심·각운 | 김영욱 옮김 | 신국판 | 724쪽 | 33,000원

| 고려 13 | 선문염송 염송설화 회본 2
혜심·각운 | 김영욱 옮김 | 신국판 | 670쪽 | 32,000원

| 고려 25 | 백화도량발원문약해 외
체원 | 곽철환·박인석 옮김 | 신국판 | 348쪽 | 21,000원

※ 한글본 한국불교전서는 계속 출간됩니다.

지선智禪

정확한 생몰연도를 알 수 없는 17세기 후반의 스님. 처음에는 임성당任性堂 충언忠彦(1567~1638)에게 교학을 배우며 범패를 익혔고, 벽암 각성碧巖覺性(1575~1660)에게 참선을 익힌 후 범패의식의 계통을 확립하는 데 전념하였다. 대사의 스승인 임성당과 벽암당의 부도가 무주 구천동 백련사에 있고, 『오종범음집』(1661) 또한 벽암 각성의 서문을 받아 무주 적상산 호국사에서 간행된 것을 보면 저자가 주석한 공간을 일부 짐작할 수 있다. 이에 앞서 1641년(인조 10)에는 원종元宗의 원당인 속리산 중사자암中獅子庵의 창건을 주도하였고, 1642년에는 해인사에서 허응당虛應堂 보우普雨의 『수월도량공화불사여환빈주몽중문답水月道場空花佛事如幻賓主夢中問答』을 간행하였다.

옮긴이 김두재

민족문화추진회와 동국대학교 교육대학원을 수료하고 동국역경원 역경위원을 역임하였다. 고려대장경 역서로 『능엄경』, 『시왕경』, 『제경요집』, 『정본수능엄경환해산보기』, 『광찬경』, 『해동고승전』 등이 있고, 한국불교전서 역서로 『작법귀감』, 『선문수경』, 『천지명양수륙재의범음산보집』, 『동사열전』, 『해붕집』, 『석문상의초』, 『자기문절차조열』, 『석문가례초』, 『승가예의문』 등이 있다.

증의
이성운(동방문화대학원대학교 불교문예학과 교수)